Werner Siepe

Ihr Weg zu MEHR RENTE als FREIBERUFLER

M&E Books Verlag
Köln

IHR WEG ZU MEHR RENTE ALS FREIBERUFLER
Werner Siepe
ISBN 978-3-947201-19-8 (Taschenbuch)
ISBN 978-3-947201-20-4 (Gebundene Ausgabe)
1. Auflage 2017
© 2017 by M&E Books Verlag GmbH, Köln

Alle Angaben und Daten nach bestem Wissen, jedoch ohne Gewähr für Vollständigkeit und Richtigkeit. Alle Rechte, auch die des auszugsweisen Nachdrucks, der fotomechanischen Wiedergabe sowie der Auswertung durch Datenbanken oder ähnliche Einrichtungen, vorbehalten.

M&E Books Verlag GmbH
Thywissenstraße 2
51065 Köln
Telefon 0221 – 9865 6223
Telefax 0221 – 5609 0953
www.me-books.de
info@me-books.de
Steuer-Nr: 218/5725/1344
USt.-IdNr.: DE310782725
Geschäftsführer: Vu Dinh

Die Deutsche Nationalbibliothek verzeichnet diese Publikation in der Deutschen Nationalbibliographie. Detaillierte bibliographische Daten sind im Internet über http://dnb.de abrufbar.

Cover Photo #2123771 at https://pixabay.com (CC0 Creative Commons); Portraitfoto des Autors auf Buchrücken: ARD Sendung „Plusminus" vom 20.01.2016 mit dem Beitrag "Das Comeback der gesetzlichen Rente"

VORWORT

Mehr Rente – welcher selbstständige Arzt, Apotheker, Rechtsanwalt, Steuerberater, Architekt, Künstler oder Publizist möchte das nicht?

In diesem Praxis-Ratgeber für Selbstständige und Angestellte in kammerfähigen Berufen sowie für selbstständige Künstler und Publizisten in der Künstlersozialkasse gehe ich auf rentenpolitische Grundsatzdebatten nicht weiter ein.

Vielmehr möchte ich Ihnen in den folgenden zehn Kapiteln die ganz legalen Wege für ein Mehr an Rente im Ruhestand aufzeigen. Einiges davon ist überhaupt nicht bekannt oder stößt auf Missverständnisse. Bei näherem Hinsehen wird klar, welche Vorteile die berufsständische Versorgung, die Künstlersozialkasse und auch die gesetzliche Rentenversicherung heute immer noch bieten.

Hinzu kommen die Möglichkeiten, über die Pflichtbeiträge hinaus noch freiwillige Beiträge zu zahlen. Das geht über die Höherversicherung im Rahmen der berufsständischen Versorgung, über freiwillige Beiträge zur gesetzlichen Rente oder zum Beispiel auch über die private Rürup-Rente.

Alle Parteien wollen über kurz oder lang eine Pflichtversicherung für alle Selbstständigen einführen. Da zurzeit nur die Hälfte der selbstständigen Freiberufler über die berufsständische Versorgung, die Künstlersozialkasse oder die gesetzliche Rentenversicherung obligatorisch versichert ist, sollte sich die andere Hälfte frühzeitig auf eine zu erwartende Neuregelung einstellen.

Wählen Sie unter den in diesem Buch aufgezeigten Wegen zu mehr Rente den Weg aus, der für Sie am besten geeignet ist! Über den richtigen Weg kommen Sie garantiert zu mehr Rente. Das versichere ich Ihnen.

Wenn Sie Fragen haben, nehmen Sie mit mir bitte Kontakt auf über die E-Mail-Adresse werner.siepe@me-books.de.

Werner Siepe

INHALTSVERZEICHNIS

VORWORT -- 4

ABBILDUNGS- UND TABELLENVERZEICHNIS -------------- 8

1. ALTERSVERSORGUNG FÜR FREIBERUFLER ------------- 10

1.1. Freiberufler und Selbstständige --------------------------------- 10

1.2. Freiberufler mit berufständischer Altersversorgung ------------- 14

1.3. Freiberufler in der gesetzlichen Rentenversicherung ------------ 16

1.4. Geplante Rentenversicherungspflicht für
sonstige Freiberufler -- 17

2. ECKPUNKTE DER BERUFSSTÄNDISCHEN
VERSORGUNG --- 20

2.1. Berufsständische Versorgung als erste
Säule der Altersvorsorge --- 20

2.2. Leistungszusagen und Länderaufsicht ------------------------- 23

3. ZAHLEN, DATEN UND FAKTEN ÜBER
VERSORGUNGSWERKE -------------------------------------- 26

3.1. Anzahl der Pflichtversicherten und Rentner -------------------- 26

3.2. Kapitalanlagen bei sinkenden Renditen ----------------------- 32

4. MEHR RENTE AUS BERUFSSTÄNDISCHER
VERSORGUNG -- 36

4.1. Grundzüge der Berechnung von Altersrenten ----------------- 36

4.2 Rentensteigerungsbetrag --------------------------------------- 41

4.3 Versicherungsjahre -- 42

4.4 Versorgungsabgabe und persönlicher Beitragsquotient --------- 43

4.5 Höherversicherung in der berufsständischen
Versorgung -- 44

5. ANLAGEMANAGEMENT IN VERSORGUNGSWERKEN - 46

5.1. Geschäftsdaten von acht Versorgungswerken ----------------- 46

5.2. Analyse von zwei aktuellen Geschäftsberichten --------------- 60

6. MEHR RENTE AUS DER GESETZLICHEN RENTENVERSICHERUNG — 66

6.1. Gesetzliche Rente aus Pflichtbeiträgen — 66

6.1.1. Künstler und Publizisten in der Künstlersozialkasse — 66
6.1.2. Sonstige pflichtversicherte Freiberufler laut Gesetz — 69
6.1.3. Antragspflichtversicherte Freiberufler — 71

6.2. Gesetzliche Rente aus Extrabeiträgen — 73

6.2.1. Freiwillige Beiträge — 74
6.2.2. Nachzahlungsbeträge — 97
6.2.3. Ausgleichsbeträge — 101

7. PRIVATE RENTEN UND ANDERE ALTERSEINKÜNFTE — 125

7.1. Rürup-Rente — 125
7.2. Rente aus privater Rentenversicherung — 142
7.3. Zusätzliche Erwerbseinkommen — 144
7.4. Vermögenseinkommen — 147

8. FRÜHER ODER SPÄTER IN RENTE — 159

8.1. Früher in Rente mit Abschlag — 159
8.2. Später in Rente mit Aufschlag — 165

9. MEHR RENTE BEI INVALIDITÄT UND TOD — 166

9.1. Berufsunfähigkeits- und Erwerbsminderungsrente — 166
9.2. Hinterbliebenenrente — 170

10. ABGABEN UND STEUERN AUF ALTERSEINKÜNFTE - 175

10.1. Kranken- und Pflegeversicherung im Ruhestand — 175
10.2. Steuern auf Alterseinkünfte — 182

ABBILDUNGSVERZEICHNIS

Abbildung 1: Drei Säulen der Altersvorsorge 21
Abbildung 2: Drei Schichten der Altersvorsorge 21

TABELLENVERZEICHNIS

Tabelle 1: Top Ten der Versorgungswerke bei Zahl der
Mitglieder und Rentner 26
Tabelle 2: Top Ten der Versorgungswerke bei
Kapitalanlagen und Nettorendite 27
Tabelle 3: Garantierte und mögliche gesetzliche Rente West 83
Tabelle 4: Gesetzliche Rente und Rürup-Rente als garantierte Renten 86
Tabelle 5: Gesetzliche Rente und Rürup-Rente als mögliche Renten 87
Tabelle 6: Ausgleichsbeträge im Jahr 2017 für langjährig
Versicherte West 113
Tabelle 7: Gesetzliche Rente schlägt Rürup-Rente bei
garantierten Renten 115
Tabelle 8: Gesetzliche Rente schlägt Rürup-Rente bei
möglichen Renten 116
Tabelle 9: Rentenfaktoren für Jahrgang 1977 für
Rentenbeginn mit 62 bis 72 163
Tabelle 10: Besteuerungsanteil der gesetzlichen Rente 183
Tabelle 11: Steuerlich abzugsfähiger Gesamtbeitragsanteil und
Arbeitnehmeranteil zur gesetzlichen Rentenversicherung 183
Tabelle 12: Steuerpflichtige Ertragsanteile bei Privatrenten 184
Tabelle 13: Steuerfreier Altersentlastungsbetrag für zusätzliche
Alterseinkünfte 186

1. ALTERSVERSORGUNG FÜR FREIBERUFLER

Nicht nur Arbeitnehmer und Beamte müssen für ihr Alter finanziell vorsorgen, sondern auch Freiberufler. Anders als bei der gesetzlichen Rentenversicherung für Arbeitnehmer und der Beamtenversorgung für Beamte ist dies in aller Regel nicht verpflichtend. Es sei denn, Sie sind beispielsweise als Arzt, Rechtsanwalt oder Steuerberater über die berufsständische Versorgung abgesichert.

1.1. Freiberufler und Selbstständige

Für viele Selbstständige stellt sich die Frage, wann man eine freiberufliche Tätigkeit ausübt und damit den **Status Freiberufler** erfüllt. Die Abgrenzung zum klassischen Gewerbebetrieb ist dabei nicht immer klar und eindeutig. Zuständig für die Entscheidung, ob eine freiberufliche Tätigkeit ausgeübt wird oder nicht, ist das Finanzamt.

Im Einkommensteuergesetz[1] werden folgende Freie Berufe aufgezählt:

- Ärzte, Zahnärzte, Tierärzte, Heilpraktiker, Krankengymnasten, Hebammen, Heilmasseure, Diplom-Psychologen
- Mitglieder der Rechtsanwaltskammern, Patentanwälte, Wirtschaftsprüfer, Steuerberater, beratende Volks- und Betriebswirte, vereidigte Buchprüfer (vereidigte Buchrevisoren) und Steuerbevollmächtigte
- Ingenieure und Architekten
- Handelschemiker, Lotsen und hauptberufliche Sachverständige
- Journalisten, Bildberichterstatter, Dolmetscher, Übersetzer und ähnliche Berufe
- Wissenschaftler, Künstler, Schriftsteller und Erzieher.

Wer eine wissenschaftliche, künstlerische, erzieherische oder schriftstellerische Tätigkeit selbstständig ausübt, ist immer Freiberufler. Für alle selbstständigen Freiberufler gilt, dass sie nicht der Gewerbeordnung un-

---

[1] https://www.gesetze-im-internet.de/estg/__18.html

terliegen, keinen Gewerbebetrieb führen und daher auch keine Gewerbesteuer zahlen müssen. Sie erzielen Einkünfte aus selbstständiger Arbeit im Sinne des Einkommensteuergesetzes. Dies unterscheidet sie von Gewerbetreibenden mit Einkünften aus Gewerbebetrieb.

Die im Einkommensteuergesetz genannten **Freien Berufe** wie Anwalt, Buchprüfer oder Ingenieur werden als Katalogberufe bezeichnet. Daneben haben sich noch einige den Katalogberufen ähnliche Freie Berufe etabliert. Dazu zählen zum Beispiel:

- Aushilfsmusiker, Bergführer, Bildhauer, Designer, Diätassistent, Dirigent, EDV-Berater, Erfinder, Erzieher, Fotograf, Kameramann, Dozent, Logopäde, Magier, Marketingberater, Marktforscher, Musiker, Raumgestalter, Schauspieler, Tanzlehrer, Tanz- und Unterhaltungsmusiker, Unternehmensberater, Visagist, Werbetexter und viele andere.

Das Institut für Freie Berufe in Nürnberg (IFB) hat für den Bundesverband der Freien Berufe e. V. (BFB) eine Statistik zu den Selbstständigen in den Freien Berufen zum Stichtag 1. Januar 2017 erhoben.

Danach ist die Zahl der **selbstständigen Freiberufler** zwischen Jahresbeginn 2016 und 2017 von 1,34 Millionen auf **1,38 Millionen** Personen gestiegen – ein Gesamtplus von 2,8 Prozent. Darunter sind die freien Heilberufe mit 414.000 und einem Anteil von 30 Prozent am stärksten vertreten. Es folgen die rechts-, wirtschafts- und steuerberatenden Berufe mit 379.000 bzw. 27 Prozent, die freien Kulturberufe mit 328.000 bzw. 24 Prozent sowie die technisch-wissenschaftlichen freie Berufe mit 261.000 und einem Anteil von 19 Prozent.[2]

Bei den selbstständigen Freiberuflern arbeiten zudem **3,3 Millionen sozialversicherungspflichtig Beschäftigte**. Der Zuwachs machte hier knapp 3,3 Prozent aus gegenüber dem Vorjahreswert von 3,2 Millionen. Die Zahl der Auszubildenden legte mit 123.100 leicht um 0,9 Prozent zu (2016: 122.000 Auszubildende) und die Zahl der mitarbeitenden, nicht sozialversicherungspflichtigen Familienangehörigen stieg von 269.000 auf 301.000 Personen und mithin um 11,9 Prozent. In Summe sind also **5,1**

---

[2] http://ifb.uni-erlangen.de/wp-content/uploads/Selbststaendige_BG_17.pdf

Millionen Personen in den Freien Berufen tätig – ein Plus von knapp 3,6 Prozent.

Erstmals sind somit über fünf Millionen Menschen in Freien Berufen beschäftigt, so viel wie nie zuvor. Der Rückblick zeigt: Die Aufwärtstendenz bleibt ungebrochen. Seit dem Jahr 1999 hat sich die Zahl der selbstständigen Freiberufler mehr als verdoppelt, von seinerzeit 668.000 auf nunmehr 1,38 Millionen Personen. Fast verdoppelt hat sich auch die Zahl der sozialversicherungspflichtig Beschäftigten. Seit dem Jahr 1999 ist sie von 1,68 Millionen auf aktuell 3,3 Millionen Personen geklettert. Diese Trends schlagen sich auch strukturell in der Statistik nieder: Fast jeder dritte Selbstständige ist mittlerweile Freiberufler und mehr als jeder zehnte sozialversicherungspflichtig Beschäftigte arbeitet in einem Freiberufler-Team.

Nur 30 Prozent der Selbstständigen mit Alterssicherung

Insgesamt gibt es **4,2 Millionen Selbstständige**. Davon sind nur 1,2 Millionen und damit 30 Prozent über ein obligatorisches Alterssicherungssystem (zum Beispiel berufsständische Versorgung oder gesetzliche Rentenversicherung) abgesichert oder bereits Rentner bzw. mindestens 65 Jahre alt. Sie teilen sich laut Antwort[3] der Bundesregierung auf eine Große Anfrage der Partei „DIE LINKE" vom 22.12.2016 wie folgt auf:

- 380.000 selbstständige Freiberufler mit berufsständischer Versorgung (siehe Kapitel 2 bis 5)
- 185.000 selbstständige Künstler und Publizisten in der Künstlersozialkasse, einem Zweig der gesetzlichen Rentenversicherung (siehe Kapitel 6.1.1)
- 55.000 selbstständige Pflichtversicherte in der gesetzlichen Rentenversicherung kraft Gesetzes (siehe Kapitel 6.1.2)
- 12.000 selbstständige Pflichtversicherte in der gesetzlichen Rentenversicherung auf eigenen Antrag (sog. Antragspflichtversicherte, siehe Kapitel 6.1.3)

---

[3] http://dip21.bundestag.de/dip21/btd/18/107/1810762.pdf

- 50.000 selbstständige Handwerker, die in die Handwerksrolle eingetragen und somit in der gesetzlichen Rentenversicherung pflichtversichert sind
- 150.000 selbstständige Landwirte in der Alterssicherung der Landwirte (AdL), die mit der gesetzlichen Rentenversicherung vergleichbar ist
- 420.000 selbstständige Rentner oder mindestens 65 Jahre alte Selbstständige.

Nur die ersten vier Gruppen zählen zu den selbstständigen Freiberuflern mit einer obligatorischen Alterssicherung. Mit insgesamt rund 632.000 Personen ist somit knapp die Hälfte aller 1,38 Millionen selbstständigen Freiberufler über eines der Alterssicherungssysteme abgesichert. Gut die Hälfte sorgt freiwillig für das Alter vor oder betreibt überhaupt keine Altersvorsorge.

Rund 250.000 Personen haben sich in der gesetzlichen Rentenversicherung freiwillig versichert. Da sich dort aber jeder Nicht-Pflichtversicherte freiwillig versichern kann (also neben selbstständigen Freiberuflern mit berufsständischer Versorgung auch Beamte mit Beamtenversorgung oder nicht erwerbstätige Hausfrauen bzw. –männer), kann über die Anzahl der selbstständigen Freiberufler mit freiwilligen Beiträgen zur gesetzlichen Rente nur gerätselt werden. Mit ziemlicher Sicherheit werden es weniger als 100.000 sein.

Man kann es wenden, wie man will: Etwa nur jeder zweite selbstständige Freiberufler ist im Alter über die berufsständische Versorgung oder die gesetzliche Rentenversicherung abgesichert. Wer keinem dieser beiden Alterssicherungssysteme angehört, kann privat für das Alter vorsorgen (zum Beispiel Rürup-Rente oder Privatrente aus der privaten Rentenversicherung, siehe Kapitel 7.1 und 7.2). Weitere Alterseinkünfte, die keine Renten darstellen, sind Erwerbseinkommen sowie Vermögenseinkommen wie Miet- und Zinseinkünfte (siehe Kapitel 7.3 und 7.4).

1.2. Freiberufler mit berufsständischer Altersversorgung

Rund 360.000 selbstständige Freiberufler und rund 600.000 Beschäftigte in freiberuflichen Praxen sind von der Versicherungspflicht in der gesetzlichen Rentenversicherung befreit, da sie Mitglieder von öffentlich-rechtlichen Versorgungswerken und zugleich Mitglieder von berufsständischen Kammern sind.[4]

Statt einer gesetzlichen Rente erwerben sie Ansprüche auf eine **berufsständische Versorgung**. Die insgesamt 89 berufsständischen Versorgungswerke stellen für Angehörige der kammerfähigen Freien Berufe die wesentliche und zuweilen auch einzige Säule der Alterssicherung dar. Wie in der gesetzlichen Rentenversicherung handelt es sich um eine Pflichtversorgung im Alter, bei Invalidität und für Hinterbliebene.

Die Regelungen über Pflichtbeiträge bzw. Versorgungsabgaben, Rentenleistungen, Organisation und Kapitalanlage nehmen die Versorgungswerke in eigener Verantwortung vor, allerdings im Rahmen landesrechtlicher Vorgaben.

In 2015 gab es laut **Arbeitsgemeinschaft berufsständischer Versorgungswerke (ABV)** insgesamt rund 957.000 Mitglieder.[5] Mit 609.000 Mitgliedern dominieren eindeutig die Heilberufe, darunter 428.000 Ärzte, 75.000 Zahnärzte, 33.000 Tierärzte und 73.000 Apotheker. Hinzu kommen 223.000 rechts- und steuerberatende Berufe, zu denen 174.000 Rechtsanwälte und Notare sowie 49.000 Steuerberater und Wirtschaftsprüfer gehören. Außerdem gibt es noch 125.000 Architekten unter den ordentlichen Mitgliedern.

Ingenieure (zum Beispiel rund 3.000 in Niedersachsen, Brandenburg und Hamburg) sowie 7.000 Psychotherapeuten in Nordrhein-Westfalen zählen zu den außerordentlichen Mitgliedern, da deren Kammern erst nach dem 31. Dezember 1994 gegründet wurden und die Angestellten aus diesen Berufsgruppen weiterhin in der gesetzlichen Rentenversicherung pflichtversichert sind. Angestellte Ingenieure und Psychotherapeuten

---

[4] § 6 Abs. 1 SGB VI, siehe https://www.gesetze-im-internet.de/sgb_6/__6.html
[5] http://www.abv.de/daten-und-fakten.html

können sich allerdings zusätzlich zu ihrer Pflichtmitgliedschaft in der gesetzlichen Rentenversicherung freiwillig in dem für sie zuständigen Versorgungswerk versichern.

Die von der Mitgliederzahl und der Kapitalanlage her fünf größten Versorgungswerke sind die Bayerische Ärzteversorgung (für Ärzte, Zahnärzte und Tierärzte), die Baden-Württembergische Versorgungsanstalt für Ärzte, Zahnärzte und Tierärzte, die Nordrheinische Ärzteversorgung, das Versorgungswerk der Architektenkammer Nordrhein-Westfalen und die Ärzteversorgung Westfalen-Lippe. Allein diese fünf Versorgungswerke hatten rund 302.000 Mitglieder Ende 2016 und somit 30 Prozent aller beitragszahlenden Mitglieder.

Das **Beitragsvolumen** in allen Versorgungswerken lag im Jahr 2015 bei rund 9 Milliarden Euro. Bezogen auf die beitragszahlenden Mitglieder machte der durchschnittliche Beitrag somit 9.403 Euro im Jahr bzw. 784 Euro im Monat aus. Bei einem Beitragssatz von 18,7 Prozent lag somit ein durchschnittliches Bruttoeinkommen von 50.283 Euro jährlich bzw. 4.190 Euro monatlich zugrunde.

Von den rund 230.000 **Rentenempfängern** erhielten 180.000 eine Altersrente, die im Jahr 2015 durchschnittlich 2.088 Euro brutto im Monat ausmachte. Darüber hinaus wurden rund 8.000 Berufsunfähigkeitsrenten und 42.000 Hinterbliebenenrenten ausgezahlt.

Das durchschnittliche Einkommen von 4.190 Euro und die durchschnittliche Altersrente von 2.088 Euro im Monat belegen, dass die Freiberufler in kammerfähigen Berufen mit berufsständischer Versorgung eher zu den Höherverdienern gehören, die dann auch eine entsprechend höhere Altersrente erhalten. Die monatliche Brutto-Altersrente macht 50 Prozent des monatlichen Brutto-Einkommens aus. Im Vergleich dazu lag die gesetzliche Altersrente brutto in 2015 nach 40 Pflichtbeitragsjahren nur bei 40 Prozent des monatlichen Bruttogehalts.

Die **Kapitalanlagen** betrugen bei den 89 Versorgungswerken 175 Milliarden Euro in 2015 und werden bis Ende 2016 auf schätzungsweise 184 Milliarden gewachsen sein. Dabei ist zu berücksichtigen, dass die berufsständische Versorgung im Gegensatz zur gesetzlichen Rentenversicherung nicht umlagefinanziert ist und die Freiberufler-Renten daher ganz wesentlich aus den Kapitalerträgen gezahlt werden müssen. Die durchschnittliche **Nettokapitalverzinsung bzw. Nettorendite** lag in 2016 bei knapp 4 Prozent.

Wenn man die Kapitalanlagen von 184 Milliarden Euro rein rechnerisch auf 180.000 Empfänger von Altersrenten verteilt, kommt man auf rund 1 Million Euro pro Rentenempfänger. 4 Prozent davon wären 40.000 Euro pro Jahr oder 3.333 Euro im Monat. Da die durchschnittliche monatliche Altersrente in der berufsständischen Versorgung in 2015 laut Bundesregierung bei 2.088 Euro liegt, bleibt bei einer Kapitalverzinsung von 4 Prozent somit noch ein finanzielles Polster.

Bereits bei einem Zins von 2,5 Prozent würde die durchschnittliche Rentenleistung auf jährlich 25.000 Euro bzw. auf die monatliche Altersrente von durchschnittlich 2.088 Euro fallen. Dieses fiktive Rechenbeispiel zeigt, wie stark sich die in der Vergangenheit erzielte und in der Zukunft erzielbare Rendite der Kapitalanlagen auf die Altersversorgung auswirken kann.

Die **Vermögensstruktur** ist immer noch sehr zinslastig, da 56 Prozent der angelegten Gelder Ende 2015 in festverzinslichen Anlagen steckten. Allerdings lag der Anteil dieser Zinsanlagen in 2011 noch bei 70 Prozent, in 2013 bei 66 Prozent und in 2014 bei 62 Prozent. Er ist also infolge der anhaltenden Niedrigzinsphase in den letzten Jahren bereits deutlich zurückgegangen. Der Aktienanteil ist von 16 Prozent in 2011 auf immerhin 20 Prozent in 2015 gestiegen. Die restlichen 24 Prozent verteilten sich in 2015 auf Immobilien mit 13 Prozent, alternative Investments mit 7 Prozent und unternehmerische Beteiligungen mit 4 Prozent.

1.3. Freiberufler in der gesetzlichen Rentenversicherung

Rund 250.000 selbstständige Freiberufler sind in der gesetzlichen Rentenversicherung pflichtversichert. Dazu zählen vor allem rund 185.000 selbstständige Künstler und Publizisten, die Mitglieder in der Künstlersozialkasse und damit einem Zweig der gesetzlichen Rentenversicherung pflichtversichert sind.[6] Die von den Künstlern und Publizisten gemeldeten und beitragspflichtigen Einkommen für das Jahr 2016 lagen bei nur durchschnittlich 16.000 Euro.

Knapp 20.000 Euro jährlich waren es bei den rund 43.000 Journalisten und Schriftstellern (Bereich Wort), jeweils knapp 16.000 Euro bei den 89.000 Malern und Schauspielern (Bereiche bildende und darstellende Kunst) und nur rund 13.000 Euro bei den Sängern und Musikern (Bereich Musik).

Im Gegensatz zu anderen selbstständigen Freiberuflern müssen Künstler und Publizisten nur den halben Beitrag in der gesetzlichen Renten-, Kranken- und Pflegeversicherung zahlen. Die andere Hälfte tragen die Verwerter von Wort, Kunst und Musik sowie der Bund.

Ebenfalls versicherungspflichtig sind 55.000 selbstständige Freiberufler in den Berufsgruppen Lehrer und Erzieher, Pflegepersonen in der Kranken-, Wochen-, Säuglings- oder Kinderpflege, Hebammen und Entbindungspfleger sowie Seelotsen.[7]

Nur rund 12.000 Selbstständige sind auf eigenen Antrag hin in der gesetzlichen Rentenversicherung pflichtversichert.[8]

Außer dieser Antragspflichtversicherung gibt es noch die Möglichkeit der freiwilligen Versicherung für Selbstständige und andere Nicht-Pflichtversicherte.[9] Wie viele der insgesamt rund 250.000 freiwilligen Versicherten selbstständige Freiberufler sind, ist nicht bekannt.

1.4. Geplante Rentenversicherungspflicht für sonstige Freiberufler

Alle im Bundestag vertretenen Parteien fordern eine künftige Rentenversicherungspflicht für Selbstständige, die nicht obligatorisch in einem Alterssicherungssystem versichert sind. Die Anzahl dieser bisher nicht pflichtversicherten Selbstständigen wird auf rund 3 Millionen ge-

---

[6] § 2 Abs. 1 Nr. 5 SGB VI, siehe https://www.gesetze-im-internet.de/sgb_6/__2.html
[7] siehe a.a.O. § 2 Abs. 1 Nr. 1 bis 4 SGB VI
[8] § 4 Abs. 2 SGB VI, siehe https://www.gesetze-im-internet.de/sgb_6/__4.html
[9] § 7 SGB VI, siehe https://www.gesetze-im-internet.de/sgb_6/__7.html

schätzt. Darunter sind vor allem Solo-Selbstständige, die keine Arbeitnehmer beschäftigen.

Über das Wie, Wann und Wo einer künftigen Altersvorsorgepflicht für Selbstständige wird unter den Parteien aber noch heftig gestritten. Sicher ist nur: Die rund 1,2 Millionen bisher schon in einem Alterssicherungssystem (zum Beispiel berufsständische Versorgung, Künstlersozialkasse oder gesetzliche Rentenversicherung für bestimmte pflichtversicherte Selbstständige) abgesicherten Selbstständigen wären von einer künftigen Altersvorsorgepflicht nicht betroffen.

Die restlichen 3 Millionen sollen laut Bundessozialministerin Andrea Nahles von 2013 bis 2017 (SPD) in die gesetzliche Rentenversicherung einbezogen werden. Nahles hat in ihrem **Gesamtkonzept[10] zur Alterssicherung** vom 25.11.2016 dabei an die jüngeren Selbstständigen gedacht, die bei Inkrafttreten einer künftigen Rentenversicherungspflicht noch nicht 40 Jahre alt sind.

Nur wenn diese jüngeren Selbstständigen bei Inkrafttreten der Reform bereits eine anderweitige, dem Umfang nach Absicherung in der gesetzlichen Rentenversicherung entsprechende Alterssicherung betreiben und dies nachweisen, könnten sie sich von der Rentenversicherungspflicht befreien lassen.

Eine solche Verbreiterung des Versichertenkreises würde laut Nahles zu höheren Beitragseinnahmen führen von anfangs 1,3 Milliarden Euro, die sich dann in 2030 auf 3,8 und in 2045 auf 7,1 Milliarden Euro steigern könnten. Erst ab 2045 würden dann auch die ersten Rentenleistungen für die heute jüngeren Selbstständigen fällig.

Die CDU will den Selbstständigen jedoch die Wahl zwischen gesetzlicher Rentenversicherung und einer armutsfesten Altersversorgung mit frei wählbarem Absicherungsmodell lassen.

---

[10] http://www.bmas.de/SharedDocs/Downloads/DE/Thema-Rente/gesamtkonzept-alterssicherung-detail.pdf;jsessionid=DAA55769528B5CDAFD7A6FA364BECDA4?__blob=publicationFile&v=11

Gewerkschaften und Arbeitgeberverbände plädieren ebenfalls für eine Altersvorsorgepflicht für Selbstständige. Während die Gewerkschaften dabei ausschließlich an die gesetzliche Rentenversicherung als Pflichtversicherung denken, sind die Arbeitgeberverbände für Wahlfreiheit und gegen einen solchen Zwang.

Die für das Bundesarbeits- und -sozialministerium (BMAS) im Juli 2017 erstellte Kurzexpertise des Kölner Arbeits- und Sozialrechtlers **Professor Dr. Ulrich Preiss** zielt zwar wie Frau Nahles und die Gewerkschaften grundsätzlich auf die Einbeziehung der nicht obligatorisch versicherten Selbstständigen in die gesetzliche Rentenversicherung, um eine drohende Altersarmut insbesondere unter den Solo-Selbstständigen künftig zu verhindern.

Preiss macht die Befreiungsmöglichkeiten aber nicht vom jeweiligen Alter abhängig (zum Beispiel 40 Jahre wie beim Nahles-Konzept), sondern von der Zielgröße Grundsicherung. Wer eine Rentenanwartschaft nachweist, die mindestens der Grundsicherung plus Sicherheitspuffer (zum Beispiel Zuschlag von 10 oder 20 Prozent) entspricht, könnte sich nach diesem Vorschlag von der Rentenversicherungspflicht befreien lassen.[11]

Eine Befreiungsmöglichkeit soll es nach dem Preiss-Konzept außerdem für die Gruppe der nicht obligatorisch versicherten Selbstständigen geben, die sich für die Basis- bzw. Rürup-Rente als Äquivalent zur gesetzlichen Rente entscheiden. Auch diese Gruppe könnte sich dann von der Versicherungspflicht in der gesetzlichen Rentenversicherung befreien lassen.

Die Begründung von Preiss leuchtet ein: Gesetzliche Rente und Rürup-Rente sind funktional weitgehend gleichwertig. Beispielsweise gelten für beide die gleichen Steuerregeln. Der entscheidende Unterschied liegt darin, dass die Rürup-Rente im Gegensatz zur umlagefinanzierten gesetzlichen Rente kapitalgedeckt ist und daher von der Entwicklung des Kapitalmarktes abhängt.

---

[11] http://www.bmas.de/SharedDocs/Downloads/DE/PDF-Publikationen/Forschungsberichte/fb-487-fuer-ein-modernes-rentenrecht.pdf?__blob=publicationFile&v=1

2. ECKPUNKTE DER BERUFSSTÄNDISCHEN VERSORGUNG

Rund 1 Million Freiberufler, die Mitglieder einer berufsständischen Kammer sind, können sich auch bei der geplanten Einführung einer Altersvorsorgepflicht für alle Selbstständigen weiterhin von der Versicherungspflicht in der gesetzlichen Rentenversicherung befreien lassen.[12]

Dies gilt auch für die rund 600.000 in freiberuflichen Praxen beschäftigten Arbeitnehmer. Sowohl für die Beschäftigten als auch für die selbstständig tätigen Freiberufler in kammerfähigen Berufen gibt es mit der berufsständischen Versorgung ein bewährtes Alterssicherungssystem, das im Vergleich zur gesetzlichen Rentenversicherung bei gleich hohen Beiträgen zu in der Regel deutlich höheren Rentenleistungen führt.

2.1. Berufsständische Versorgung als erste Säule der Altersvorsorge

Die berufsständische Versorgung für Freiberufler und Angestellte in kammerfähigen Berufen zählt wie die gesetzliche Rentenversicherung eindeutig zur ersten Säule der Altersvorsorge und damit zur Regelsicherung, auch wenn sie im Drei-Säulen-System der gesetzlichen, betrieblichen und privaten Altersvorsorge des Alterssicherungsberichts[13] 2016 der Bundesregierung nicht ausdrücklich erwähnt wird (siehe Abbildung 1).

Da die **berufsständische Versorgung (BSV)** weder eine betriebliche noch eine private Altersvorsorge darstellt, kann sie nur als erste Säule angesehen werden.

Was die Besteuerung betrifft, bietet das **Drei-Schichten-Modell**, das sich aus dem Alterseinkünftegesetz von 2005 ergibt, eine weitere Orientierung. Hinsichtlich der steuerlichen Behandlung der Beiträge und Ren-

---

[12] a.a.O. § 6 Abs. 1 Nr. 1 SGB VI
[13] http://www.bmas.de/SharedDocs/Downloads/DE/PDF-Pressemitteilungen/2016/alterssicherungsbericht-2016.pdf?__blob=publicationFile&v=3

tenleistungen unterscheidet dieses Modell drei Schichten (siehe Abbildung 2).

Abbildung 1: Drei Säulen der Altersvorsorge

Sicherungsfunktion	Angestellte und Arbeiter		Beamte, Richter, Berufssoldaten usw.
	Privatwirtschaft	Öffentlicher Dienst	
Regelsicherung 1. Säule	Renten aus der gesetzlichen Rentenversicherung		Beamtenversorgung
Zusatzsicherung 2. Säule	Betriebsrente	Zusatzversorgung öff. Dienst	
Private Altersvorsorge 3. Säule	eigenverantwortliche Altersvorsorge (z.B. Riester-Rente oder Rürup-Rente)		

Quelle: frei nach Alterssicherungsbericht 2016 der Bundesregierung

Abbildung 2: Drei Schichten der Altersvorsorge

Schichten	Grundsystem	Zusatzsysteme
Basisversorgung (1. Schicht)	gesetzliche Rentenversicherung (GRV)	berufsständische Versorgung (BSV) Alterssicherung der Landwirte (AdL) Basis- bzw. Rürup-Rente
Zusatzversorgung (2. Schicht)	betriebliche Altersversorgung (bAV) Zusatzversorgung im öffentlichen Dienst (ZÖD)	Riester-Rente
übrige Zusatzversorgung (3. Schicht)	private Rentenversicherung (PRV)	Kapitallebensversicherung auf den Todes- und Erle-bensfall (KLV)

Die berufsständische Versorgung zählt danach zur ersten Schicht. Sie ist wie die gesetzliche Rentenversicherung eine **Basisversorgung**. Für sie gelten daher auch die Übergangsregelungen zur steuerlichen Abzugsfähigkeit der Beiträge (Altersvorsorgeaufwendungen[14] und zur schrittweise nachgelagerten Besteuerung der Renten[15]).

Mitglieder einer berufsständischen Versorgungseinrichtung und berufsständischen Kammer können sich von der Versicherungspflicht in der gesetzlichen Rentenversicherung befreien lassen.

Zu den kammerfähigen Berufen zählen Ärzte (einschließlich Psychotherapeuten), Zahnärzte, Tierärzte, Apotheker, Architekten, Ingenieure, Rechtsanwälte, Notare, Steuerberater und Wirtschaftsprüfer.

Laut **Arbeitsgemeinschaft berufsständischer Versorgungseinrichtungen e.V. (ABV)** gab es Ende 2015 rund 955.000 anwartschaftsberechtigte und 823.000 beitragszahlende Mitglieder in den insgesamt 89 Versorgungswerken.[16] Spätestens Ende 2017 dürfte die Millionengrenze überschritten sein.

Die Ärzte stellen mit rund 419.000 Mitgliedern die mit Abstand größte Gruppe dar. Zählt man noch die Zahnärzte und Tierärzte hinzu, sind es bereits 523.000 und damit über 52 Prozent aller Freiberufler und Angestellten in kammerfähigen Berufen.

Rund 171.000 Rechtsanwälte und Notare zählen zur zahlenmäßig zweitstärksten Gruppe. Danach folgen rund 123.000 Architekten, 72.000 Apotheker und 47.000 Steuerberater und Wirtschaftsprüfer. Schließlich kommen noch mindestens 22.000 Ingenieure und Psychotherapeuten in Bayern, Nordrhein-Westfalen, Niedersachsen und Schleswig-Holstein als außerordentliche Mitglieder hinzu. Für die Ingenieure und Psychotherapeuten in den übrigen Bundesländern liegen keine Mitgliederzahlen vor.

Freiberufler und Angestellte in kammerfähigen Berufen, die von der Versicherungspflicht in der gesetzlichen Rentenversicherung befreit sind, können sich nach einer Gesetzesänderung vom 10.08.2010 freiwillig in der gesetzlichen Rentenversicherung versichern. Der geänderte Paragraf lautet seither einfach und unmissverständlich: *„Personen, die nicht versiche-*

---

[14] § 10 Abs. 1 Ziffer 2 i.V.m. Abs. 2 und 3 EStG, siehe https://www.gesetze-im-internet.de/estg/__10.html
[15] § 22 Nr. 1 Satz 3 Buchst. a Doppelbuchst. aa EStG siehe https://www.gesetze-im-internet.de/estg/__22.html
[16] http://www.abv.de/verlaessliche-struktur.html

rungspflichtig sind, können sich für Zeiten ab Vollendung des 16. Lebensjahres freiwillig versichern".[17]

Der freiwillige Beitrag liegt im Jahr 2017 zwischen 1.009,80 Euro (Mindestbeitrag) und 14.249,40 Euro (Höchstbeitrag im Westen) jährlich bzw. zwischen 84,15 Euro und 1.187,45 Euro monatlich. **Freiwillige Beiträge zur gesetzlichen Rente** lohnen sich insbesondere für privat krankenversicherte Freiberufler und Angestellte in kammerfähigen Berufen ab einem Alter von 50 Jahren (Gruppe 50 plus).

Die Urteile des Bundessozialgerichts vom 31.10.2012 und 03.04.2014 zur Einschränkung bzw. Beseitigung der Befreiungsmöglichkeiten für angestellte Kanzleianwälte und Unternehmensanwälte (Syndikusanwälte) haben viel Staub aufgewirbelt. Vielfach wurde befürchtet, dass diese Rechtsanwälte nunmehr als Beschäftigte in der gesetzlichen Rentenversicherung pflichtversichert werden müssten. Seit dem 01.01.2016 können sich aber angestellte **Syndikusanwälte** nach einer Gesetzesänderung[18] von der gesetzlichen Rentenversicherungspflicht weiterhin befreien lassen. Von den Urteilen des Bundessozialgerichts sind andere Freiberufler nicht betroffen.

2.2. Leistungszusagen und Länderaufsicht

Eine Kürzung von Leistungszusagen ist bei Versorgungswerken möglich, da es keine Garantiezinsen wie in der privaten Rentenversicherung gibt. Sinkt der Rechnungszins drastisch, werden auch die durch Rentensteigerungsbeträge bzw. Punktewerte ausgedrückten Leistungszusagen sinken.

Im Gegensatz zur Kürzung von Leistungszusagen bei Pensionskassen gibt es auch keine Einstandspflicht bzw. Haftung der Arbeitgeber, da der Freiberufler als Selbstständiger quasi sein eigener Arbeitgeber ist. Daher wird der Freiberufler auch direkt von der Kürzung einer einst erteilten Leistungszusage getroffen.

In der Vergangenheit hat es in zwei Fällen sogar recht drastische Leistungskürzungen gegeben. Bei einer 60-jährigen Zahnärztin aus Berlin

---

[17] siehe a.a.O., § 7 Abs. 1 Satz 2 SGB VI
[18] http://dip21.bundestag.de/dip21/btd/18/052/1805201.pdf

wurde die Rente aus dem Versorgungswerk der Zahnärzte Berlin um 16 Prozent gekürzt. Das Oberverwaltungsgericht Berlin-Brandenburg hat die Kürzung bestätigt. Beim Versorgungswerk der Zahnärzte Niedersachsen wurden die berufsständischen Renten vor 14 Jahren nach Turbulenzen sogar halbiert.

Keine Sicherheitsnetze, aber Länderaufsicht

Weder ein Pensionssicherungsverein (PSV) wie bei bestimmten Durchführungswegen in der betrieblichen Alterversorgung noch eine Sicherungseinrichtung wie Protektor bei Kapital-Lebensversicherungen und privaten Rentenversicherungen treten bei Schieflagen von Versorgungswerken ein.

Die Versorgungswerke werden auch nicht vom Bundesamt für Finanzdienstleistungsaufsicht (BaFin) kontrolliert. Die Finanzaufsicht wird allein durch die Finanz- und Justizminister in den Bundesländern ausgeübt. Berufsständische Versorgungswerke sind nur auf landesgesetzlicher Grundlage organisiert. Nur die Länder können beurteilen und entscheiden, ob Reformbedarf besteht.

Keine unmittelbare Insolvenzgefahr

Zwar droht Versorgungswerken als öffentlich-rechtlichen Körperschaften bei Schieflagen nicht die Insolvenz, da sie unter der Finanzaufsicht der jeweiligen Länder stehen. Eine ausdrückliche Regelung hinsichtlich der Haftung gibt es aber nicht, wie schon der wissenschaftliche Dienst des Deutschen Bundestages klarstellte. Ungeklärt ist daher, wer im worst case einer Insolvenz einspringt.

Die Hoffnung, dass der Staat finanzielle Defizite der Versorgungswerke ausgleicht, ist trügerisch. Für die Verbindlichkeiten eines Versorgungswerkes haftet allein dessen Vermögen. Reicht dieses Vermögen zur Deckung der laufenden Rentenverpflichtungen nicht aus, bleibt als ultima ratio nur die Kürzung von Leistungszusagen.

Die Bundesregierung betont in ihrer Antwort vom 15.05.2017 auf die Kleine Anfrage von Bündnis 90/Die Grünen über aktuelle Daten zu den berufsständischen Versorgungswerken sehr deutlich: *„Der Bund übernimmt keine Haftung für die landesrechtlich begründeten berufsständischen Versorgungswerke. Darüber, inwiefern die Länder bei finanziellen*

Defiziten in der Pflicht stünden, hat die Bundesregierung keine Kenntnis" (siehe Bundestagsdrucksache 18/12338). Hilfe vom Bund haben in Not geratene Versorgungswerke also nicht zu erwarten.

3. ZAHLEN, DATEN UND FAKTEN ÜBER VERSORGUNGSWERKE

Will man die volkswirtschaftliche Bedeutung und die finanzielle Leistungsfähigkeit der 89 Versorgungswerke sachlich-nüchtern beurteilen, kommt man an Zahlen, Daten und Fakten nicht vorbei. Dies gelingt umso besser, je höher die Transparenz bei den Versorgungswerken selbst ist.

3.1. Anzahl der Pflichtversicherten und Rentner

Von den rund 1 Million Freiberuflern und Angestellten in kammerfähigen Berufen entfallen allein rund 480.000 und damit knapp die Hälfte aller Mitglieder auf die zehn größten Versorgungswerke im Jahr 2016 (siehe Tabelle 1).

Tabelle 1: Top Ten der Versorgungswerke bei Zahl der Mitglieder und Rentner

Nr.	Versorgungswerke, Zahlen für 2016	Mitglieder	Rentner
1	Bayerische Ärzteversorgung (BÄV)	105.233	35.455
2	Baden-Württembergische Versorgungsanstalt für Ärzte (BWVÄ)	58.867	21.556
3	Nordrheinische Ärzteversorgung (NÄV)	52.252*	17.628*
4	Versorgungswerk der Architekten NRW (inkl. Hessen, Saarland, Bremen)	44.049*	8.994*
5	Ärzteversorgung Westfalen-Lippe (ÄVWL)	41.935	15.396
6	Bayerische Rechtsanwalts- und Steuerberaterversorgung (BRASTV)	42.498	3.229
7	Versorgungswerk der Rechtsanwälte in NRW	36.124	4.456
8	Bayerische Architektenversorgung (BARCHV)	35.811	8.191
9	Ärzteversorgung Niedersachsen (ÄVN)	33.735*	11.456*
10	Bayerische Apothekerversorgung (BAPV)	29.184	11.709
	ca. 48 % von insgesamt ca. 1 Million Mitgliedern	479.688	138.070

*) zum 31.12.2015, alle sonstigen Zahlen zum 31.12.2016

Mit 138.000 Rentnern (Alters-, Erwerbsunfähigkeits- und Hinterbliebenenrentner) liegt der sog. **Rentnerquotient** als Verhältnis von Rentnern zu versicherten Mitgliedern unter den Top Ten der Versorgungswerke bei noch relativ niedrigen 29 Prozent. Dieser Rentnerquotient wird aber mit zunehmendem Eintritt der geburtenstarken Jahrgänge in den Ruhestand insbesondere ab dem Jahr 2020 steigen. Bei dem mit Abstand größten Versorgungswerk der Ärzte in Bayern liegt der Rentnerquotient bereits heute bei 34 Prozent.

Die zehn größten von insgesamt 89 Versorgungswerken haben zum 31.12.2016 **Kapitalanlagen** von rund 101 Milliarden Euro angesammelt (siehe Tabelle 2). Dies sind 55 Prozent von geschätzten 184 Milliarden. Laut ABV waren es 175 Milliarden Euro zum 31.12.2015[19]. Zum Vergleich: Die 89 Lebensversicherer kamen im Jahr 2015 auf Kapitalanlagen in Höhe von 990 Milliarden Euro.

Tabelle 2: Top Ten der Versorgungswerke bei Kapitalanlagen und Nettorendite

Nr.	Versorgungswerke, Zahlen für 2016	Kapital-anlagen	Nettorendite
1	Bayerische Ärzteversorgung (BÄV)	21,54 Mrd. €	3,6 %*
2	Baden-Württembergische Versorgungsanstalt für Ärzte (BWVÄ)	13,30 Mrd. €	4,24 %
3	Nordrheinische Ärzteversorgung (NÄV)	11,53 Mrd. €*	3,70 %*
4	Versorgungswerk der Architekten NRW (inkl. Hessen, Saarland, Bremen)	8,81 Mrd. €*	4,1 %*
5	Ärzteversorgung Westfalen-Lippe (ÄVWL)	11,12 Mrd. €	4,20 %
6	Bayerische Rechtsanwalts- und Steuerberaterversorgung (BRASTV)*	6,47 Mrd. €	3,78 %
7	Versorgungswerk der Rechtsanwälte NRW	6,24 Mrd. €	3,77 %
8	Bayerische Architektenversorgung (BARCHV)	6,25 Mrd. €	3,85 %
9	Ärzteversorgung Niedersachsen (ÄVN)	7,96 Mrd. €*	4 %**
10	Bayerische Apothekerversorgung (BAPV)	8,06 Mrd. €	3,85 %
	ca. 55 % von ca. 182 Mrd. €	101,28 Mrd. €	

*) zum 31.12.2015, alle sonstige Zahlen zum 31.12.2016
**) Bruttorendite in 2015

---

[19] http://www.abv.de/nachhaltige-geldanlage.html

Überblick über alle 89 Versorgungswerke

Sofern Sie einen kammerfähigen Beruf ausüben und Mitglied in einer berufsständischen Kammer sind, werden Sie sich in der Regel ausschließlich für Ihr Versorgungswerk interessieren, dem Sie angehören und von dem Sie später auch Ihre Rente als Freiberufler erhalten.

Es kann aber nicht schaden, mal einen Blick auf alle 89 Versorgungswerke zu werfen. 45 und damit die Hälfte der Versorgungswerke entfallen auf die **Heilberufe** Ärzte, Zahnärzte, Tierärzte, Apotheker und Psychotherapeuten. Die beiden Versorgungswerke in Bayern und Baden-Württemberg sind für Ärzte, Zahnärzte und Tierärzte zuständig. Die übrigen Versorgungswerke bzw. Kammern haben sich auf die Ärzte, Zahnärzte oder Tierärzte spezialisiert. Hinzu kommen Versorgungswerke für Apotheker und Psychotherapeuten.

Beratende Berufe wie Rechtsanwälte, Notare, Steuerberater und Wirtschaftsprüfer sind in 35 Versorgungswerken organisiert. Hinzu kommen noch 7 Versorgungswerke für **technische Berufe** wie Architekten und Ingenieure.

Eine Gliederung der Versorgungswerke nach Bundesländern ist wenig sinnvoll, weil einige Versorgungswerke wie die Bayerische Ärzteversorgung oder das Versorgungswerk der Architekten in Nordrhein-Westfalen auch länderübergreifend tätig sind. Außerdem werden die Versorgungswerke für Ärzte, Zahnärzte und Tierärzte in Nordrhein-Westfalen nochmals in die beiden Landesteile Nordrhein und Westfalen-Lippe getrennt.

Sinnvoller ist die Gliederung der Versorgungswerke nach Berufsständen, wie sie in der folgenden Übersicht erfolgt. Sie können aus dem Katalog aller 89 Versorgungswerke dann schneller herausfinden, welches Versorgungswerk für Sie als Freiberufler in kammerfähigen Berufen zuständig ist.

Versorgungswerke nach Berufsständen

Gemeinsame Versorgungswerke für Ärzte, Zahnärzte und Tierärzte

1 Ärzteversorgung (BÄV)
2 Baden-Württembergische Versorgungsanstalt für Ärzte, Zahnärzte und Tierärzte

Versorgungswerke für Ärzte

3 Nordrheinische Ärzteversorgung (NÄV)
4 Ärzteversorgung Westfalen-Lippe (ÄVWL)
5 Ärzteversorgung Niedersachsen (ÄVN)
6 Versorgungswerk der Landesärztekammer Hessen
7 Berliner Versorgungswerk
8 Sächsische Ärzteversorgung
9 Ärzteversorgung Hamburg
10 Ärzteversorgung Sachsen-Anhalt
11 Ärzteversorgung Mecklenburg-Vorpommern
12 Versorgungswerk der Ärztekammer des Saarlandes
13 Versorgungseinrichtung der Bezirksärztekammer Koblenz
14 Versorgungswerk der Ärztekammer Bremen
15 Versorgungseinrichtung der Bezirksärztekammer Trier
16 Ärzteversorgung Thüringen
17 Versorgungseinrichtung der Ärztekammer Schleswig-Holstein
18 Ärzteversorgung Land Brandenburg

Versorgungswerke für Zahnärzte

19 Versorgungswerk der Zahnärztekammer Westfalen-Lippe
20 Versorgungswerk der Zahnärztekammer Nordrhein
21 Versorgungswerk der Zahnärztekammer Berlin
22 Versorgungswerk der Zahnärztekammer Hamburg
23 Versorgungswerk der Zahnärztekammer Mecklenburg-Vorpommern
24 Versorgungswerk der Zahnärztekammer Schleswig-Holstein
25 Versorgungswerk der Landeszahnärztekammer Thüringen
26 Versorgungswerk bei der Landeszahnärztekammer Rheinland-Pfalz
27 Allgemeines Versorgungswerk der Zahnärztekammer Niedersachsen
28 Allgemeines Versorgungswerk der Zahnärztekammer Sachsen-Anhalt
29 Hessische Zahnärzte-Versorgung
30 Zahnärzteversorgung Sachsen

Versorgungswerke für Tierärzte

31 Tierärzte-Versorgung Niedersachsen
32 Versorgungswerk der Tierärztekammer Westfalen-Lippe
33 Versorgungswerk der Tierärztekammer Nordrhein

34 Versorgungswerk der Landestierärztekammer Hessen
35 Versorgungswerk der Landestierärztekammer Thüringen
36 Versorgungswerk der Landestierärztekammer Mecklenburg-Vorpommern

Versorgungswerke für Apotheker

37 Bayerische Apothekerversorgung (BAPV)
38 Apothekerversorgung Niedersachsen
39 Versorgungswerk der Landesapothekerkammer Hessen
40 Versorgungswerk der Apothekerkammer Nordrhein
41 Versorgungswerk der Apothekerkammer Westfalen-Lippe
42 Apothekerversorgung Berlin
43 Apothekerversorgung Mecklenburg-Vorpommern
44 Apothekerversorgung Schleswig-Holstein
45 Sächsisch-Thüringische Apothekerversorgung

Versorgungswerke für Psychotherapeuten

46 Versorgungswerk der Psychotherapeutenkammer Nordrhein
47 Psychotherapeuten-Versorgungswerk Niedersachsen mit Bremen, Hamburg und Rheinland-Pfalz
48 Versorgungswerk der Psychotherapeutenkammer Schleswig-Holstein
Gemeinsames Versorgungswerk für Rechtsanwälte und Steuerberater
50 Bayerische Rechtsanwälte- und Steuerberaterversorgung (BRASTV)

Versorgungswerke für Rechtsanwälte

51 Versorgungswerk der Rechtsanwälte in Nordrhein-Westfalen
52 Versorgungswerk der Rechtsanwälte im Lande Hessen
53 Versorgungswerk der Rechtsanwälte in Baden-Württemberg
54 Rechtsanwälte-Versorgungswerk Niedersachsen
55 Versorgungswerk der Rechtsanwälte im Lande Sachsen-Anhalt
56 Versorgungswerk der Rechtsanwälte in Berlin
57 Versorgungswerk der Rechtsanwältinnen und Rechtsanwälte in Hamburg
58 Versorgungswerk der Rechtsanwälte in Thüringen
59 Versorgungswerk der Rechtsanwälte im Land Brandenburg
60 Versorgungswerk der Rechtsanwälte in Mecklenburg-Vorpommern

61 Versorgungswerk der rheinland-pfälzischen Rechtsanwaltskammer
62 Versorgungswerk der Rechtsanwaltskammer des Saarlandes
63 Sächsische Rechtsanwälte-Versorgung
64 Hanseatische Rechtsanwälte-Versorgung Bremen

Versorgungswerke für Notare

65 NotarkasseöR AdöR München
66 Ländernotarkasse AdöR Leipzig
67 Notarversorgung Köln
68 Notarversorgung Koblenz
69 Notarversorgung Hamburg
70 Versorgungswerk der Saarländischen Notarkammer

Versorgungswerke für Steuerberater und Steuerbevollmächtigte

71 Versorgungswerk der Steuerberater im Land Nordrhein-Westfalen
72 Steuerberater-Versorgung Niedersachsen
73 Versorgungswerk der Steuerberater in Baden-Württemberg
74 Steuerberater-Versorgung der Steuerberaterinnen, Steuerberater und Steuerbevollmächtigten im Freistaat Sachsen
75 Versorgungswerk der Steuerberaterinnen, Steuerberater und Steuerbevollmächtigten in Sachsen-Anhalt
76 Versorgungswerk der Steuerberaterinnen und Steuerberater in Schleswig-Holstein
77 Versorgungswerk der Steuerberaterinnen und Steuerberater in Rheinland-Pfalz
78 Versorgungswerk der Steuerberater und Steuerbevollmächtigten in Mecklenburg-Vorpommern
79 Versorgungswerk der Steuerberater und Steuerbevollmächtigten im Land Brandenburg
80 Versorgungswerk der Steuerberater und Steuerberaterinnen / Wirtschaftsprüfer und Wirtschaftsprüferinnen im Saarland
81 Versorgungswerk der Steuerberater in Hessen

Versorgungswerke der Wirtschaftsprüfer

82 Versorgungswerk der Wirtschaftsprüfer und vereidigten Buchprüfer im Land Nordrhein-Westfalen

Versorgungswerke für Architekten

83 Architektenversorgung Nordrhein-Westfalen (inkl. Hessen, Saarland, Bremen)
84 Bayerische Architektenversorgung (BARCHV)
85 Versorgungswerk der Architektenkammer in Baden-Württemberg
86 Versorgungswerk der Architektenkammer Berlin
87 Versorgungswerk der Architektenkammer Sachsen

Versorgungswerke für Ingenieure

88 Ingenieurversorgung Baden-Württemberg
89 Versorgungswerk der Ingenieurkammer Niedersachsen

3.2. Kapitalanlagen bei sinkenden Renditen

Die Vermögensstruktur ist bei den Versorgungswerken immer noch sehr stark von festverzinslichen Anlagen geprägt. Allein 110 Milliarden Euro oder rund 63 Prozent des Kapitalanlagevolumens entfielen in 2015 auf **Zinsanlagen** wie Einlagen bei Kreditinstituten, Inhaber- und Namensschuldverschreibungen, festverzinsliche Wertpapiere einschließlich Rentenfonds, Grundschulden und Hypotheken, Schuldscheindarlehen und sonstige Ausleihungen. Die Versorgungswerke fungieren bei diesen Zins- bzw. Geldwertanlagen also als Gläubiger und sind auf laufende Zinseinnahmen angewiesen. Die anhaltende Niedrigzinsphase schlägt in diesem Anlagesegment besonders stark durch.

37 Milliarden Euro oder 21 Prozent der gesamten Kapitalanlagen haben die Versorgungswerke in **Aktien und Beteiligungen** (zum Beispiel Private Equity Fonds) investiert. Es folgen 22 Milliarden oder 12 Prozent in **Immobilien** (einschließlich Immobilienfonds) und lediglich 7 Milliarden oder 4 Prozent in **anderen Kapitalanlagen** wie Rohstoffe, erneuerbare Energien oder Infrastrukturanlagen.

Als Folge des großen Anteils von Zinsanlagen und des sinkenden Zinsniveaus auf dem Kapitalmarkt gehen auch die erzielten jährlichen Nettokapitalrenditen auf Talfahrt und fallen immer häufiger unter die Marke von 4 Prozent. Immer mehr Versorgungswerke senken daher auch den für ihre Kalkulationen verwendeten Rechnungszins von ehemals 4,0 auf 3,5 Prozent, 3,0 oder gar 2,25 Prozent.

Das **Portfolio-Management** bzw. die sog. Asset Allocation und Leistungsqualität der Anlagemanager rücken immer mehr in den Fokus. Es wundert daher nicht, dass die Rentenleistungen für gleich hohe Beiträge je nach Versorgungswerk höchst unterschiedlich ausfallen.

Allein die vier Bayerischen Versorgungswerke (BÄV, BRASTV, BARCHV und BAPV) kamen in 2016 auf Kapitalanlagen von rund 43 Milliarden Euro und damit 23 Prozent der insgesamt geschätzt 184 Milliarden bei insgesamt 89 Versorgungswerken. Die **Nettorendite** bei diesen vier Versorgungswerken, deren Geschäfte und Vertretung über die Bayerische Versorgungskammer (BVK) laufen, lag 2015 im Durchschnitt bei 3,8 Prozent.

Die in Nordrhein-Westfalen gelegenen vier Versorgungswerke (NÄV, ÄVWL, Versorgungswerk der Architekten sowie Versorgungswerk der Rechtsanwälte) kommen mit einem Kapitalanlagevolumen von rund 38 Milliarden Euro bzw. 21 Prozent Anteil knapp dahinter. Allerdings schwankte die Nettorendite stärker zwischen nur 3,6 Prozent bei der Nordrheinischen Ärzteversorgung (NÄV) in 2015 und noch 4,2 Prozent bei der Ärzteversorgung Westfalen-Lippe (ÄVWL) in 2015 und 2016.

Sinkende Rechnungszinsen und biometrische Risiken

Die wirtschaftlichen Kernprobleme bei den Versorgungswerken liegen in der **anhaltenden Niedrigzinsphase** und einer **stetig steigenden Lebenserwartung**. Die Schlagwörter der Experten heißen „Rechnungszins" und „Biometrie".

Die Niedrigzinsphase führt über kurz oder lang zu sinkenden Rechnungszinsen. Schon jetzt sinken die erzielten Kapitalanlagerenditen von Jahr zu Jahr. Es ist damit zu rechnen, dass sich dieser Negativtrend in den nächsten Jahren angesichts der anhaltenden Niedrigzinsphase fortsetzt. Es sei denn, dass eine deutliche Vermögensumschichtung von renditearmen Zinsanlagen zu renditestärkeren, aber auch risikoreicheren Sachwertanlagen wie Aktien, Immobilien oder alternativen Investments stattfindet.

Gleichzeitig steigen die biometrischen Risiken infolge steigender Lebenserwartung (sog. Erlebensfallrisiko). Freiberufler leben durchschnittlich vier Jahre länger im Vergleich zum Durchschnitt der Bevölkerung, wie die ABV mit Berufung auf das Statistische Bundesamt und die Heubeck AG mitteilt[20]. Entsprechend wird ab 2006 mit der Berufsständischen Richttafel 2006 von Heubeck gerechnet.

Laut Prognose soll die fernere Lebenserwartung für 60-jährige Freiberufler beispielsweise im Jahr 2050 auf rund 90 Jahre (Männer) bzw. 93 Jahre (Frauen) ansteigen. Dies wären zwischen zwei und fünf Jahren mehr im Vergleich zum Durchschnitt der Bevölkerung. Von der längeren Lebenserwartung der Freiberufler werden Versorgungswerke, die im Gegensatz zu Kapital-Lebensversicherungen und privaten Rentenversicherungen mit Kapitalwahlrecht nahezu ausschließlich auf lebenslange Rentenzahlungen gerichtet sind, in ganz besonderem Maße getroffen. Sie werden somit gleich von zwei Seiten – Rechnungszins und Biometrie - in die Zange genommen und quasi doppelt auf dem falschen Fuß erwischt.

Auf der Jahrespressekonferenz der BaFin vom 10.05.2016 warnte BaFin-Exekutivdirektor Frank Grund die mit Versorgungswerken noch am ehesten vergleichbaren Pensionskassen vor einer möglichen Schieflage. Einzelne Pensionskassen könnten möglicherweise nicht mehr aus eigener Kraft ihre Leistungen in voller Höhe erbringen. Noch mehr als die Lebensversicherer würden die Pensionskassen unter dem niedrigen Zinsniveau leiden. Bereits Ende April 2016 kamen Warnungen auch vom Institut der versicherungsmathematischen Sachverständigen für Altersvorsorge (IVS), die an Deutlichkeit nichts zu wünschen übrig ließen[21]. Ähnliche Warnungen könnten auch auf Versorgungswerke für selbstständige Freiberufler und Angestellte in kammerfähigen Berufen zutreffen.

Noch attraktive Altersrenten

Die **durchschnittliche Altersrente** von Rentenempfängern lag bei den Versorgungswerken im Jahr 2006 bei 1.948 Euro. Ein Spitzenverdiener, der 40 Jahre lang immer den Höchstbeitrag in die gesetzliche Rentenversicherung gezahlt hatte, erhielt im Jahr 2006 im Vergleich dazu nur eine gesetzliche Rente von 1.854 Euro.

---

[20] http://www.abv.de/die-deutschen-werden-immer-aelter.html
[21] https://aktuar.de/politik-und-presse/positionen-und-stellungnahmen/Stellungnahmen/2016-04-22-IVS_Position_bAV.pdf

Laut Bundesregierung unter Berufung auf die ABV ist die durchschnittliche Altersrente für Freiberufler im Jahr 2015 auf 2.088 Euro gestiegen, dies sind nur insgesamt 7,2 Prozent innerhalb von neun Jahren mehr bzw. 0,8 Prozent pro Jahr. Im Vergleich zur gesetzlichen Rente von 2.201 Euro brutto in 2015 für einen Spitzenverdiener in der gesetzlichen Rentenversicherung mit 40 Beitragsjahren fällt die durchschnittliche Altersrente der Freiberufler sogar geringer aus.

Allerdings werden Rentenempfänger unter den Freiberuflern in aller Regel nicht 40 Jahre lang immer so viel in die berufsständische Versorgung eingezahlt haben wie ein Spitzenverdiener mit Gehältern oberhalb der Beitragsbemessungsgrenze in die gesetzliche Rentenversicherung. Der durchschnittliche Beitrag lag in 2015 bei den Versorgungswerken beispielsweise nur bei 900 Euro im Monat im Vergleich zum monatlichen Höchstbeitrag von 1.131 Euro in der gesetzlichen Rentenversicherung.

4. MEHR RENTE AUS BERUFSSTÄNDISCHER VERSORGUNG

Vergleiche der Freiberufler-Rente aus berufsständischer Versorgung mit der Beamtenpension oder der gesetzlichen Rente sind wegen der unterschiedlichen Alterssicherungssysteme recht schwierig.

Grundsätzlich gilt aber: Die Rente aus berufsständischer Versorgung (auch als „Altersruhegeld" bezeichnet) liegt bei gleichen Erwerbsbiografien und gleich hohen Bruttoverdiensten betragsmäßig zwar unter einer vergleichbaren Beamtenpension, aber deutlich über einer vergleichbaren gesetzlichen Rente.

4.1. Grundzüge der Berechnung von Altersrenten

Die Rentenformel zur Berechnung der Altersrente bei Versorgungswerken lautet:

monatliche Altersrente aus der berufsständischen Versorgung
=
Rentensteigerungsbetrag x Versicherungsjahre x persönlicher Beitragsquotient

Der Rentensteigerungsbetrag in Euro (zuweilen auch Punktewert genannt) ist von Versorgungswerk zu Versorgungswerk unterschiedlich und wird von Jahr zu Jahr jeweils zum 1. Juli neu festgesetzt. Er ähnelt zwar dem aktuellen Rentenwert in der aktuellen Rentenversicherung (zum Beispiel 31,03 Euro West ab 1.7.2017), bezieht sich aber in der Regel auf ein beitragszahlendes Mitglied, das eine durchschnittliche Versorgungsabgabe in Höhe des jeweiligen Höchstbeitrags in der gesetzlichen Rentenversicherung gezahlt hat.

In 2017 liegt diese durchschnittliche Versorgungsabgabe bzw. der Höchstbeitrag in der gesetzlichen Rentenversicherung West bei monatlich 1.187,45 Euro monatlich bzw. 14.249,40 Euro jährlich und wird ab 2018 auf 1.215,50 Euro bzw. 14.586 Euro steigen, da sich die Beitragsbemessungsgrenze von aktuell 6.350 auf 6.500 Euro im Monat bzw. von 76.200 auf

78.000 Euro im Jahr erhöht und der Beitragssatz von 18,7 Prozent gleichbleibt.

Dazu ein Beispiel aus dem Versorgungswerk für Rechtsanwälte in Nordrhein-Westfalen: Der Rentensteigerungsbetrag liegt in 2017 bei 88 Euro. Wenn der in 1952 geborene Neurentner 2017 mit 65 Jahren in Rente geht und 40 Jahre lang immer den jeweiligen Höchstbeitrag gezahlt hat, erhält er nach Berücksichtigung eines Rentenabschlags von 0,9 Prozent eine **Altersrente aus der berufsständischen Versorgung (Altersruhegeld)** in Höhe von brutto **3.488 Euro** (= 88 Euro x 40 Jahre x 0,991). Privat krankenversicherte Ruheständler erhalten von ihrem Versorgungswerk keinen Zuschuss zur privaten Krankenversicherung. Sind sie ausnahmsweise gesetzlich krankenversichert, vermindert sich ihre Bruttorente um den Beitrag zur gesetzlichen Kranken- und Pflegeversicherung in Höhe von bis zu 18,5 Prozent.

Vergleich mit der gesetzlichen Rente

Wenn der Neurentner aber 40 Jahre lang Höchstbeiträge in die gesetzliche Rentenversicherung gezahlt hätte, bekäme er eine gesetzliche Rente von brutto 2.326,68 Euro (= aktueller Rentenwert 31,03 Euro x 40 Jahre x durchschnittlich 1,9089 Entgeltpunkte pro Jahr für die letzten 40 Pflichtbeitragsjahre x 0,982). Unter Berücksichtigung des Zuschusses von 7,3 Prozent der Bruttorente zur privaten Krankenversicherung erhöht sich die vergleichbare **gesetzliche Altersrente** dann auf **2.497 Euro**. Im Vergleich dazu liegt die berufsständische Rente des Freiberuflers um rund 40 Prozent höher.

Die Grundformel zur Berechnung der Altersrente aus der gesetzlichen Rentenversicherung lautet:

monatliche gesetzliche Rente = aktueller Rentenwert x persönliche Entgeltpunkte

Da Höchstbeitragszahler durchschnittlich 1,9089 Entgeltpunkte in den letzten 40 Beitragsjahren erzielten, kann diese Grundformel für Höchstbeitragszahler auch wie folgt erweitert werden:

monatliche gesetzliche Altersrente =
aktueller Rentenwert (z.B. 31,03 Euro West ab 01.07.2017) x 40 Jahre x
durchschnittliche Entgeltpunkte pro Jahr (z.B. 1,9089)

Diese Rentenformel in der gesetzlichen Rentenversicherung ähnelt sehr stark der Formel für die Berechnung der Altersrente in der berufsständischen Versorgung und erlaubt dadurch rechnerische Vergleiche.

Beispiel: Wenn der Rentensteigerungsbetrag von 88 Euro für Freiberufler mit berufsständischer Rente fast dreimal so hoch wie der aktuelle Rentenwert liegt, obwohl die durchschnittliche Versorgungsabgabe in Höhe des Höchstbetrags in der gesetzlichen Rentenversicherung nur knapp doppelt so hoch wie der Durchschnittsbeitrag ist, ergibt sich schon daraus ein finanzielles Plus zugunsten der berufsständischen Altersrente brutto von 49 Prozent. Dieses Plus reduziert sich dann infolge des fehlenden Zuschusses zur privaten Krankenversicherung.

Fazit: Die Altersrente aus berufsständischer Versorgung liegt für privat krankenversicherte Ruheständler rund 40 Prozent über der gesetzlichen Rente einschließlich Zuschuss zur privaten Krankenversicherung. Ein ähnlich großer finanzieller Vorsprung gilt für gesetzlich krankenversicherte Rentner. Der Zahlbetrag für die Freiberufler-Rente nach Abzug des Kranken- und Pflegekassenbeitrags von 18,5 Prozent der Bruttorente liegt bei 2.843 Euro im Vergleich zum Zahlbetrag der gesetzlichen Rente von 2.066 Euro nach Abzug von 11,2 Prozent der Bruttorente. Nun sind es immer noch 38 Prozent mehr.

Damit dieser Vergleich nicht zu einer Milchmädchenrechnung bzw. einem Vergleich von Äpfeln mit Birnen wird, sei allerdings auf drei wichtige Unterschiede zwischen berufsständischer Versorgung und gesetzlicher Rentenversicherung hingewiesen. Erstens gibt es in der berufsständischen Versorgung keine rentensteigernde Wirkung für beitragfreie Zeiten (zum Beispiel Krankheit oder Arbeitslosigkeit) bzw. beitragsgeminderte Zeiten wie Berufsausbildung. Auch Zeiten der Kindererziehung wie zum Beispiel die Mütterrente oder Zeiten der Pflege werden nicht angerechnet.

Zweitens fehlen in der berufsständischen Versorgung spezielle abschlagsfreie Renten für besonders langjährig Versicherte ab 63 nach 45

Versicherungsjahren und schwerbehinderte Personen ab 63 nach 35 Versicherungsjahren.

Der rechnerische Vergleich von Freiberufler-Rente und gesetzlicher Rente ohne Berücksichtigung von beitragsfreien bzw. -geminderten Zeiten, Zeiten der Kindererziehung und Pflege sowie von besonderen abschlagsfreien Renten liefert zudem bei jedem Versorgungswerk ein anderes Ergebnis.

Darüber hinaus erhalten sehr viel weniger ehemalige Freiberufler eine Berufsunfähigkeitsrente im Vergleich zu ehemaligen gesetzlich Rentenversicherten mit Erwerbsminderungsrente. Die Hinterbliebenenrente (Witwen- oder Witwerrente, Halb- oder Vollwaisenrente) dürfte in der berufsständischen Versorgung aber höher ausfallen, da eigenes Einkommen der Hinterbliebenen nicht wie in der gesetzlichen Rentenversicherung angerechnet wird.

Als weiteres einfaches Vergleichsbeispiel ohne Berücksichtigung dieser Unterschiede zwischen berufsständischer Versorgung und gesetzlicher Rentenversicherung mag das Altersruhegeld für Mitglieder der Baden-Württembergischen Versorgungsanstalt für Ärzte, Zahnärzte und Tierärzte (BWVÄ) dienen.

Die Altersrente für einen in 1952 geborenen Arzt, der in 2017 nach 40 Versicherungsjahren mit 65 in Rente geht, liegt bei 3.305 Euro brutto, also 183 Euro niedriger im Vergleich zum Versorgungswerk der Rechtsanwälte in NRW. Der Rentensteigerungsbetrag von 84,92 im Vergleich zu 88 Euro ist unter anderem darauf zurückzuführen, dass die durchschnittliche Versorgungsabgabe für baden-württembergische Ärzte um 8 Prozent unter dem Höchstbeitrag in der gesetzlichen Rentenversicherung liegt. Zudem beträgt der Rentenabschlag bei 2,7 Prozent für die um sechs Monate vorgezogene Altersrente und nicht nur 0,9 Prozent wie bei den in 1952 geborenen Rechtsanwälten in NRW.

Da die vergleichbare gesetzliche Altersrente einschließlich Zuschuss zur privaten Krankenversicherung aber nur 2.297 Euro ausmacht, liegt die Freiberufler-Rente sogar 44 Prozent darüber.

Auch bei anderen Versorgungswerken wird die Altersrente für Freiberufler mit berufsständischer Versorgung nach heutigem Stand aus finanzieller Sicht der gesetzlichen Rente überlegen sein. Andererseits ist es ein Gerücht zu glauben, dass die berufsständische Rente in etwa doppelt so hoch sei wie die gesetzliche Rente.

Vergleich mit der Beamtenpension im höheren Dienst

Auch ein Vergleich der Freiberufler-Rente für einen Höchstbeitragszahler mit der Beamtenpension im höheren Dienst bietet sich an. Hierbei ist aber wegen der unterschiedlichen Besoldung und Versorgung zwischen Bundesbeamten und Landesbeamten zu unterscheiden, schließlich gibt es insgesamt 17 Beamtenversorgungsgesetze und 17 unterschiedliche Besoldungstabellen.

Für Pensionäre in Bund und Ländern gilt die gleiche Pensionsformel:

Beamtenpension = Bruttoendgehalt x Ruhegehaltssatz (Dienstjahre x 1,79375 %)

Wer auf 40 Dienstjahre kommt, erreicht den Höchstruhegehaltssatz von 71,75 Prozent. Dann verkürzt sich die Pensionsformel zu

Beamtenpension = 71,75 Prozent des Bruttoendgehalts

Da bei Akademikern das Studium mit mindestens 2 Jahren und 125 Tagen auf die ruhegehaltfähige Dienstzeit angerechnet wird, reichen knapp 38 reine Beamtendienstjahre aus, um den Höchstsatz von 71,75 Prozent zu erzielen.

Akademiker gehören zum höheren Dienst mit der Besoldungsgruppe A 13 bis A 16. Wenn sie beispielsweise in Nordrhein-Westfalen Dienst tun, liegt das Bruttoendgehalt ab 01.04.2017 in A 14 für einen verheirateten Oberstudienrat beispielsweise bei 5.600 Euro. Nach 40 Dienstjahren und einem Pensionsabschlag von 1,8 Prozent liegt seine Beamtenpension dann bei 3.946 Euro (= 5.600 Euro x 0,7175 x 0,982) und damit 13 Prozent über dem Altersruhegehalt von 3.488 Euro eines nordrhein-westfälischen Rechtsanwalts, der immer den Höchstbeitrag zur gesetzlichen Rentenversicherung gezahlt hat.

In Baden-Württemberg würde die Bruttopension in A 14 bei einem Pensionsabschlag von 1,8 Prozent zwar nur 3.852 Euro ausmachen. Auch das wären aber noch 17 Prozent über dem Altersruhegehalt von 3.305 Euro für einen baden-württembergischen Arzt mit einer Versorgungsabgabe in Höhe von 92 Prozent des Höchstbetrags in der gesetzlichen Rentenversicherung.

Zwar muss die Beamtenpension bis auf einen niedrigen Versorgungsfreibetrag von jährlich 2.028 Euro bei Pensionsbeginn in 2017 voll versteuert werden im Gegensatz zur Freiberufler-Rente, die bei Rentenbeginn in 2017 nur zu 74 Prozent versteuert wird. Den höheren Steuern der Pensionäre steht aber die jahrzehntelange Beitragsersparnis als deutliches Plus gegenüber, da Beamte bekanntlich keine Beiträge zahlen. Insgesamt fällt die Beamtenversorgung zumindest für Höherverdiener also finanziell günstiger aus im Vergleich zur berufsständischen Versorgung.

Unter dem Gesichtspunkt der Höhe der jeweiligen Ruhestandsbezüge sieht die „Hitliste" der Alterssicherungssysteme somit wie folgt aus: Ganz oben steht nach wie vor die Beamtenpension. An zweiter Stelle folgt die Freiberufler-Rente und mit deutlichem Abstand erst an dritter Stelle die gesetzliche Rente.

4.2 Rentensteigerungsbetrag

Der Rentensteigerungsbetrag bzw. Punktewert in Euro gibt die anteilige Altersrente für ein Versicherungsjahr eines Gutverdieners an, der beispielsweise in jedem Versicherungsjahr den Höchstbeitrag zur gesetzlichen Rentenversicherung entrichtet. Dieser Betrag wird alljährlich zum 1. Juli vom jeweiligen Versorgungswerk neu festgelegt.

Bei allen 89 Versorgungswerken dürfte dieser Rentensteigerungsbetrag mehr als das Doppelte des aktuellen Rentenwertes in der gesetzlichen Rentenversicherung ausmachen. Dabei ist aber zu bedenken, dass dieser aktuelle Rentenwert von beispielsweise aktuell 31,03 Euro ab 01.07.2017 im Westen die anteilige gesetzliche Rente für ein Pflichtbeitragsjahr mit Durchschnittsverdienst angibt.

Im Jahr 2017 liegt der monatliche Durchschnittsverdienst in der gesetzlichen Rentenversicherung beispielsweise nur bei 3.092 Euro. Ein Höherverdiener mit Höchstbeitrag in der gesetzlichen Rentenversicherung muss einen Verdienst von mindestens 6.350 Euro (Beitragsbemessungsgrenze in der gesetzlichen Rentenversicherung West in 2017) erzielen. Somit macht der Höchstbeitrag von monatlich 1.187,45 Euro (= 18,7 Prozent von 3.093 Euro) das 2,05-Fache des Durchschnittsbeitrags von 578,20 Euro (= 18 Prozent von 6.350 Euro) aus.

Grob gesprochen, gilt dann Folgendes: Sofern der Rentensteigerungsbeitrag für Höchstbeitragszahler über 63,61 Euro (= aktueller Rentenwert West 31,03 Euro x 2,05) liegt, wird auch das Altersruhegeld brutto in der berufsständischen Versorgung die gesetzliche Altersrente brutto übersteigen.

Beim Versorgungswerk der Rechtsanwälte in NRW macht der Rentensteigerungsbetrag wie bereits erwähnt 88 Euro in 2017 aus. Dies sind 38 Prozent über diesen fiktiv hochgerechneten 63,61 Euro. Wenn dieses Verhältnis von Rentensteigerungsbetrag zum 2,05-fachen aktuellen Rentenwert und das Verhältnis von Höchstbeitrag zum Durchschnittsbeitrag auch künftig gleich bleiben würden, bliebe das finanzielle Plus zugunsten der berufsständischen Versorgung bestehen.

4.3 Versicherungsjahre

Als Versicherungsjahre zählen in der berufsständischen Versorgung auf jeden Fall die Jahre, in denen Versorgungsabgaben bzw. Beiträge gezahlt wurden. Dies gilt insbesondere für die Pflichtabgaben bzw. -beiträge.

Zeiten der Kindererziehung werden in der berufsständischen Versorgung nicht zusätzlich angerechnet. Allerdings sollten selbstständige Freiberuflerinnen mit Kindern diese Zeiten auf jeden Fall der Deutschen Rentenversicherung mitteilen, damit sie in der gesetzlichen Rentenversicherung berücksichtigt werden. Für vor 1992 geborene Kinder werden zwei Jahre und für ab 1992 geborene Kinder drei Jahre pro Kind angerechnet.

Sofern die Wartezeit von fünf Jahren in der gesetzlichen Rentenversicherung mit diesen Zeiten der Kindererziehung nicht erfüllt ist (zum Beispiel nur vier Jahre für zwei vor 1992 geborene Kinder oder nur drei Jahre für ein ab 1992 geborenes Kind), können seit August 2010 zusätzliche freiwillige Beiträge zur gesetzlichen Rente eingezahlt werden, um nach Erreichen der Regelaltersgrenze eine gesetzliche Rente zu erhalten (siehe Kapitel 6.2). Über den Umweg der gesetzlichen Rentenversicherung ist somit eine Mütterrente von beispielsweise monatlich 124 Euro brutto für zwei vor 1992 geborene Kinder möglich.

Einige Versorgungswerke rechnen außer den Versicherungsjahren mit Pflichtabgaben bzw. –beiträgen zusätzlich noch Vorversicherungsjahre bis zu acht Jahre für Pflichtversicherte an, die bereits vor dem 45. Lebensjahr Mitglied des Versorgungswerkes geworden sind. Details hierüber sind der jeweiligen Satzung des Versorgungswerks zu entnehmen.

4.4 Versorgungsabgabe und persönlicher Beitragsquotient

Die Höhe der **durchschnittlichen Versorgungsabgabe** ist ebenfalls der jeweiligen Satzung zu entnehmen. Meist ist sie so hoch wie der Höchstbeitrag in der gesetzlichen Rentenversicherung von 1.187,45 Euro pro Monat bzw. 14.249,40 Euro pro Jahr. Beschäftigte in freiberuflichen Praxen zahlen die eine Hälfte, während ihre Arbeitgeber die andere Hälfte bezahlen.

Für selbstständige Freiberufler legen die Versorgungswerke meist eine Versorgungsabgabe in Höhe von beispielsweise 12 Prozent der Einkünfte aus selbstständiger Tätigkeit zugrunde, maximal bis zur durchschnittlichen Versorgungsabgabe. Diese durchschnittliche Versorgungsabgabe kann auch über oder unter dem Höchstbeitrag in der gesetzlichen Rentenversicherung liegen.

Bei Freiberuflern, die in allen Versicherungsjahren die durchschnittliche Versorgungsabgabe in Höhe des Höchstbeitrags zur gesetzlichen Rentenversicherung gezahlt haben, liegt der **persönliche Beitragsquotient** bei 1,0 und die Rentenformel verkürzt sich in der berufsständischen Versorgung zu

monatliche Altersrente eines Höchstbeitragszahlers
=
Rentensteigerungsbetrag x Versicherungsjahre

Bei allen anderen selbstständigen Freiberuflern errechnet sich der persönliche Beitragsquotient aus dem Verhältnis der tatsächlich geleisteten zu den durchschnittlichen Versorgungsabgaben in allen Versicherungsjahren. Der persönliche Beitragsquotient kann dann zum Beispiel zwischen 0,2 (Mindestzahl) und 1,7 (Höchstzahl) wie beim Versorgungswerk der Rechtsanwälte in NRW liegen.

Ein persönlicher Beitragsquotient von 0,2 würde bedeuten, dass im Schnitt aller Versicherungsjahre nur 20 Prozent der durchschnittlichen Versorgungsabgabe bzw. des Höchstbeitrags zur gesetzlichen Rentenversicherung gezahlt würden. Im Jahr 2017 wären das beispielsweise nur 237,49 Euro monatlich bzw. 2.849,88 Euro jährlich.

Bei einem persönlichen Beitragsquotienten von 1,7 würden Versorgungsabgaben geleistet, die 70 Prozent über der durchschnittlichen Versorgungsabgabe liegen. Sofern der Höchstbeitrag zur gesetzlichen Rentenversicherung als durchschnittliche Versorgungsabgabe dient, würden 2.018,67 Euro monatlich bzw. 24.223,98 Euro jährlich als Versorgungsabgabe geleistet.

Die jeweilige Spanne zwischen Mindest-Versorgungsabgabe und Höchst-Versorgungsabgabe setzt jedes Versorgungswerk selbstständig fest.

4.5 Höherversicherung in der berufsständischen Versorgung

Alle Versorgungsabgaben bzw. Beiträge, die über die durchschnittliche Versorgungsabgaben hinausgehen, werden als Höherversicherung oder freiwillige Versicherung in der berufsständischen Versorgung bezeichnet.

Sofern die finanziellen Mittel beim Mitglied dafür vorhanden sind und das jeweils zuständige Versorgungswerk in der Vergangenheit gut gewirtschaftet hat, kann sich eine Höherversicherung durchaus lohnen. Je mehr eingezahlt wird, desto höher wird später auch das Altersruhegeld als Freiberufler-Rente ausfallen. Einschränkungen bei der Berufsunfähigkeitsrente und der Hinterbliebenenrente sollte es dabei nicht geben, so dass eine Höherversicherung auch dort zu einem Mehr an Rente führt.

Wer seine gesamte Altersversorgung allein auf die berufsständische Versorgung stützt und dort mittels Höherversicherung jeweils die höchstmögliche Versorgungsabgabe zahlt, geht jedoch ein Klumpenrisiko ein. Keiner kann wissen, wie sich die berufsständische Versorgung finanziell in der Zukunft entwickelt. Viel hängt von der optimalen Vermögensstruktur und der Qualität der Anlagemanager ab.

Um ein Klumpenrisiko zu vermeiden, kann es sich getreu dem Anlagegrundsatz „Nicht alle Eier in einen Korb" lohnen, auch bei der Altersvorsorge auf mehrere Rentenarten zu setzen. So lässt sich beispielsweise die berufsständische Rente durch eine gesetzliche Rente aus freiwilligen Beiträgen oder eine private Rürup-Rente ergänzen.

Eine Rente oder Kapitalleistung aus der privaten Rentenversicherung wäre eine weitere Alternative, allerdings in einer anhaltenden Niedrigzinsphase nicht mehr attraktiv. Die klassische Kapital-Lebensversicherung empfiehlt sich für einen Neuabschluss aus dem gleichen Grund nicht mehr.

5. ANLAGEMANAGEMENT IN VERSORGUNGSWERKEN

Eine ausgewogene Vermögensstruktur sowie ein gutes Anlagemanagement sind das A und O bei den Kapitalanlagen der Versorgungswerke. Anders als in der gesetzlichen Rentenversicherung werden die Versorgungsabgaben und Beiträge der aktiven Mitglieder nicht direkt auf die Rentner umgelegt. Da sich die berufsständische Rente vor allem aus den Erträgen der Kapitalanlagen speist, dominiert ganz eindeutig die Kapitaldeckung.

Jedes Mitglied eines Versorgungswerks hat Zugang zur Satzung, zu den aktuellen Geschäftsdaten und den jährlichen Geschäftsberichten. Auch wenn es sich dabei um teilweise komplizierte rechtliche und wirtschaftliche Dinge handelt, lohnt sich ein Blick in diese Dokumente.

Im Folgenden werden zunächst die Kennzahlen und Geschäftsberichte von acht größeren Versorgungswerken dargestellt (siehe Kapitel 5.1 mit den Top Ten der Versorgungswerke ohne Nr. 2 und 5).

Anschließend werden noch die aktuellen Geschäftsberichte 2016 von zwei weiteren Versorgungswerken analysiert (siehe Kapitel 5.2 mit den Nr. 2 und 5 unter den Top Ten). Auch wenn Sie nicht Mitglied eines dieser insgesamt zehn Versorgungswerke sind, kann das eine oder andere Detail für Sie von Interesse sein. Ähnlich können Sie dann bei der Analyse von Geschäftsdaten und Geschäftsberichten des Versorgungswerks vorgehen, dem Sie selbst als Mitglied angehören.

5.1. Geschäftsdaten von acht Versorgungswerken

Unter den Top Ten dominieren die vier bayerischen Versorgungswerke (Nr. 1, 6, 8 und 10), die in 2016 zusammen rund 213.000 Mitglieder zählten. Jeder fünfte Freiberufler mit berufsständischer Versorgung ist Mitglied in einem diese vier Versorgungswerke.

Ebenso beeindruckend ist das Kapitalanlagevolumen von insgesamt rund 42 Milliarden Euro. Dies sind 23 Prozent des Kapitalvermögens aller 89 Versorgungswerke, also auch fast ein Fünftel. Grund genug, die in der

Bayerischen Versorgungskammer zusammen geschlossenen Versorgungswerke in diesem Kapitel vorrangig unter die Lupe zu nehmen.

Bayerische Versorgungskammer (BVK) als staatliche Oberbehörde

Insgesamt fünf bayerische Versorgungswerke (BÄV, BRASTV, BARCHV, BAPV und BIngPPV) gehören zusammen mit sieben anderen Versorgungseinrichtungen zur **Bayerischen Versorgungskammer (BVK)**, die sich als größte öffentlich-rechtliche Versorgungseinrichtung bezeichnet. Hinsichtlich des Kapitalvermögens von insgesamt 69 Milliarden Euro zum Ende des Jahres 2016 stimmt dies auch. Die Gesamtmitgliederzahl von 1,79 Millionen bei der BVK wird allerdings noch von der Versorgungsanstalt des Bundes und der Länder (VBL) übertroffen, die als weitaus größte Zusatzversorgungskasse in Deutschland auf 1,88 Millionen aktiv pflichtversicherte Mitglieder kommt.

Das Selbstlob als „stiller Riese" ist hinsichtlich des gesamten Kapitalanlagevolumens durchaus berechtigt. Davon entfallen allerdings allein rund 42 Milliarden Euro und damit 60 Prozent auf die Bayerische Ärzteversorgung (BÄV) und die Zusatzversorgungskasse der bayerischen Gemeinden (ZVKdB).

Die kommunale ZVKdB, die im Jahr 2016 ihr 75-jähriges Bestehen feierte, ist für die Zusatzversorgung der Angestellten in den bayerischen Gemeinden zuständig und hat somit nichts mit der berufsständischen Versorgung von Freiberuflern zu tun. Nach der VBL ist sie mit rund 700.000 Pflichtversicherten die zweitgrößte Zusatzversorgungskasse für Angestellte des öffentlichen und kirchlichen Dienstes.

Die Rechts- und Versicherungsaufsicht über die BVK übt das Bayerische Staatsministerium des Innern, für Bau und Verkehr aus. Da die BVK diesem unmittelbar unterstellt ist, gilt sie rechtlich als staatliche Oberbehörde. Sie wird von einem Vorstand geleitet und unterliegt keinen staatlichen Weisungen.

Die Selbsteinschätzung, wonach sich hinter der Oberbehörde Bayerische Versorgungskammer „ein ebenso modernes wie dynamisches Unternehmen" verbirgt (siehe Seite 12 des Jahresberichts 2015), mag zum Schmunzeln anregen. Schließlich sind öffentliche Behörden von privatwirtschaftlich geführten Unternehmen wohl zu unterscheiden. Wäre die

BVK ein Unternehmen, hätte sie längst die jährlichen Geschäftsberichte auch für ihre beiden größten Versorgungseinrichtungen BÄV und ZVKdB im Internet auf deren Homepages veröffentlicht. Immerhin bezeichnet sie sich als „Dienst- und Kompetenzzentrum für die berufsständische, kirchliche und kommunale Altersversorgung".

Bayerische Ärzteversorgung

Die **Bayerische Ärzteversorgung (BÄV)** ist mit rund 105.000 Mitgliedern in 2016 das mit Abstand größte Versorgungswerk in Deutschland. Nahezu jeder zehnte Freiberufler oder Angestellte in einem kammerfähigen Beruf gehört der BÄV an. Um so erstaunlicher ist es, dass dieses größte Versorgungswerk mit einem Kapitalanlagevolumen von rund 22 Milliarden Euro keinen jährlichen Geschäftsbericht im Internet veröffentlicht, sondern nur den Jahresabschluss mit Bilanz sowie Gewinn- und Verlustrechnung im elektronischen Bundesanzeiger.

Lapidar heißt es in einer Information der BÄV: „Gern beantworten wir den Mitgliedern der Bayerischen Ärzteversorgung alle weiteren Fragen zum Versorgungswerk. Selbstverständlich erhalten sie auch den aktuellen Geschäftsbericht unter Angabe ihrer Mitgliedschaft". Die Informationsverweigerung gegenüber Journalisten und anderen Interessierten wird mit Hinweis auf Art. 21 Abs. 1 Satz 3 des bayerischen Gesetzes über das öffentliche Versorgungswesen (VersoG) begründet. Am Zahlenwerk der BÄV interessierte Journalisten müssten demnach beispielsweise einen in Bayern tätigen Arzt bitten, ihnen den aktuellen Geschäftsbericht der BÄV zu besorgen, und ihm gleichzeitig vollständigen Informantenschutz gewähren.

Der Autor dieses Buches, der kein Journalist ist, hat sich diesen mühsamen Weg erspart und die Kennzahlen[22] für 2016 der Homepage des BÄV entnommen sowie dem **Jahresbericht 2016**[23] **der Bayerischen Versorgungskammer (BVK)**, die als Geschäftsführungs- und Vertretungsorgan der BVK fungiert.

---

[22] http://www.bayerische-aerzteversorgung.de/portal/page/portal/baev/de/index.html
[23] http://portal.versorgungskammer.de/portal/page/portal/bvkpresse/de/publikationen/jahresbericht_2016.pdf

Danach steht fest: Ende 2016 betrug das **Volumen der Kapitalanlagen bei der BÄV 21,5 Milliarden Euro**. Rund 42 Prozent entfielen laut Jahresbericht 2016 der BVK auf Zinsanlagen, 54 Prozent auf Aktien und Investmentfonds sowie 4 Prozent auf Immobilien. Der Bestand an festverzinslichen Anlagen wird nicht mehr ausgebaut. Künftig setzt man zusehends auch auf Infrastrukturanlagen und Immobilienkreditanlagen. Die im Jahr 2015 erzielte Kapitalanlagerendite lag bei 3,6 Prozent.

Der **Rechnungszins von 3,5 Prozent** für Altmitglieder soll trotz niedriger Zinsen und anhaltender Kapitalmarktrisiken noch lange Zeit erreicht werden, wie es in einer Stellungnahme der BVK von September 2012 zu einem kritischen Bericht in der Zeitschrift Capital heißt. „*Auch längerfristig sind daher keinerlei Kürzungen bei der Altersversorgung absehbar*", so die Bayerische Versorgungskammer vor fünf Jahren.

Nach einer in 2014 verabschiedeten **Beitragssatzreform** steigt der Beitragssatz in der BÄV ab 1.1.2015 sprunghaft von 14 auf 18 Prozent des Berufseinkommens für Neumitglieder. Bei Altmitgliedern wird die Anhebung des Beitragssatzes um vier Prozentpunkte bzw. um rund 29 Prozent in acht Stufen à 0,5 Prozentpunkte bis zum 1.1.2022 vollzogen. Den BÄV-Mitgliedern wird die deutliche Erhöhung des Beitragssatzes im Jahresbericht 2014 der Bayerischen Versorgungskammer mit folgenden Worten schmackhaft gemacht: „*Damit hilft sie ihren Mitgliedern bereits jetzt dabei, sich vor zu geringen Nettoruhegehältern zu bewahren*".

Unter den rund 35.000 Versorgungsempfängern Ende 2016 waren rund 25.000 Altersrentner (Empfänger von Altersruhegeld), 1.000 Berufsunfähigkeitsrentner und 9.000 Hinterbliebenenrentner (Witwen-, Witwer-, Halbwaisen- und Vollwaisenrentner). Anhand der Versorgungsausgaben von knapp 1 Milliarde Euro im Jahr 2016 kann man eine durchschnittliche Jahresrente von rund 28.100 Euro errechnen. In diesen durchschnittlich errechneten 28.100 Euro jährlich bzw. rund 2.340 Euro monatlich sind jedoch auch die deutlich niedrigeren Berufsunfähigkeits- und Hinterbliebenenrenten enthalten.

Dass die BÄV mit insgesamt 105.233 Mitgliedern in 2016 zahlenmäßig so deutlich an erster Stelle der 89 Versorgungswerke liegt, hat zwei Gründe. Anders als meist üblich sind in der BÄV außer 71.867 Ärzten auch

11.540 Zahnärzte und 7.152 Tierärzte Mitglieder. Zudem ist die BÄV nicht nur für in Bayern tätige Ärzte, Zahnärzte und Tierärzte zuständig, sondern auch für Ärzte in den ehemaligen Regierungsbezirken Pfalz und Hessen des Landes Rheinland-Pfalz sowie für Tierärzte in Rheinland-Pfalz und Saarland.

Angesichts dieser stolzen Größe stünde es der bereits im Jahr 1923 gegründeten Bayerischen Ärzteversorgung gut an, über die autonome Selbstverwaltung durch einen 30-köpfigen Landesausschuss und einen 7-köpfigen Verwaltungsausschuss hinaus für eine deutlich größere Transparenz zu sorgen. Als erster Schritt wäre die Veröffentlichung des jährlichen Geschäftsberichts der BÄV im Internet zu nennen.

Vier andere bayerische Versorgungswerke

Dass dies anders als bei der BÄV problemlos möglich ist, beweisen die im Internet verfügbaren Geschäftsberichte 2015 der Bayerischen Rechtsanwalts- und Steuerberaterversorgung (BRASTV), Bayerischen Architektenversorgung (BARCHV) und Bayerischen Apothekerversorgung (BAPV). Für das Jahr 2016 lagen die Geschäftsberichte Mitte September 2017 noch nicht vor.

Diese drei bayerischen Versorgungswerke mit der Bayerischen Versorgungskammer als gemeinsamem Geschäftsführungs- und Vertretungsorgan hatten im Jahr 2016 zusammen rund 107.000 Mitglieder und ein Kapitalanlagevolumen von insgesamt 20,8 Milliarden Euro. Zahlenmäßig sind BRASTV, BARCHV und BAPV also sehr gut mit der BÄV (105.000 Mitglieder und 21,5 Milliarden Kapitalvermögen) vergleichbar.

Bei diesen drei bayerischen Versorgungswerken für Rechtsanwälte und Steuerberater, Architekten und Apotheker sowie einem weiteren Bayerischen Versorgungswerk für Ingenieure und Therapeuten (BIng-PPV) hat man im Jahr 2014 einen neuen Finanzierungsweg eingeschlagen. Die insgesamt vier Versorgungswerke gehen ab 1.1.2015 vom bisherigen Anwartschaftsdeckungsverfahren zum sog. **offenen Deckungsplanverfahren** über, wie es von der BÄV schon länger praktiziert wird.

Es handelt sich dabei um ein Mischfinanzierungssystem aus bisherigem Kapitaldeckungsverfahren und zusätzlichem reinen Umlageverfahren. Die Leistungen der Mitglieder werden ab 2015 also nicht nur aus den

Zinsen des angesammelten Kapitals bezahlt, sondern darüber hinaus auch aus den laufenden Beiträgen. Der Kapitalstock wird ergänzt um Elemente aus dem Beitragsbereich einschließlich Beitragstrend.

Die genannten vier bayerischen Versorgungswerke stehen noch auf einem finanziell relativ sicheren Fundament. Allerdings wird die Umstellung des Finanzierungssystems vom Anwartschaftsdeckungsverfahren auf das Deckungsplanverfahren ab 1.1.2015 möglicherweise negative Auswirkungen auf künftige Rentenanwartschaften haben.

Bei aktiven Mitgliedern bleiben die bis Ende 2014 erworbenen **Altanwartschaften** zwar nach dem bis dahin geltenden Anwartschaftsdeckungsverfahren im Prinzip erhalten. Sie werden aber nicht mehr in Euro ausgewiesen, sondern in Rentenpunkte (vergleichbar mit den Entgeltpunkten in der gesetzlichen Rentenversicherung oder den Versorgungspunkten in der Zusatzversorgung des öffentlichen Dienstes) umgerechnet. Es besteht hinsichtlich der Höhe in Euro also kein Bestandsschutz.

Mit der Umrechnung der Altanwartschaften in Rentenpunkte ist noch keine endgültige Entscheidung über deren Schicksal gefallen, wie es auf Seite 50 des Jahresberichts 2014 der BVK ausdrücklich heißt. Und weiter: Wenn der in der Verrentungssatzstaffel zugrunde liegende Rechnungszins nicht dauerhaft erwirtschaftet werden kann, bleiben Leistungsanpassungen als Handlungsmöglichkeiten dem Landes- und Verwaltungsausschuss vorbehalten. Der für die BAPV zuständige Landesausschuss hat am 14.10.2015[24] die erforderlichen Satzungsänderungen beschlossen.

Ein Eingriff in Altanwartschaften zum 31.12.2014 soll allerdings nicht erlaubt sein, wenn es dadurch zu einer nicht gerechtfertigten Ungleichbehandlung der Generationen kommen würde. Über die Auslegung dieses doch recht vagen Satzes lässt sich sicher trefflich streiten.

Die Rechnungszinsen gehen für Neueinsteiger bereits deutlich nach unten. Bei den Versorgungswerken BRASTV und BIngPPV betrug der Rechungszins 2,5 Prozent im Jahr 2014, bei der BARCH waren es nur 2,25

---

[24] http://portal.versorgungskammer.de/portal/pls/portal/!PORTAL.wwpob_page.show?_docname=7862986.PDF

Prozent. Nur bei der BÄV liegt der Rechnungszins immer noch bei 3,5 Prozent.

Bayerische Rechtsanwalts- und Steuerberaterversorgung (BRASTV)

Zur Bayerischen Rechtsanwalts- und Steuerberaterversorgung (BRASTV)[25] gehörten im Jahr 2016 rund 42.000 Mitglieder und 3.000 Rentner. Die Beitragseinnahmen von 337 Millionen Euro lagen deutlich über den Rentenausgaben von nur 43 Millionen Euro. Die durchschnittliche Altersrente betrug nur 13.320 Euro pro Jahr bzw. 1.110 Euro pro Monat.

Die Kapitalanlagen von 6,47 Milliarden Euro Ende 2016 haben sich gegenüber dem Vorjahr um 8,5 Prozent erhöht. Laut Geschäftsbericht 2015 der BRASTV betrugen die Nettokapitalrendite und die laufende Durchschnittsverzinsung 3,80 Prozent.

Bayerische Architektenversorgung (BARCHV)

Die Bayerische Architektenversorgung (BARCHV)[26] kam auf knapp 36.000 Mitglieder und rund 7.000 Rentner im Jahr 2016. Den Beitragseinnahmen von 231 Millionen Euro standen Rentenausgaben von 110 Millionen Euro gegenüber. Die Altersrente lag im Durchschnitt bei 13.430 Euro pro Jahr bzw. 1.120 Euro pro Monat.

Im Abrechnungsverband 1 (erreichte Rentenanwartschaften bis 31.12.2004) liegt der Rechnungszins weiterhin bei 4 Prozent. Auf 3,25 Prozent wurde der Rechnungszins im Abrechnungsverband 2 (1.1.2005 bis 31.12.2009) gesenkt und auf 2,5 Prozent im Abrechnungsverband 3 (Rentenanwartschaften ab 1.1.2010).

Die Kapitalanlagen von 6,25 Milliarden Euro erhöhten sich um knapp 6 Prozent gegenüber 2015. Die Nettokapitalrendite und laufende Durchschnittsverzinsung lag bei 3,78 Prozent in 2015.

---

[25] http://portal.versorgungskammer.de/portal/pls/portal/!PORTAL.wwpob_page.show?_docname=7598058.PDF

[26] http://portal.versorgungskammer.de/portal/pls/portal/!PORTAL.wwpob_page.show?_docname=7610057.PDF

Bayerische Apothekerversorgung (BAPV)

Die Bayerische Apothekenversorgung (BAPV)[27] zählte rund 29.000 Mitglieder und knapp 12.000 Rentner in 2016. Erstaunlicherweise überstiegen die Rentenausgaben in Höhe von 249 Millionen Euro im Jahr 2016 die Beitragseinnahmen von 215 Millionen Euro. Die durchschnittliche Altersrente lag bei rund 21.270 Euro pro Jahr bzw. 1.770 Euro pro Monat.

Für vor 2005 erreichte Rentenanwartschaften liegt der Rechnungszins weiterhin bei 4 Prozent. Für Rentenanwartschaften, die in der Zeit vom 1.1.2006 bis zum 31.12.2009 erworben wurden, beträgt er 3,25 Prozent. Auf 2,5 Prozent fällt der Rechnungszins für die in der Zeit vom 1.1.2010 bis 31.12.2014 erworbenen Rentenanwartschaften. Weil diese aber mit 0,75 Prozent dynamisiert wurden, steigt der Rechnungszins auch hierfür de facto auf 3,25 Prozent.

Die Nettokapitalrendite lag im Jahr 2015 bei 3,85 Prozent und die laufende Durchschnittsverzinsung bei 3,75 Prozent. Der Bestand an Kapitalanlagen betrug 8,06 Milliarden Euro Ende 2016, was einem Anstieg von 3 Prozent gegenüber dem Vorjahr entspricht.

Anlagemanagement bei allen fünf bayerischen Versorgungswerken

Das Anlage- bzw. Portfoliomanagement für die fünf bayerischen Versorgungswerke BÄV, BRASTV, BARCHV, BAPV und BIngPV wird verantwortet von André Heimrich, gelernter Bankkaufmann und studierter Betriebswirt. Heimrich ist ab 01.02.2013 Leiter für den Bereich der Kapitalanlagen und Vorstandsmitglied der Bayerischen Versorgungskammer (BVK), die als gemeinsames Geschäftsführungs- und Vertretungsorgan für die fünf Versorgungswerke und sonstigen sieben anderen Versorgungseinrichtungen (z.B. Zusatzversorgungskasse der bayerischen Gemeinden) fungiert.

Die Kapitalanlagen betrugen im Jahr 2016 für alle zwölf Versorgungseinrichtungen insgesamt rund 69 Milliarden Euro laut Jahresbericht der BVK vom 9.3.2017. Laut BVK haben die Versorgungseinrichtungen im Jahr 2014 bei der Kapitalanlage neue Wege beschritten. Als Alternativen

---

[27] http://portal.versorgungskammer.de/portal/pls/portal/!PORTAL.wwpob_page.show?_docname=7598056.PDF

zu klassischen festverzinslichen Wertpapieren hat man verstärkt **großvolumige Immobilien-, Infrastruktur- und Kommunalfinanzierungen** abgewickelt, so beispielsweise für das Einkaufszentrum „Mail of Berlin". Außerdem investierte man weltweit in Immobilien. Dafür spricht auch, dass sich zwei der insgesamt vier Abteilungen der BVK im Bereich Kapitalanlagen mit Immobilien Property Management bzw. Immobilien Investment Management beschäftigen.

Unter den Versorgungseinrichtungen nimmt die BVK beim Kapitalanlagevolumen mit 69 Milliarden Euro in Deutschland den 1. Platz ein. Laut Jahresbericht 2016 der BVK folgen auf den nächsten vier Plätzen die DRV Bund (Deutsche Rentenversicherung für den Bereich Bund) mit 35 Milliarden, die BVV (Versicherungsverein des Bankgewerbes) mit 27 Milliarden, die VBL mit 24 Milliarden und die KZVK (Kirchliche Zusatzversorgungskasse Köln) mit 19 Milliarden Euro. Europaweit liegt die BVK auf Rang 7 und weltweit auf Rang 37.

47 Prozent des BVK-Kapitalanlagevolumens waren in Direktanlagen investiert und 53 Prozent in Fonds (Investment-, Aktien-, Renten-, Hedge-, Absolute Return- und Beteiligungsfonds). Die „strategische Asset Allocation" für 2019 geht von nur noch 33 Prozent in Direktanlagen und 67 Prozent in Fonds aus. Dabei soll insbesondere der Anteil von Investmentfonds, der in 2016 bei 12 Prozent lag, kräftig auf 19 Prozent steigen. Ähnlich starke Steigerungen sind für Rentenfonds (von 11 auf 15 Prozent) und Beteiligungsfonds (von 9 auf 12 Prozent) geplant.

Die **Zusammensetzung der Kapitalanlagen** (Anlagestruktur) ist, wie die im Internet veröffentlichten Geschäftsberichte 2015 der BRASTV, BARCHV und BAPV zeigen, immer noch stark zinslastig.

Bei der BRASTV entfallen laut Seite 65 des Geschäftsberichts 71,6 Prozent der Kapitalanlagen auf Zinstitel (Renten-Direktbestand 58,6 Prozent und Renten-Fonds 12,8 Prozent), 12,6 Prozent auf Immobilien (Immobilien-Direktbestand 4,5 Prozent und Immobilien-Fonds 8,1 Prozent), 12,6 Prozent auf alternative Fondsanlagen und 9,5 Prozent auf Aktien-Fonds.

In den Geschäftsberichten für 2015 der BARCHV und BAPV fehlt eine solche klare Aufteilung der Kapitalanlagen nach den **vier Segmenten**

Zinsanlagen, Immobilien, Aktien und Alternative Kapitalanlagen. Stattdessen erfolgt dort die laut Schlussbilanz typische Aufteilung in reine Zinsanlagen (Namensschuldverschreibungen, Schuldscheinforderungen und Darlehen), Wertpapiere und Anteile, Immobilien und Beteiligungen.

Auf reine Zinsanlagen entfallen bei der BARCHV 62 Prozent und bei der BAPV 59 Prozent der Kapitalanlagen. 35 bzw. 37 Prozent des Anlagevolumens sind in Wertpapieren, Anteilen und Beteiligungen investiert und nur 3 bzw. 4 Prozent in Immobilien. Im Vergleich dazu sind es laut Statistik der Arbeitsgemeinschaft berufsständischer Versorgungseinrichtungen e.V. (ABV) im Durchschnitt aller 89 Versorgungswerke 62 Prozent bei den Zinsanlagen, 21 Prozent bei Aktien und Beteiligungen, 12 Prozent bei Immobilien und 4 Prozent bei anderen Kapitalanlagen.

Nach der für Versorgungswerke geltenden **Anlageverordnung** kann der Aktienanteil bis zu 35 Prozent ausmachen. Im Gegensatz zu Lebensversicherern können Versorgungswerke also einen deutlich höheren Anteil ihrer Kapitalanlagen in Aktien oder andere Realwerte wie Immobilien, Infrastrukturanlagen oder Beteiligungen investieren.

Die drei bayerischen Versorgungswerke BRSTV, BARCHV und BAPV mit zusammen knapp 21 Milliarden Euro Kapitalanlagen weisen ein fast identisch hohes Anlagevermögen wie die BÄV auf und unterstehen zudem wie die BÄV dem gleichen Bereich Kapitalanlagen der BVK. Im Vergleich zu den drei genannten Versorgungswerken liegt der Anteil der Zinsanlagen bei der BÄV mit nur 42 Prozent am niedrigsten im Vergleich zu durchschnittlich 44 Prozent bei den drei anderen Versorgungswerken.

Die Nettorendite für alle zwölf Versorgungseinrichtungen der BVK lag bei 3,7 Prozent im Jahr 2015 und bei den drei bayerischen Versorgungswerken sogar bei 3,8 Prozent.

Geschäftsberichte von vier Versorgungswerken in NRW

Vier Versorgungswerke unter den Top Ten haben ihren Sitz in Nordrhein-Westfalen, und zwar die Nordrheinische Ärzteversorgung (NÄV), die Ärzteversorgung Westfalen-Lippe (ÄVWL), das Versorgungswerk der Architekten in NRW einschließlich Hessen, Saarland und Bremen sowie das Versorgungswerk der Rechtsanwälte in NRW.

Mit zusammen 172.000 Mitgliedern und Kapitalanlagen von insgesamt rund 35 Milliarden Euro stehen diese vier Versorgungswerke in NRW allerdings noch hinter den vier unter dem Dach der Bayerischen Versorgungskammer vereinigten vier Versorgungswerken in Bayern, die auf 193.000 Mitglieder und Kapitalanlagen von 39 Milliarden Euro im Jahr 2014 kommen.

Im Folgenden werden die Geschäftsdaten und Geschäftsberichte der Nordrheinischen Ärzteversorgung (NÄV), des Versorgungswerks der Rechtsanwälte in NRW und des Versorgungswerks der Rechtsanwälte in NRW analysiert. Über das Anlagemanagement und den aktuellen Geschäftsbericht 2016 der Ärzteversorgung Westfalen-Lippe (ÄVWL) wird ausführlich im Kapitel 5.2 informiert.

Nordrheinische Ärzteversorgung (NÄV)

Mit rund 52.00 Mitgliedern und 17.000 Rentnern liegt die Nordrheinische Ärzteversorgung (NÄV) mit Sitz in Düsseldorf an dritter Stelle unter den insgesamt 89 Versorgungswerken. Unter den Rentenempfängern sind rund 12.800 Altersrentner, 4.400 Hinterbliebenrentner und nur 340 Berufsunfähigkeitsrentner. Die Altersrentner kamen laut Geschäftsbericht 2015 der NÄV[28] auf eine **durchschnittliche Altersrente** von monatlich 2.850 Euro. In 2011, 2012 und 2013 lag sie bei rund 2.660 Euro.

Die Beitragseinnahmen von 587 Millionen Euro lagen nur um 53 Millionen bzw. um 10 Prozent über den Rentenausgaben von 534 Millionen Euro. Der durchschnittliche Beitrag pro Monat betrug 936 Euro.

Die Kapitalanlagen von 11,5 Milliarden Euro führten zu Kapitalerträgen von 502 Millionen Euro. Nach Abzug der Aufwendungen erzielte die NÄV im Jahr 2015 eine **Nettokapitalrendite** von 3,7 Prozent. Im Jahr 2013 lag sie nur bei 2,60 Prozent. Davor waren es 4,11 Prozent in 2012, 3,55 Prozent in 2011 und 4,07 Prozent in 2010.

Bemerkenswert ist immer noch die stark zinslastige **Kapitalanlagestruktur**. 74 Prozent des Kapitalanlagevolumens entfielen auf Zinsanlagen (Schuldscheindarlehen, Namensschuldverschreibungen, Hypothe-

---

[28] http://www.nordrheinischeaerzteversorgung.de/images/home/NAEV_GB_2015.pdf

kendarlehen und Rentenfonds), 11 Prozent auf Immobilien (Direktanlagen, Anteile an Immobilienfonds und Beteiligungen) und die restlichen 15 Prozent auf Aktienfonds sowie alternative Kapitalanlagen wie Infrastrukturinvestments.

Noch erstaunlicher sind die unterschiedlich hohen Nettorenditen in drei Anlagesegmenten. Während bei den Wertpapierfonds (Renten- und Aktienfonds) noch eine Nettorendite von 4,07 Prozent und bei den Hypothekendarlehen von 3,82 Prozent erzielt wurde, sank die Nettokapitalrendite bei den Immobilien auf 0,89 Prozent. Im Vorjahr waren es nur 0,75 Prozent.

Ein Grund für die mangelnde Immobilienrendite war die in 2014 erfolgte Abwertung der Immobilienanlagen durch eine Sonderbewertung für eine deutsche Büroimmobilie nach Auszug des Großmieters und die mit hohen Kosten verbundene Neuvermietung sowie insbesondere die Umstrukturierung einer US-Beteiligung. Dies kostete allein 9 Millionen Euro. Mit einem Abgang bzw. einer Abwertung um 57 Millionen Euro fielen in 2015 jedoch auch die Immobilienfonds auf. Ganz offensichtlich handelte es sich dabei um die Fonds Pramerica Real Estate Investors (früher TMW Asia Property Fund I mit asiatischen Immobilien in den beiden Fonds TMW Asia Property Fund 1 und 2). Die Homepages der Pramerica Estate Investors und der früheren TMW Asia Property existieren nicht mehr.

Gründer der Pramerica Estate Investors war Dr. rer. pol. **Klaus Trescher** (Jahrgang 1941), heute Gründer und Geschäftsführer des Asset Managers Kriton Immobilienservice mit einem Immobilienportfolio in Form der Litos Immobilien AG. Trescher beendete im Juni 2012 sein Aufsichtsratsmandat bei der Promotion Real Estate Investors.

Bei der NÄV war bis April 2013 Professor Dr. **Dirk Lepelmeier** als Geschäftsführer für den Kapitalanlagebereich zuständig. Er hatte bei der NÄV das Anlageportfolio völlig umstrukturiert und dabei vor allem das Immobilienportfolio ausgebaut. Das von ihm für die NÄV entwickelte Modell „Risikoadjustierte Kapitalanlage" mit „finanzmathematischer Validierungsrechnung auf stochastischer Basis durch einen Gutachter" funktionierte jedoch in der Praxis augenscheinlich nicht so, wie es von ihm konzipiert war. Im Jahr 2013 lag beispielsweise die Nettokapitalrendite des Gesamtportfolios nur bei 2,60 Prozent und beim Wertpapierportfolio gar nur bei 2,48 Prozent.

Lepelmeier ist heute Vorstand der Beraterfirma Lepcam AG, die er bereits Ende 2009 gegründet hatte. Diese auf Vermögensverwaltung spezialisierte Beratungsfirma führte Lepelmeier auch während seiner Tätigkeit bei der NÄV weiter. Lepelmeier ist Professor an der Hochschule Osnabrück für den Bereich Finanzierung und Controlling. Im Wirtschaftsprüfungsunternehmen Confidaris in Osnabrück ist er Aufsichtsratsvorsitzender. Der Confidaris-Vorstand Dr. Gerhard Maus ist wiederum Aufsichtsratsvorsitzender bei der Lepcam AG.

Geschäftsführer **Bernd Franken** ist seit 01.01.2014 bei der NÄV für den Bereich Kapitalanlagen zuständig und damit Nachfolger von Professor Lepelmeier. Franken war vorher im Vorstand der Kirchlichen Zusatzversorgungskasse Köln und dort ebenfalls für Kapitalanlagen verantwortlich. Im Jahr 2012 war dort auch Frau Gabriele Boßmann aus dem Vorstand ausgeschieden.

Im Geschäftsbericht 2014 ist über die Gründe des Wechsels von Lepelmeier zu Franken nichts zu lesen. Stattdessen wird seitenlang in Bildern auf das Weltkulturerbe mit vier prachtvollen Bauten im Rheinland (Kölner Dom, Aachener Dom, Schlösser Brühl und Zeche Zollverein) hingewiesen. Darauf kann die Nordrheinische Ärzteversorgung auch zu Recht stolz sein. Im Interesse der über 52.000 Ärzte und 17.000 Rentenempfänger wäre es aber mindestens genau so wichtig gewesen, auf ökonomische Fakten näher einzugehen und die Hintergründe für einen Personenwechsel im wichtigen Bereich Kapitalanlagen zu beleuchten.

Unter dem Titel „Ärzteversorgung kämpft um Rendite" gab es beispielsweise kritische Stimmen zur NÄV am 10.12.2014 in der Ärztezeitung.[29] Die Senkung des Rechnungszinses auf 3,5 Prozent ist angesichts der in den letzten Jahren erzielten Nettorenditen keine Überraschung mehr.

---

[29] http://www.aerztezeitung.de/praxis_wirtschaft/finanzen_steuern/?sid=875302

Versorgungswerk der Rechtsanwälte in NRW

Das Versorgungswerk der Rechtsanwälte in NRW zählte zum 1.10.2016 rund 36.000 Mitglieder und 4.600 Rentenempfänger, darunter rund 3.400 Altersrentner und 300 Berufsunfähigkeitsrentner. Ein Geschäftsbericht für 2015 oder 2016 liegt nicht vor, sondern nur ein Mitglieder-Rundschreiben 2016/2017 von Januar 2017.[30]

Ende 2016 lag das Kapitalvermögen bei 6,2 Milliarden Euro. Davon waren 52 Prozent in Zinsanlagen investiert (Renten Direktanlagen 20 Prozent, Renten-Spezialfonds 27,5 Prozent, Hypotheken 0,5 Prozent und kurzfristige Anlagen 4 Prozent), 23 Prozent in Aktien-Spezialfonds, 21 Prozent in Immobilien (Direktanlagen 4 Prozent, Immobilienfonds 15 Prozent, Immobilienbeteiligungen 2 Prozent) und 4 Prozent in alternativen Investments.

Die Nettorendite lag Ende 2016 bei 3,77 Prozent im Vergleich zu 3,66 Prozent im Vorjahr und noch 4,37 Prozent in 2014. Weitere Angaben über das Beitragsaufkommen oder die Höhe der Versorgungsausgaben finden sich nicht im Mitglieder-Rundschreiben.

Versorgungswerk der Architekten in NRW

Laut Geschäftsbericht 2015[31] hatte das Versorgungswerk der Architekten in NRW insgesamt rund 44.000 Mitglieder, worunter auch Architekten in Hessen, Saarland und Bremen waren.

Diesen stehen rund 9.000 Rentenempfänger gegenüber, darunter rund 6.200 Altersrentner. Die durchschnittliche Altersrente lag bei monatlich 1.647 Euro und die Berufsunfähigkeitsrentner bei 1.604 Euro. Die Beitragseinnahmen in Höhe von 374 Millionen Euro lagen deutlich über den Rentenausgaben von 146 Millionen.

Bei einem Kapitalanlagevolumen von 8,81 Milliarden Euro wurde eine Nettorendite von 4,1 Prozent erzielt. Die Streuung der Kapitalanlagen sieht wie folgt aus: Zinsanlagen 64 Prozent, Investmentanteile 30 Prozent sowie Grundbesitz und Hypotheken 6 Prozent.

---

[30] http://vsw-ra-nw.de/fileadmin/documents/Mitgliederrundschreiben_2016.pdf
[31] https://www.vw-aknrw.de/wp-content/uploads/vwak-files/2015_geschaeftsbericht.pdf

Ärzteversorgung Niedersachsen (ÄVN)

Der Geschäftsbericht der Ärzteversorgung Niedersachsen (ÄVN)[32] weist zum Ende 2015 rund 34.000 Mitglieder und gut 11.000 Rentenempfänger aus. Die Rentenausgaben von 343 Millionen Euro liegen nur leicht unter den Beitragseinnahmen von 378 Millionen Euro.

Der monatliche Beitrag lag im Durchschnitt bei nur rund 850 Euro, was im Vergleich zu anderen Versorgungswerken für Ärzte recht gering ist. Die durchschnittliche Rente errechnet sich mit rund 2.500 Euro monatlich. Die reine Altersrente wird jedoch höher liegen, da in der durchschnittlichen Rente auch die niedrigeren Hinterbliebenenrenten (Witwen-, Witwer- und Waisenrenten) und Berufsunfähigkeitsrenten enthalten sind.

Die **Kapitalanlagen** zum 31.12.2015 betrugen insgesamt 7,96 Milliarden Euro. Davon entfallen 31 Prozent auf Aktien und Aktienfonds, jeweils 22 Prozent auf Rentenfonds und Zinsanlagen, 10 Prozent auf Immobilien inkl. Immobilienfonds, 5 Prozent auf Unternehmensbeteiligungen und 10 Prozent auf sonstige Anlagen. Die Kapitalerträge lagen bei 322 Millionen Euro, was einer Brutto-Rendite von rund 4 Prozent entspricht.

5.2. Analyse von zwei aktuellen Geschäftsberichten

Für zwei Versorgungswerke unter den Top Ten liegen die Geschäftsberichte für das Jahr 2016 bereits vor. Es handelt sich dabei um die Baden-Württembergische Versorgungsanstalt für Ärzte (Nr. 2) sowie die Ärzteversorgung Westfalen-Lippe (Nr. 5). Bei diesen beiden Versorgungswerken werden die Zahlen zum Anlagemanagement aus dem Geschäftsbericht 2016 im Folgenden mit den jeweiligen Zahlen aus 2015 verglichen.

Zum Vergleich wird auch auf das Anlagemanagement beim norwegischen Staatsfonds eingegangen, der im Jahr 2017 beim Kapitalanlagevolumen erstmals die Billionengrenze überschritten hat.

---

[32] https://www.aevn.de/__aevn.de/pages/160/aktuell_16_01.pdf

Baden-Württembergische Versorgungsanstalt für Ärzte (BWVÄ)

Zahlen, Daten und Fakten zum 31.12.2016 für die Baden-Württembergische Versorgungsanstalt für Ärzte, Zahnärzte und Tierärzte sind im 66. Versorgungsbrief von Juni 2017 enthalten, der dem Autor dieses Buches vorliegt.

Den 59.000 Mitgliedern bei der BWVÄ stehen 21.600 Rentenempfänger gegenüber. Darunter waren nur rund 600 Berufsunfähigkeitsrentner. Die Beiträge lagen im Jahr 2016 bei insgesamt 780 Millionen Euro bzw. rund 1.100 Euro durchschnittlich pro Monat. Die Rentenausgaben machten 599 Millionen Euro aus, davon entfielen 518 Millionen Euro auf Altersrenten. Die **durchschnittliche Altersrente** für rund 18.000 Altersrentner lag bei 2.370 Euro im Monat.

Im Jahr 2016 stiegen die Kapitalanlagen um 5 Prozent auf nunmehr 13,30 Milliarden Euro. Die **Kapitalanlagestruktur** sieht wie folgt aus: 8,0 Milliarden Euro bzw. rund 60 Prozent entfallen auf Zinsanlagen (Namens- und Inhaberschuldverschreibungen sowie andere festverzinsliche Wertpapiere, Schuldscheindarlehen, Einlagen bei Kreditinstituten) und immerhin 3,8 Milliarden Euro bzw. 28 Prozent auf Aktien (Direktanlage in Aktien oder Aktienfonds). In Immobilien (Direktanlagen in Immobilien oder Immobilienfonds) sind 1,1 Milliarden Euro bzw. 8 Prozent investiert. Der Rest von 0,4 Milliarden Euro bzw. 3 Prozent entfällt auf sonstige Anlagen.

Gegenüber 2015 hat sich die Anlagestruktur um jeweils einen Prozentpunkt von den Zinsanlagen zu den Aktien verschoben. Der Verwaltungsausschuss strebt eine Streuung auf die Kapitalanlagen Zinspapiere, Aktien und Immobilien im Verhältnis 60:30:10 an. Das Zielportfolio geht von folgenden Anteilen aus: 55 Prozent in festverzinslichen Wertpapieren, 27 Prozent in Aktien, 10 Prozent in Immobilien, 6 Prozent in alternativen Investments und 2 Prozent in Geldmarktanlagen.

Die Gesamteinkünfte aus Kapitalvermögen lagen bei 599 Millionen Euro gegenüber 570 Millionen Euro im Vorjahr. Im Durchschnitt errechnet sich für das Jahr 2016 eine **Nettokapitalrendite** von 4,24 Prozent im Vergleich zu 4,32 Prozent in 2015. Bei Immobiliendirektanlagen wurde beispielsweise eine Nettorendite von 4,76 Prozent erzielt und bei Immobilienspezialfonds von 3,90 Prozent (im Vorjahr nur 2,40 Prozent). Der Rechnungszins betrug 3,96 Prozent im Vergleich zu 3,89 Prozent in 2015.

Ärzteversorgung Westfalen-Lippe (ÄVWL)

Die Ärzteversorgung Westfalen-Lippe (ÄVWL) kommt im Vergleich zur NÄV nur auf 42.000 Mitglieder und 15.000 Rentner, Im Gegensatz zu NÄV hat sie bereits den Geschäftsbericht 2016[33] im Internet veröffentlicht, der unter dem Motto "Sichere Altersversorgung durch nachhaltige rentable Anlagen" steht. Im Vergleich zum Geschäftsbericht der NÄV setzt man im Geschäftsbericht der ÄVWL mehr auf hard facts, also auf harte ökonomische Fakten insbesondere im Bereich der Kapitalanlagen.

Die Beitragseinnahmen lagen im Jahr 2016 bei rund 527 Millionen Euro. Daraus errechnet sich ein durchschnittlicher monatlicher Beitrag von 1.226 Euro für die rund 36.000 beitragszahlenden Mitglieder. Die Rentenausgaben von 446 Millionen Euro teilen sich auf in 437 Millionen für die Grundversorgung und 9 Millionen Euro für die freiwillige Zusatzversorgung, die ab 2016 Höherversicherung heißt. Die **durchschnittliche Altersrente** lag im Jahr 2016 bei 2.600 Euro.

Unter den rund 15.400 Rentenempfängern waren 11.300 Altersrentner und nur rund 500 Berufsunfähigkeitsrentner. Die übrigen 3.600 Rentenempfänger erhielten eine Hinterbliebenenrente (Witwen- bzw. Witwerrente oder Halb- bzw. Vollwaisenrente).

Bei Kapitalanlagen von 11,1 Milliarden Euro gegenüber 10,7 Milliarden im Vorjahr erzielte die ÄVWL in 2016 eine **Nettokapitalrendite** von 4,2 Prozent. Im Jahr 2015 waren es ebenfalls 4,2 Prozent und in 2014 noch 4,6 Prozent. Das Kapitalanlagen-Portfolio der ÄVWL besteht aus vier Segmenten (Spezialfonds im Wertpapierbereich, reine Zinsanlagen im Rentendirektbestand, Immobilien einschließlich Spezialfonds und Hypothekendarlehen).

5,5 Milliarden Euro bzw. 49 Prozent der Kapitalanlagen von insgesamt 11,1 Milliarden entfallen auf Investitionen in fünf **Spezialfonds** (gemischter Spezialfonds, Rentenspezialfonds, Laufzeitenfonds und zwei Spezial-

---

[33]http://www.aevwl.de/fileadmin/Dokumente/Geschaeftsberichte/AEVWL_Geschaeftsbericht_2016_web.pdf

fonds zur Bündelung alternativer Kapitalanlagen). In diesem Segment wurde eine Nettorendite von 4,3 Prozent erzielt (Vorjahr 4,1 Prozent).

Mit einer Nettorendite von 4,0 gegenüber noch 4,9 Prozent im Vorjahr schnitten die **Zinsanlagen** im Rentendirektbestand (Namenspapiere, Schuldscheindarlehen und sonstige Darlehen, aber keine festverzinslichen Wertpapiere) ab. Hierauf entfielen 3,1 Milliarden Euro bzw. 28 Prozent des Kapitalanlagevolumens.

Immobilien waren mit 1,8 Milliarden Euro bzw. 16 Prozent im Gesamtportfolio vertreten. Darunter waren 1,4 Milliarden in Immobilienspezialfonds und 0,5 Milliarden Euro im Immobiliendirektbestand. Die Nettorendite im Immobilienbereich lag bei 5,3 Prozent im Vergleich zu nur 4,0 Prozent im Vorjahr.

Noch 4,8 Prozent Nettorendite im Vergleich zu 4,9 Prozent im Vorjahr wurden mit klassischen **Hypothekendarlehen** erzielt, die nur noch einen Anteil von 0,25 Milliarden Euro bzw. 2 Prozent des Gesamtportfolios ausmachten. Es ging dabei unter anderem um die Finanzierung des Kö-Quartiers in Düsseldorf. Auf die Finanzierung von privaten Wohnimmobilien wurde verzichtet.

Das Management der Kapitalanlagen lag bis zum 31.03.2017 in den Händen von ÄVWL-Hauptgeschäftsführer Dr. rer. pol. Andreas Kretschmer, auf den ab 01.04.2017 der gelernte Bankkaufmann und Diplom-Volkswirt Christian Mosel folgte, und Geschäftsführer Markus Altenhoff. Alle drei Manager waren bzw. sind überzeugt davon, dass der Rechnungszins von 4 Prozent aufrechterhalten werden kann. Schließlich haben alle Vermögens- bzw. Assetklassen im Jahr 2016 eine Nettorendite oberhalb des Rechnungszinses von mindestens 4 Prozent erzielt.

Die Anlagemanager der ÄVWL setzen in ihrer Anlagestrategie auch verstärkt auf komplexere Investitionen aus den Bereichen Infrastruktur und Erneuerbare Energien sowie auf die gewerbliche Finanzierung. Als Beispiele hierfür wurden im Geschäftsbericht 2014 auf 20 Seiten ausführlich drei Beteiligungen erläutert:

- Off-Shore-Windpark Baltic 2 auf der Ostsee nördlich von Rügen
- Containerhafen DP World London Gateway
- Büroimmobilie Patriots Plaza in Washington.

Die ÄVWL wendet in der Grundversorgung das offene Deckungsplanverfahren an. Dabei werden wesentliche Teile der Beitragseinnahmen für eine rentierliche Kapitalbildung verwandt (Kapitaldeckung) und nur kleinere Teile für die sofortige Auszahlung (Umlagefinanzierung). Bei Annahme einer nachhaltigen Verzinsung von 4 Prozent ist somit ein im Vergleich zur gesetzlichen Rentenversicherung höheres Rentenausgangsniveau erreichbar. Bei einem Leistungsvergleich für Beiträge von jährlich 10.000 Euro über die Jahre von 2005 bis 2014 wurde im Geschäftsbericht 2015 ein Vorsprung von 27 Prozent gegenüber der gesetzlichen Rentenversicherung und zugunsten der ÄVWL errechnet.

Anlagemanagement beim norwegischen Staatsfonds

Wie ein professionelles und erfolgreiches Anlagemanagement verlaufen kann, zeigt ein Blick über den Zaun hinweg bis nach Norwegen. Der **norwegische Staatsfonds** hat im September 2017 mit einem Kapitalanlagevolumen von 1 Billion Euro erstmals die Billionenmarke überschritten. Damit übertrifft er das gesamte Anlagevolumen von 89 Versorgungswerken in Deutschland um mehr als das Fünffache.

Die Durchschnittsrendite dieses in 1990 gegründeten „staatlichen Pensionsfonds Ausland" liegt bei durchschnittlich 5,89 Prozent pro Jahr. Aktuell sind es 6,92 Prozent.

Drei wesentliche Kriterien stechen bei diesem Fonds, der durchaus als Vorbild für einen „Deutschlandfonds" dienen könnte, hervor:

- Streuung (mit drei Anlageklassen: Aktien, Anleihen und Immobilien)
- Langfristigkeit (mit langfristigem Anlagehorizont über mehrere Jahre)
- Nachhaltigkeit (mit einer ethisch-sozial-ökologischen Anlagestrategie).

Insbesondere die Streuung und Mischung über drei Anlageklassen (sog. Diversifizierung, Asset-Allocation bzw. Portfolio-Mix) überzeugt. Dabei handelt es sich um das ABI-Anlagekonzept (A wie Aktien, B wie Bonds bzw. Anleihen und I wie Immobilien).

Mit einem gewünschten Anteil von 70 Prozent dominiert die Anlageklasse Aktien. Zurzeit sind dort 65 Prozent des gesamten Vermögens investiert. Unter den Top Ten finden sich Apple, Nestlé, Alphabet (Muttergesellschaft von Google), Shell, Microsoft, Novartis, Roche, Amazon, HSBC sowie Johnson & Johnson.

Im Prinzip wird der Weltaktienfonds FTSE Global All Cap Index nachgebildet. Im norwegischen Staatsfonds sind 1,3 Prozent aller weltweit und 2,5 Prozent aller europäischen Aktien enthalten, außerdem 4,1 Prozent der DAX-Aktien.

25 Prozent sollen auf lange Sicht in die Anlageklasse Bonds bzw. Staatsanleihen investiert werden. Aktuell sind es noch gut 32 Prozent. Dabei dominieren zurzeit Staatsanleihen aus USA, Japan, Deutschland, Mexiko, Großbritannien, Frankreich, Südkorea, Italien und Spanien.

Der angestrebte Anteil von 5 Prozent in Immobilien ergänzt das Portfolio. Momentan sind es aber nur knapp 3 Prozent.

Sicherlich kann man diese Anlagestrategie nicht 1:1 auf deutsche Verhältnisse und dort zum Beispiel auf das Anlagemanagement der Versorgungswerke für Freiberufler mit berufsständischer Versorgung oder Pensionskassen für Arbeitnehmer mit betrieblicher Altersversorgung übertragen. Trotzdem stimmt die Headline „Ein Vorbild aus dem Norden" im Handelsblatt-Artikel[34] vom 13.09.2017, dem die oben erwähnten Zahlen, Daten und Fakten entnommen sind.

---

[34] http://www.handelsblatt.com/my/finanzen/anlagestrategie/fonds-etf/norwegischer-staatsfonds-ein-vorbild-aus-dem-norden/20317944.html

6. MEHR RENTE AUS DER GESETZLICHEN RENTENVERSICHERUNG

Selbstständige Freiberufler, die keine Rentenansprüche aus der berufsständischen Versorgung erhalten, sind häufig in der gesetzlichen Rentenversicherung pflichtversichert oder freiwillig versichert. Sie bekommen also eine gesetzliche Rente aus Pflichtbeiträgen oder aus freiwilligen Beiträgen.

6.1. Gesetzliche Rente aus Pflichtbeiträgen

Wer als Selbstständiger in der gesetzlichen Rentenversicherung versicherungspflichtig ist, wird im Sechsten Sozialgesetzbuch (SGB VI) geregelt. Danach besteht Versicherungspflicht kraft Gesetzes für selbstständige Künstler und Publizisten sowie einige andere selbstständige Freiberufler wie Lehrer, Erzieher und Pflegepersonen, die im Zusammenhang mit ihrer selbstständigen Tätigkeit regelmäßig keinen versicherungspflichtigen Arbeitnehmer beschäftigen (sog. Solo-Selbstständige).[35]

Wer nicht kraft Gesetzes versicherungspflichtig und nicht nur vorübergehend selbstständig tätig ist, kann auf Antrag versicherungspflichtig werden.[36] Sowohl Pflichtversicherte kraft Gesetzes als auch Antragspflichtversicherte erhalten dann später eine Rente aus Pflichtbeiträgen und sind somit wie die selbstständigen Freiberufler und Beschäftigten mit berufsständischer Versorgung obligatorisch versichert.

6.1.1. Künstler und Publizisten in der Künstlersozialkasse

Mit rund 185.000 zählen die selbstständigen Künstler und Publizisten zu der größten Gruppe von versicherungspflichtigen Selbstständigen. Nach jahrzehntelangen Diskussionen um die soziale Absicherung für Künstler und Publizisten und Verabschiedung des Künstlersozialversicherungsgesetzes (KSVG) trat 1983 die **Künstlersozialversicherung** in Kraft. Seitdem sind auch selbstständige Künstler und Publizisten mit eini-

---

[35] siehe a.a.O. § 2 SGB VI
[36] siehe a.a.O. § 3 Abs. 2 SGB VI

gen Besonderheiten in der gesetzlichen Rentenversicherung obligatorisch versichert.[37]

Für sie wurde eigens die **Künstlersozialkasse (KSK)** geschaffen, die letztlich aber nur eine besondere Form der gesetzlichen Rentenversicherung darstellt. Die wichtigste Besonderheit: Im Vergleich zu anderen Selbstständigen müssen die selbstständigen Künstler und Publizisten nur den halben Beitrag zur gesetzlichen Rentenversicherung entrichten, also zurzeit nur 9,35 Prozent ihres monatlichen Bruttoeinkommens. Die andere Hälfte – Künstlersozialabgabe genannt – wird gemeinsam durch die Unternehmen als Verwerter künstlicher Arbeit und durch einen Bundeszuschuss aufgebracht.

Für Verwerter künstlerischer Arbeit (zum Beispiel Galerien, Museen, Theater, Radio- und Fernsehsender oder Zeitungs- und Buchverlage) fällt der Abgabesatz in 2018 von bisher 4,8 auf nunmehr nur noch 4,2 Prozent der von den Unternehmen an selbstständige Künstler und Publizisten gezahlten Entgelte. Knapp zwei Monate nach dem Versand des Entwurfs des Bundessozialministeriums (BMAS) an die anderen Regierungsressorts wurde die Künstlersozialabgabe-Verordnung für 2018 am 03.08.2017 im Bundesgesetzblatt verkündet. Der Künstlersozialabgabesatz für die Verwerter künstlerischer Arbeit geht im zweiten Jahr hintereinander zurück und liegt 2018 um einen Prozentpunkt niedriger als noch in 2016. Der Bundeszuschuss steigt ab 2018 dann auf 5,15 Prozent des rentenversicherungspflichtigen Entgelts von selbstständigen Künstlern und Publizisten.

Nach Angaben des Bundessozialministeriums ist die erneute Beitragssenkung das Ergebnis der verstärkten Prüf- und Beratungstätigkeit der Deutschen Rentenversicherung und der Künstlersozialkasse seit Anfang 2015. So prüften die Rentenversicherer nach eigener Darstellung im Jahr 2016 fast 395.000 Arbeitgeber und forderten rund 37,7 Millionen Euro zugunsten der Künstlersozialkasse nach. In den Jahren 2015 und 2016 seien rund 50.000 abgabepflichtige Unternehmen neu erfasst worden. Darüber hinaus hätten sich im selben Zeitraum ca. 17.000 abgabepflichtige Unternehmen bei der Künstlersozialkasse gemeldet.

---

[37] siehe a.a.O. § 2 Abs. 1 Nr. 5 SGB VI

Selbständige Künstler und Publizisten zahlen – wie Arbeitnehmer – nur die Hälfte ihrer Sozialversicherungsbeiträge. Damit erhalten sie im Vergleich zu anderen in der gesetzlichen Rentenversicherung pflichtversicherten Selbstständigen (siehe Kapitel 6.1.2 und 6.1.3) die gleichen Rentenansprüche zu einem deutlich geringeren Beitrag. Die Alterssicherung über die gesetzliche Rentenversicherung und im Übrigen auch die gesetzliche Kranken- und Pflegeversicherung gibt es für selbstständige Künstler und Publizisten quasi zum halben Preis. Weitere Informationen über die Künstlersozialkasse gibt es auf deren Homepage.[38]

Zu den selbstständigen Künstlern und Publizisten zählen unter anderem die folgenden Berufsgruppen:

- Journalisten, Dichter, Schriftsteller, Lektoren, Autoren für Bühne, Film, Funk und Fernsehen (Bereich Wort)
- Bildhauer, Maler, Zeichner, Illustratoren, Karikaturisten, Werbefotografen, Grafik- oder Fotodesigner, Gold- und Silberschmiede (Bereich bildende Kunst)
- Schauspieler, Regisseure und Regieassistenten, Filmemacher, Unterhaltungskünstler, Kabarettisten, Quizmaster, Moderatoren, Ballett-Tänzer, Bühnen- oder Filmbildner (Bereich darstellende Kunst)
- Chorleiter, Dirigenten, Komponisten, Jazz- und Rockmusiker, Opern-, Operetten- oder Musicalsänger, Sänger in Unterhaltungsmusik, Show und Folklore, Tanz- und Popmusiker (Bereich Musik).

In die Künstlersozialkasse und damit in den Genuss des jeweils halben Beitrags zur Sozialversicherung kommen nur selbstständige Künstler und Publizisten, die ihren Beruf im Inland erwerbsmäßig und nicht nur vorübergehend ausüben sowie darüber hinaus nicht mehr als einen pflichtversicherten Arbeitnehmer beschäftigen. Um in der Künstlersozialkasse versichert zu bleiben, muss der Jahresverdienst bei mindestens 3.900 Euro liegen. Nur in den ersten drei Jahren der Selbstständigkeit darf diese Geringfügigkeitsgrenze unterschritten werden.

Selbstständige Künstler und Publizisten können nebenbei einen Minijob mit bis zu 450 Euro im Monat haben. Geht der Nebenjob aber über

---

[38] www.kuenstlersozialkasse.de

einen solchen Minijob hinaus, hängt die Aufnahme in die Künstlersozialkasse vom Umfang und Einkommen in diesem Nebenjob ab.

6.1.2. Sonstige pflichtversicherte Freiberufler laut Gesetz

Rund 55.000 selbstständige Freiberufler sind kraft Gesetzes pflichtversichert.[39] Es handelt sich dabei um Angehörige bestimmter Berufsgruppen, die insbesondere ihre eigene Arbeitskraft einsetzen und ähnlich wie Arbeitnehmer als besonders schutzbedürftig gelten.

Zu diesen selbstständigen Freiberuflern zählen:

Lehrer und Erzieher[40]

Diese selbstständigen Lehrer wie Volkshochschullehrer, Nachhilfelehrer, Fahrlehrer, Sportlehrer (Schwimm-, Tennis-, Reit-, Ski-, Tanz-, Fahrlehrer und Aerobic-Trainer) und Repetitoren an Universitäten sind weder angestellt noch verbeamtet. Sie erteilen theoretischen und praktischen Unterricht. In der gesetzlichen Rentenversicherung sind sie pflichtversichert, sofern sie keine versicherungspflichtigen Arbeitnehmer beschäftigen und unabhängig davon, für wie viele Auftraggeber tätig sind.

Selbstständige Erzieher von Kindern und Jugendlichen sind oft in Einrichtungen der Jugendhilfe oder als Tagesmütter tätig. Sie kümmern sich vorzugsweise um die körperliche, seelische und charakterliche Entwicklung von Kindern und fördern diese im Rahmen ihrer Einsatzmöglichkeiten.

Pflegepersonen[41]

Selbstständige Pflegekräfte, die in der Kranken-, Wochen-, Säuglings- oder Kinderpflege tätig sind, werden ebenfalls in der gesetzlichen Rentenversicherung pflichtversichert. Dazu zählen vorzugsweise selbstständige Krankenschwestern und –pfleger, aber auch selbstständige Krankengymnasten, Physiotherapeuten, Ergotherapeuten und medizinische Bademeister.

---

[39] siehe a.a.O. § 2 Abs. 1 Nr. 1 bis 4 und 7 SGB VI
[40] siehe a.a.O. § 2 Abs. 1 Nr. 1 SGB VI
[41] siehe a.a.O. § 2 Abs. 1 Nr. 2 SGB VI

Nicht zum Kreis der pflichtversicherten Pflegepersonen kraft Gesetzes gehören selbstständige Altenpfleger und Sportmasseure. Auch selbstständige Ärzte, Heilpädagogen, Heilpraktiker, Logopäden und Psychotherapeuten zählen nicht dazu, da diese Heilkundigen Diagnosen stellen und Therapien verordnen.

Hebammen und Entbindungspfleger[42]

Auch selbstständige Hebammen und Entbindungspfleger, die Hilfe bei Geburt und Entbindung leisten, sind pflichtversichert.

Seelotsen der Reviere[43]

Schließlich müssen auch selbstständige Seelotsen, die berufsmäßig auf Seeschiffen und –straßen Hilfe leisten und nicht Teil der Schiffsbesatzung sind, pflichtversichert sein. Zur Zulassung als Seelotsen bedarf es der Befähigung als Kapitän.

Küstenschiffer und Küstenfischer[44]

Selbstständige Küstenschiffer und –fischer, die zur Besatzung eines ihnen nicht gehörenden Schiffes gehören oder als Fischer ohne Schiff tätig sind, sind pflichtversichert unter der Voraussetzung, dass sie nicht mehr als vier versicherungspflichtige Arbeitnehmer beschäftigen.

Weitere sonstige pflichtversicherte Selbstständige[45] sind keine Freiberufler, sondern Kleingewerbetreibende (außer Heimarbeitern) oder selbstständige Handwerker, die in der Handwerksrolle eingetragen sind.

Schließlich sind noch arbeitnehmerähnliche Personen pflichtversichert, die ein Alleinunternehmen ohne Beschäftigung von versicherungspflichtigen Arbeitnehmern führen (sog. Solo-Selbstständige) und nur für einen Auftraggeber tätig sind. Wegen ihrer starken wirtschaftlichen Abhängigkeit vom einzigen Auftraggeber gelten sie ebenso wie Arbeitnehmer als schutzbedürftig. Zu diesem Personenkreis zählen beispielsweise Versicherungsvertreter, Meinungsforscher oder Aushilfstaxifahrer.

---

[42] siehe a.a.O. § 2 Abs. 1 Nr. 3 SGB VI
[43] siehe a.a.O. § 2 Abs. 1 Nr. 4 SGB VI
[44] siehe a.a.O. § 2 Abs. 1 Nr. 7 SGB VI
[45] siehe a.a.O. § 2 Abs. 1 Nr. 6 und 8 SGB VI

Die Schutzbedürftigkeit dieser nur für einen Auftraggeber tätigen Solo-Selbstständigen bezieht sich nicht auf das Berufsbild, sondern auf bestimmte soziale Merkmale wie Fehlen von eigenen Produktionsmitteln, nahezu ausschließlicher Einsatz der eigenen Arbeitskraft sowie geringe oder unstetige Einnahmen.

6.1.3. Antragspflichtversicherte Freiberufler

Erstaunlich, aber wahr: Nur rund 12.000 selbstständige Freiberufler oder andere Selbstständige waren Ende 2016 auf eigenen Antrag versicherungspflichtig in der gesetzlichen Rentenversicherung.[46] Diese sog. **Antragspflichtversicherten** müssen die Versicherungspflicht innerhalb von fünf Jahren nach Aufnahme ihrer selbstständigen Tätigkeit beantragen, sofern sie nicht nur vorübergehend selbstständig tätig sind.

Haben sie sich pflichtversichert, stehen ihnen alle Leistungen der gesetzlichen Rentenversicherung wie Altersrente (nach mindestens fünf Versicherungsjahren), Erwerbsminderungsrente, Hinterbliebenenrente (Witwen- oder Witwerrente, Halb- oder Vollwaisenrente) sowie Rehabilitationsleistungen zu.

Eine Pflichtversicherung auf Antrag des selbstständigen Freiberuflers oder eines anderen nicht kraft Gesetzes pflichtversicherten Selbstständigen bietet den Vorteil, dass der Anspruch auf **Erwerbsminderungsrente** (mindestens drei Pflichtbeitragsjahre in den letzten fünf Jahren vor Eintritt der Erwerbsminderung) bestehen bleibt. Dies ist besonders wichtig, wenn er wegen einer Vorerkrankung keinen Versicherer findet, über den er eine Berufsunfähigkeitsversicherung abschließen kann, oder ein Abschluss nur mit einem sehr hohen Prämienzuschlag möglich ist. Für Pflichtversicherte in der gesetzlichen Rentenversicherung gibt es keine Gesundheitsprüfung.

Eine volle Erwerbsminderungsrente wird jedoch nur dann gezahlt, wenn der Rentner nicht länger als drei Stunden am Tag arbeitet. Nur wer vor 1961 geboren ist, hat noch Anspruch auf die **gesetzliche Berufsunfähigkeitsrente** in Höhe der halben Erwerbsminderungsrente. Sie lässt eine

---

[46] siehe a.a.O. § 4 Abs. 2 SGB VI

Tätigkeit außerhalb des erlernten Berufs noch zu, die dann auch mehr als drei Stunden am Tag ausmachen kann.

Nachteilig bei der Antragspflichtversicherung ist allerdings die Tatsache, dass die Pflichtversicherung bis zur Aufgabe der selbstständigen Erwerbstätigkeit bestehen bleiben muss nach dem Motto „Einmal pflichtversichert, immer pflichtversichert".

Pflichtversicherte selbstständige Freiberufler zahlen typischerweise einen **Regelbeitrag** von derzeit 556,33 Euro im Monat. Dies sind 18,7 Prozent der monatlichen Bezugsgröße von 2.975 Euro im Jahr 2017, sofern sie im Westen unternehmerisch tätig sind. Da die monatliche Bezugsgröße im Osten bei 2.660 Euro liegt, reduziert sich der Regelbeitrag dort auf 497,42 Euro.

Bis zum Ablauf von drei Jahren nach Aufnahme der selbstständigen Tätigkeit ist nur der **halbe Regelbeitrag** von aktuell 278,16 Euro im Westen bzw. 248,71 Euro im Osten zu zahlen, wenn der Pflichtversicherte nicht ausdrücklich die Zahlung des vollen Regelbeitrags wünscht.

Abweichend vom vollen oder halben Regelbeitrag kann jedoch ein **individueller Pflichtbeitrag** entrichtet werden, der von der Höhe der tatsächlichen Einkünfte aus selbstständiger Tätigkeit abhängt und durch Vorlage des letzten Einkommensteuerbescheids nachzuweisen ist. Dieser von den persönlichen Einkommensverhältnissen abhängige Pflichtbeitrag muss bei mindestens 84,15 Euro im Monat liegen und darf beispielsweise im Jahr 2017 den Höchstbeitrag von monatlich 1.187,45 Euro im Westen nicht überschreiten.

Die meisten pflichtversicherten selbstständigen Freiberufler werden den Regelbeitrag von jährlich 6.676 Euro im Jahr 2017 zahlen. Davon können sie dann 5.608 Euro, also 84 Prozent, unter Altersvorsorgeaufwendungen steuerlich absetzen.

Wer sich als selbstständiger und bisher nicht pflichtversicherter Freiberufler in der gesetzlichen Rentenversicherung versichern will, steht immer vor der Grundsatzfrage: Pflichtversicherung auf Antrag oder freiwillige Versicherung?

Für die freiwillige Versicherung spricht die große Flexibilität bei der Beitragshöhe. Zwischen dem Mindestbeitrag von jährlich 1.009,80 Euro und dem Höchstbeitrag von jährlich 14.249,40 Euro (Beispiel für 2017 im Westen) ist jede Beitragshöhe möglich. Der selbstständige Freiberufler, der sich freiwillig versichert, kann die Höhe des Beitrags auch jederzeit ändern. Er muss also keine Einkommensnachweise vorlegen.

Gegen die freiwillige Versicherung spricht, dass bereits nach Ablauf von drei Jahren mit freiwilligen Beiträgen der Anspruch auf Erwerbsminderungsrente erlischt. Dies kann der selbstständige Freiberufler dann in Kauf nehmen, wenn er bereits eine ausreichende private **Berufsunfähigkeitsversicherung** abgeschlossen hat. Die Beiträge hierfür sind jedoch bei Berufen, in denen häufiger mit Berufsunfähigkeit zu rechnen ist, deutlich höher im Vergleich zu reinen Büroberufen.

Eine private **Erwerbsunfähigkeitsversicherung** kostet deutlich weniger. Allerdings zahlt sie nur für den Fall, dass auch außerhalb des erlernten Berufs keinerlei Tätigkeit mehr ausgeübt werden kann, die über drei Stunden am Tag hinausgeht. Die private Berufsunfähigkeitsversicherung zahlt schon dann, wenn man nicht mehr im erlernten Beruf tätig sein kann.

Es ist also sinnvoll, so früh wie möglich Vor- und Nachteile abzuwägen und sich dann entweder für die Pflichtversicherung oder die freiwillige Versicherung zu entscheiden.

Ein kompletter Verzicht auf eine Versicherung in der gesetzlichen Rentenversicherung ist nicht ratsam, da man auch mit freiwilligen, monatlichen Mindestbeiträgen von zurzeit 84,15 Euro rentenrechtliche Zeiten aufbauen kann.

6.2. Gesetzliche Rente aus Extrabeiträgen

Außer der Zahlung von Pflichtbeiträgen gibt es noch die Möglichkeit, Extrabeiträge in die gesetzliche Rentenversicherung einzuzahlen. Dazu zählen freiwillige Beiträge für Nicht-Pflichtversicherte (siehe Kapitel 6.2.1), Nachzahlungsbeträge für bestimmte Ausbildungszeiten bis zum 45. Lebensjahr oder für vor 1955 geborene Mütter nach Erreichen der Regelaltersgrenze (Kapitel 6.2.2) und Ausgleichsbeträge zum Rückkauf von Rentenabschlägen (Kapitel 6.2.3).

Pflichtversicherten ist die Zahlung von freiwilligen Beiträgen verwehrt. Sie können daher nur Nachzahlungs- oder Ausgleichsbeträge zahlen, sofern sie die entsprechenden Voraussetzungen erfüllen.

6.2.1. Freiwillige Beiträge

Im Jahr 2016 gab es in Deutschland insgesamt nur rund 241.000 freiwillig Versicherte. Wie viele davon selbstständige Freiberufler waren, ist leider nicht bekannt.

Wie wichtig eine freiwillige Versicherung sein kann, zeigt folgendes Beispiel: Die abschlagsfreie Rente ab 63 für besonders langjährig Versicherte setzt 45 Versicherungsjahre voraus. Jahre mit freiwilligen Beiträgen zählen dabei mit, sofern mindestens 18 Pflichtbeitragsjahre vorliegen. Dieser Zusatz wurde kurz vor Verkündung des entsprechenden Gesetzes Ende Juni 2014 mit Blick auf selbstständige Handwerker, die sich nach 18 Pflichtbeitragsjahren weiterhin freiwillig versichert haben, ganz bewusst hinein geschrieben. Aber auch alle selbstständigen Freiberufler profitieren davon.

Im Übrigen zählen alle freiwilligen Beitragsjahre mit bei der abschlagspflichtigen Rente mit 63 für langjährig Versicherte und schwerbehinderte Menschen. Die Wartezeit für diese Frührenten beträgt nur 35 Jahre, wobei keine Mindestanzahl von Pflichtbeitragsjahren verlangt wird.

Jede nicht pflichtversicherte Person kann freiwillige Beiträge zur gesetzlichen Rente zahlen, also außer nicht pflichtversicherten Selbstständigen auch Freiberufler mit berufsständischer Versorgung, Beamte mit Beamtenversorgung oder Nichterwerbstätige.

Es gibt wohl kaum einen Satz, der in dem für die gesetzliche Rentenversicherung bestimmten Sechsten Sozialgesetzbuch (SGB VI) so klar formuliert ist wie der in Paragraf 7 Absatz 1 enthaltene Satz 1: *„Personen, die nicht versicherungspflichtig sind, können sich für Zeiten von der Vollendung des 16. Lebensjahres an freiwillig versichern".*[47] Sogar nicht versicherungspflichtige Deutsche, die sich längere Zeit im Ausland aufhalten, können sich freiwillig versichern. Denn Satz 2 stellt klar: *„Dies gilt auch*

---

[47] siehe § 7 Abs. 1 SGB VI, siehe https://www.gesetze-im-internet.de/sgb_6/__7.html

für Deutsche, die ihren gewöhnlichen Aufenthalt im Ausland haben". Auf den ersten oder zweiten Wohnsitz kommt es dabei also nicht an.

Berechtigte für eine freiwillige Versicherung

Wer freiwillige Beiträge zur gesetzlichen Rente zahlen möchte, darf also nicht pflichtversichert sein. Rentenversicherungspflichtige Personen können daher zurzeit keine freiwilligen Beiträge zahlen. Der Ausgleichsbetrag zum Rückkauf von Rentenabschlägen (siehe Kapitel 6.2.3) zählt weder als Pflichtbeitrag noch als freiwilliger Beitrag. Rentenrechtlich handelt es sich dabei also um einen „Zwitter". Auch Nachzahlungsbeträge zum Schließen von Versicherungslücken (siehe Kapitel 6.2.2) zählen im engeren Sinne nicht zu freiwilligen Beiträgen, sondern sind Sonderformen.

Bisher gibt es also auch für rentenversicherungspflichtige Selbstständige wie Künstler und Publizisten keine Möglichkeit, zusätzlich zu den geleisteten Pflichtbeiträgen gleichzeitig noch freiwillige Beiträge zu zahlen. Ob sich dies künftig mal ändern wird, bleibt ungewiss. Vorschläge von Institutionen, Verbänden und Oppositionsparteien, dies zu ändern, gibt es zuhauf.

Wer aber zurzeit nicht pflichtversichert ist, ist zur freiwilligen Versicherung ohne Einschränkungen berechtigt. Dass dennoch in der Öffentlichkeit und teilweise sogar von Sachbearbeitern in den örtlichen Beratungsstellen der Deutschen Rentenversicherung immer noch behauptet wird, Freiberufler oder Beamte dürften sich gar nicht freiwillig versichern und daher keine freiwilligen Beiträge in die gesetzliche Rentenversicherung einzahlen, ist eigentlich nicht zu verstehen.

Es hilft auch nichts, wenn sich Berater der Deutschen Rentenversicherung damit herausreden, früher hätten diese Gruppen das tatsächlich nicht gedurft, wenn sie noch nicht für mindestens fünf Jahre Pflichtbeiträge gezahlt hätten. Diese Einschränkung gab es in der Tat bis zum 10.8.2010, wie der folgende Satz zeigt: *„Personen, die versicherungsfrei oder von der Versicherung befreit sind, können sich nur dann freiwillig versichern, wenn sie die allgemeine Wartezeit erfüllt haben".*[48]

---

[48] § 7 Abs. 2 Satz 1 SGB VI in der bis 10.8.2010 geltenden Fassung

Den erwähnten Satz hat der Gesetzgeber jedoch nach Intervention des Ausschusses für Arbeit und Soziales Mitte Juni 2010 fallen lassen, da der genannte Satz versicherungsfreie Personen (zum Beispiel Beamte, Richter und Soldaten mit Versorgungs- bzw. Pensionsanwartschaften) sowie von der Versicherung befreite Personen (zum Freiberufler mit Anwartschaften aus berufsständischer Versorgung) mit beispielsweise nur drei oder vier Pflichtbeitragsjahren benachteiligte. Da die allgemeine Wartezeit von fünf Jahren (auch Mindestversicherungszeit genannt) nicht erreicht wurde und die genannten Betroffenen die an der fünfjährigen Wartezeit fehlenden Jahre nicht durch freiwillige Beiträge ausgleichen konnten, erhielten sie auf Antrag nur ihre eigenen entrichteten Beiträge zur gesetzlichen Rentenversicherung zinslos erstattet.

Der Ausschuss für Arbeit und Soziales berief sich dabei auch auf das Anliegen des Petitionsausschusses, der die freiwillige Versicherung von versicherungsfreien und von der Versicherung befreiten Personen in der gesetzlichen Rentenversicherung ohne Einschränkungen befürwortet hatte.

Wer immer noch daran zweifelt, dass beispielsweise auch Freiberufler mit berufsständischer Versorgung freiwillige Beiträge zur gesetzlichen Renten zahlen dürfen, sei an das Rundschreiben Nr. 1/2010 der DRV Westfalen vom 16.8.2010 erinnert, in dem es auf Seite 2 unter dem Punkt „Berechtigung zur freiwilligen Versicherung" unmissverständlich heißt: *„Der bisherige Ausschluss von der Berechtigung zur freiwilligen Versicherung für versicherungsfreie und von der Versicherungspflicht befreite Personen (zum Beispiel Beamte oder von der Versicherungspflicht befreite Mitglieder von berufsständischen Versorgungswerken) nach § 7 Abs. 2 SGB VI wegen Nichterfüllung der Mindestversicherungszeit von fünf Jahren (allgemeine Wartezeit) wird damit aufgegeben. Dadurch wird künftig auch für diesen Personenkreis die Möglichkeit eröffnet, freiwillige Beiträge zur gesetzlichen Rentenversicherung zu zahlen".*[49]

---

[49] http://www.deutsche-rentenversicherung.de/cae/servlet/contentblob/210040/publicationFile/4286/Rundschreiben_1_2010.pdf

Für Freiberuflerinnen mit Kindern ist Folgendes besonders wichtig: Sie können nach dem Urteil[50] des Bundessozialgerichts vom 31.01.2008 (Az. B 13 R 64/06 R) Kindererziehungszeiten in der gesetzlichen Rentenversicherung anrechnen lassen, da diese in der berufsständischen Versorgung nicht „systembezogen annähernd gleichwertig" berücksichtigt werden.

Das höchstrichterliche Urteil hatte eine Apothekerin erstritten, die drei ab 1992 geborene Kinder hat. Sie bekommt nun jeweils drei Jahre je Kind und somit insgesamt neun Jahre für die Erziehung ihrer drei Kinder in der gesetzlichen Rentenversicherung angerechnet. Immerhin entstehen dadurch bereits Rentenansprüche von zurzeit 279,27 Euro im Westen.

Für vor 1992 geborene Kinder werden nur jeweils zwei Jahre pro Kind als Kindererzierungszeit angerechnet. Eine Freiberuflerin mit zwei vor 1992 geborenen Kindern kommt somit nur auf eine angerechnete Zeit von vier Jahren. Sofern sie aber einen einzigen freiwilligen Beitrag für ein Jahr zahlt, erfüllt sie die fünfjährige Wartezeit und erhält einen Rentenanspruch. Bei einem vor 1992 geborenen Kind müsste die Freiberuflerin mit berufsständischer Versorgung dann freiwillige Beiträge über drei Jahre zahlen, um später eine gesetzlich Rente zu erhalten.

Selbstverständlich können freiwillige Beiträge zur gesetzlichen Rente auch über mehr als fünf Jahre gezahlt werden. Entsprechend steigen die Rentenansprüche.

Seit 11.08.2010 und damit seit rund sieben Jahren gibt es also die Möglichkeit für alle nicht rentenversicherungspflichtigen Personen wie Freiberufler mit berufsständischer Versorgung, freiwillige Beiträge zur gesetzlichen Rente zu zahlen. Es wäre eigentlich zu erwarten, dass sich dies mittlerweile auch in allen Beratungsstellen der Deutschen Rentenversicherung herumgesprochen hat.

Ab 01.01.2017 können nach dem neu eingeführten Flexirentengesetz zudem erstmalig auch Frührentner noch freiwillige Beiträge für die Zeit vom Beginn ihrer Frührente bis zum Erreichen der Regelaltersgrenze zah-

---

[50] http://juris.bundessozialgericht.de/cgi-bin/rechtsprechung/document.py?Gericht=bsg&Art=en&nr=10327

len. Der entsprechend geänderte Passus lautet nun: „*Nach bindender Bewilligung einer Vollrente wegen Alters oder für Zeiten des Bezugs einer solchen Rente ist eine freiwillige Versicherung nicht zulässig, wenn der Monat abgelaufen ist, in dem die Regelaltersgrenze erreicht wurde*".[51]

Im Umkehrschluss heißt dies: Personen mit einer Vollrente wegen Alters können sich bis zum Ablauf des Monats, in dem die Regelaltersgrenze erreicht wurde, freiwillig versichern. Diese Neuregelung können sich besonders langjährig Versicherte, langjährig Versicherte oder schwerbehinderte Menschen ab 63 Jahren zunutze machen, die vorzeitig eine Altersrente beziehen.

Grundsätzliches über freiwillige Beiträge

Wenn Sie freiwillige Beiträge zur gesetzlichen Rente zahlen wollen, müssen Sie zunächst das im Internet downloadbare **Formular V0060 „Antrag auf Beitragszahlung für eine freiwillige Versicherung"** ausfüllen. Die Fragen unter Punkt 3 über Ihren Beruf und Ihre Tätigkeit dienen lediglich zur Prüfung, ob Sie überhaupt zur freiwilligen Versicherung berechtigt sind. Liegt diese Berechtigung zur freiwilligen Versicherung vor, wird die Deutsche Rentenversicherung Beginn und Höhe der freiwilligen Beitragszahlungen unter Punkt 4 sowie den gewählten Zahlungsweg (Abbuchung oder Überweisung) unter Punkt 5 nach Ihren Wünschen berücksichtigen. Im Merkblatt **V0061** finden Sie ausführliche Erläuterungen zum Ausfüllen des Antrags nach Formular V0060.

Sofern Sie wegen einer früheren versicherungspflichtigen Tätigkeit bereits eine Versicherungsnummer bei der Deutschen Rentenversicherung haben, geben Sie diese auf jeden Fall an. Dies erleichtert die Bearbeitung. Eventuell können Sie dann sogar auf das Ausfüllen des Formulars V0060 verzichten und Ihren Antrag auf freiwillige Versicherung formlos stellen. Auf Nummer sicher gehen Sie aber immer, wenn Sie das Formular V0060 ausfüllen.

Die Möglichkeit, freiwillige Beiträge zur gesetzlichen Rente zu leisten, ist wenig bekannt. Im Jahr 2016 gab es insgesamt nur 241.000 freiwillig Versicherte, dies sind weniger als 1 Prozent der aktiv in der gesetzlichen

---

[51] siehe a.a.O.: § 7 Abs. 2 SGB VI

Rentenversicherung pflichtversicherten Beschäftigten. In 2014 waren es noch 252.000 und in 2011 noch mehr als 300.000. Im Jahr 2001 gab es sogar 602.000 freiwillig Versicherte und in 1999 über 700.000.

Die freiwillige Versicherung im Rahmen der gesetzlichen Rentenversicherung ist zurzeit also beileibe kein Renner. Nicht nur die Unkenntnis vieler Nicht-Pflichtversicherten hat zum drastischen Rückgang der freiwillig Versicherten beigetragen. Viele nehmen irrtümlich an, dass sich eine Einzahlung in die umlagefinanzierte gesetzliche Rentenversicherung gar nicht lohne und Beiträge für eine kapitalgedeckte Rente (zum Beispiel Riester-Rente, Rürup-Rente oder Privatrente aus einer privaten Rentenversicherung) besser angelegt seien. Das Gegenteil ist aber seit der in 2010 begonnenen und weiter anhaltenden Niedrigzinsphase richtig. Zeitlich rein zufällig wurde der Kreis der zur freiwilligen Versicherung Berechtigten im August 2010 auf Freiberufler und Beamte erweitert.

Ebenfalls überraschend ist folgende Tatsache: 196.000 und damit 81 Prozent der in 2015 freiwillig Versicherten zahlten nur den Mindestbeitrag von monatlich 84,15 Euro. Ganz offensichtlich hat die überwiegende Mehrheit dies dazu genutzt, um die fünfjährige Wartezeit für einen Anspruch auf die Regelaltersrente oder die 35-jährige Wartezeit für den Bezug einer abschlagspflichtigen Frührente für langjährig Versicherte ab 63 Jahren zu nutzen. Darunter werden insbesondere nicht pflichtversicherte Selbstständige und vorübergehend nicht erwerbstätige Hausfrauen oder – männer sein.

Nur knapp 4.000 und damit 1,6 Prozent der freiwillig Versicherten zahlten den Höchstbeitrag von monatlich 1.131,35 Euro in 2015. Die übrigen 41.000 freiwillig Versicherten entschieden sich für einen freiwilligen Beitrag zwischen Mindest- und Höchstbeitrag. Der durchschnittliche monatliche Beitrag der freiwillig Versicherten lag im Jahr 2015 bei 127 Euro.

Höhe der freiwilligen Beiträge

Sie können, sofern Sie nicht rentenversicherungspflichtig sind, im Jahr jeden beliebigen freiwilligen Beitrag zwischen Mindest- und Höchstbeitrag einzahlen. Sofern Sie bisher noch nicht in der gesetzlichen Rentenversicherung waren, müssen Sie aber für mindestens fünf Jahre freiwillige Beiträge entrichten (Mindestversicherungszeit bzw. allgemeine Wartezeit). Nur dann haben Sie Anspruch auf eine gesetzliche Rente.

Im Jahr 2017 liegt der **Mindestbeitrag** bei 84,15 Euro monatlich und jährlich 1.009,80 Euro. Dieser Mindestbeitrag bleibt auch für die nachfolgenden Jahre 2018 bis 2021 gleich, da sich der Beitragssatz von 18,7 Prozent nicht verändern und der Mindestbeitrag aus 18,7 Prozent von monatlich 450 Euro bzw. jährlich 5.400 Euro berechnet wird.

Der **Höchstbeitrag** liegt in 2017 bei monatlich 1.187,45 Euro und jährlich 14.249,60 Euro. Dies sind 18,7 Prozent der Beitragsbemessungsgrenze in der gesetzlichen Rentenversicherung West von monatlich 6.350 Euro und 76.200 Euro jährlich.

Da sich die Beitragsbemessungsgrenzen in den Jahren 2018 bis 2021 laut Vorschaurechnung im aktuellen Rentenversicherungsbericht 2016 der Bundesregierung erhöhen, steigen auch die Höchstbeiträge an. Im Jahr 2021 könnte dann der Höchstbeitrag bei monatlich 1.318,35 Euro oder jährlich 15.820,20 Euro liegen. Dies wären 11 Prozent über dem Höchstbeitrag in 2017.

Wer in den fünf Jahren von 2017 bis einschließlich 2021 freiwillige Beiträge zur gesetzlichen Rente leisten will, kommt auf eine Mindestbeitragssumme von 5.049 Euro und erhält damit bereits Anspruch auf eine gesetzliche Rente, die aber mit monatlich nur 24 Euro nur sehr gering ausfallen wird.

Lediglich Mindestbeiträge einzuzahlen, macht nur zum Schließen von Lücken bei der Wartezeit für eine vorgezogene Altersrente oder eine Regelaltersrente Sinn. Wer beispielsweise bis zum Alter von 63 Jahren nur auf 30 Pflichtbeitragsjahre kommen wird, kann in Zeiten ohne Pflichtversicherung für fünf Jahre freiwillige Beiträge einzahlen. Dann würde er als langjährig Versicherter die 35-jährige Wartezeit für eine abschlagspflichtige Rente mit 63 Jahren erfüllen und könnte schon mit 63 in Rente gehen.

Wer es sich finanziell leisten kann, könnte von 2017 bis 2021 auch den jeweiligen Höchstbeitrag zahlen. Dann käme bei Annahme der um rund 2,8 Prozent pro Jahr ansteigenden Beitragsbemessungsgrenze in der gesetzlichen Rentenversicherung eine Höchstbeitragssumme von 75.062 Euro heraus.

Wenn die Regelaltersgrenze in 2022 erreicht würde, kann dieser Höchstbeitragszahler mit einer gesetzlichen Rente von monatlich 353 Euro brutto rechnen. Diese mögliche Rente würde bei privat krankenversicherten Rentnern auf 379 Euro einschließlich Zuschuss zur privaten Krankenversicherung in Höhe von 7,3 Prozent der Bruttorente steigen.

Da Sie als freiwillig Versicherter jeden individuellen Beitrag zwischen Mindest- und Höchstbeitrag zahlen können, hängt die Höhe der individuellen Beitragssumme für beispielsweise fünf Jahre ganz allein von Ihren vorhandenen finanziellen Mitteln ab. Wer beispielsweise von 2017 bis 2021 jedes Jahr 6.000 Euro zahlt, kommt auf eine Beitragssumme von 30.000 Euro. Bei Rentenbeginn in 2022 wäre dann eine gesetzliche Rente von monatlich brutto 141 Euro zu erwarten, die bei privat krankenversicherten Rentnern auf 151 Euro steigen würde. Die garantierte gesetzliche Rente läge bei 134 Euro brutto oder 144 Euro einschließlich 7,3 Prozent Zuschuss zur privaten Krankenversicherung.

Eine gute Orientierung bietet auch der sogenannte **Durchschnittsbeitrag**. Dies ist der Beitrag, den Arbeitgeber und Arbeitnehmer bei einem Durchschnittsverdiener bezahlen würden. Das vorläufige Durchschnittsentgelt für 2017 wird auf monatlich 3.092 Euro im Westen geschätzt. Es soll laut Rentenversicherungsbericht der Bundesregierung auf 3.451 Euro monatlich in 2021 steigen, also um knapp 12 Prozent insgesamt oder durchschnittlich 2,8 Prozent pro Jahr zulegen.

Die Durchschnittslbeitragssumme für fünf Jahre würde dann 36.629 Euro ausmachen. Ein rentenversicherungspflichtiger Durchschnittsverdiener bekäme für jedes Jahr einen Entgeltpunkt gutgeschrieben, also fünf Entgeltpunkte für fünf Jahre. Bei Rentenbeginn in 2022 könnte er für diese fünf Jahre eine anteilige gesetzliche Rente von monatlich 172 Euro brutto erwarten.

Gleiches gilt selbstverständlich auch für einen freiwillig Versicherten, der immer so viel an freiwilligen Beiträgen einzahlen würde wie die Pflichtbeiträge von Arbeitgeber und Arbeitnehmer für einen Durchschnittsverdiener zusammen. Dies ist wohlgemerkt nur eine ganz grobe Orientierungshilfe. Letztlich kommt es immer darauf an, wie hoch die finanziellen Mittel sind, die Ihnen für freiwillige Beiträge zur gesetzlichen Rente zur Verfügung stehen.

Für regelmäßige freiwillige Beiträge zur gesetzlichen Rente ist die Zahlungsweise nicht vorgeschrieben. Regelmäßige freiwillige Beiträge können Sie monatlich, vierteljährlich, halbjährlich oder jährlich zahlen. Wenn Sie die Beiträge von Ihrem Konto abbuchen lassen, erteilen Sie der Deutschen Rentenversicherung eine Einzugsermächtigung (SEPA-Basis-Lastschriftmandat).

Meist empfiehlt es sich aber, den freiwilligen Beitrag jährlich zu überweisen, und zwar am besten jeweils im Dezember eines Jahres. Da Beiträge zur gesetzlichen Rentenversicherung nicht wie Beiträge zur privaten oder betrieblichen Altersvorsorge verzinst werden, bringt eine zeitlich davor liegende Zahlung keinen Vorteil.

Den Jahresbeitrag für ein bestimmtes Kalenderjahr (zum Beispiel für 2017) können Sie auch noch nachträglich bis zum 31. März des folgenden Jahres (also zum Beispiel am 31.3.2018) überweisen. Dies müssen Sie auf dem Überweisungsträger aber ausdrücklich vermerken.

Wichtig: Steuerlich gilt das Abflussprinzip. Wenn Sie den Jahresbeitrag für 2017 erst im März 2018 bezahlen, können Sie diesen auch erst für das Jahr 2018 steuerlich geltend machen. Im Übrigen können Sie die Höhe des von Ihnen gewählten freiwilligen Beitrags auch jederzeit ändern, also erhöhen oder vermindern.

Je mehr Sie einzahlen, desto höher fällt selbstverständlich Ihr späteres Rentenplus aus. Wählen Sie aber nur einen freiwilligen Beitrag, den Sie sich auch finanziell leisten können, ohne sich dadurch einzuschränken. Denn eine Möglichkeit der Rückerstattung freiwilliger Beiträge gibt es nicht.

Höhe der gesetzlichen Rente aus freiwilligen Beiträgen

Die gesetzliche Rente bemisst sich nach den erreichten persönlichen Entgeltpunkten und dem aktuellen Rentenwert. Bei einem persönlichen Bruttoverdienst, der im Jahr 2017 genau so hoch ist wie das vorläufige Durchschnittsentgelt West von 3.092 Euro monatlich, gibt es genau einen Entgeltpunkt und einen Rentenanspruch von monatlich 31,03 Euro (aktueller Rentenwert West vom 1.7.2017 bis 30.6.2018).

Tabelle 3: Garantierte und mögliche gesetzliche Rente West

(bei einer Beitragssumme von 30.000 Euro und Zahlung des jährlichen Beitrags bis zum Erreichen der Regelaltersgrenze)

Beitrags-jahre	jährlicher Beitrag	garantierte gesetzliche Rente*	mögliche gesetzliche Rente**
5	6.000 €	134 €	141 €
6	5.000 €	134 €	141 €
8	3.750 €	131 €	141 €
10	3.000 €	128 €	141 €
12	2.500 €	125 €	141 €
15	2.000 €	121 €	141 €
20	1.500 €	115 €	143 €
25	1.200 €	111 €	147 €
30	1.000 €	108 €	152 €

*) garantierte gesetzliche Rente brutto West aus freiwilligen Beiträgen pro Monat ohne Annahme von Rentensteigerungen, aber mit Steigerung des Beitragssatzes und mit Senkung des Rentenniveaus bis zum Rentenbeginn ab Erreichen der Regelaltersgrenze
**) mögliche gesetzliche Rente brutto West aus freiwilligen Beiträgen pro Monat mit Annahme einer jährlichen Rentensteigerung von 2,1 % bis zum Rentenbeginn ab Erreichen der Regelaltersgrenze und Berücksichtigung der Steigerung des Beitragssatzes sowie der Senkung des Rentenniveaus wie im Rentenversicherungsbericht 2016 der Bundesregierung

Nach Einführung der gesetzlichen Rentengarantie im Jahr 2009 kann sich dieser aktuelle Rentenwert garantiert nicht vermindern. Auf das Jahr hochgerechnet, liegt die gesetzliche Rente für einen Entgeltpunkt ab 1.7.2017 bei 372,36 Euro. Dies sind immerhin 5,4 Prozent des Jahresbeitrags von 6.938 Euro in 2017, der sich aus 18,7 Prozent von 37.103 Euro Jahresdurchschnittsentgelt brutto West errechnet.

Die Tabelle 3 vergleicht die garantierten und möglichen Bruttorenten vor Steuern und vor Beiträgen zur Kranken- und Pflegeversicherung miteinander. Dabei wird eine Beitragssumme von 30.000 Euro angenommen. Für eine Beitragssumme von beispielsweise 60.000 Euro liegen die Bruttorenten doppelt so hoch.

Ansprüche auf eine gesetzliche Rente entstehen bekanntlich nur bei einer Beitragsdauer von mindestens fünf Jahren. Daher können heute 60-Jährige, die bisher nicht rentenversicherungspflichtig waren, für fünf Beitragsjahre noch jeweils 6.000 Euro pro Jahr einzahlen, um auf eine Beitragssumme von 30.000 Euro zu kommen und noch eine Regelaltersrente zu erhalten.

Um die gleiche Summe aufzubringen, sind bei sechs Beitragsjahren jährlich 5.000 Euro einzuzahlen, bei acht Beitragsjahren jährlich 3.750 Euro und bei zehn Beitragsjahren jeweils 3.000 Euro pro Jahr. In der Tabelle 3 werden auch monatliche gesetzliche Renten für eine Beitragsdauer von 12, 15, 20, 25 und 30 Jahren genannt.

Freiwillige Beiträge zur gesetzlichen Rente über eine Beitragsdauer von mehr als 30 Jahren sind zwar auch möglich. Sinnvoll ist dies aber nur, um mit einer hohen Anzahl von freiwilligen Beitragsjahren den Anspruch auf eine abschlagspflichtige Rente mit 63 Jahren nach einer Wartezeit von 35 Jahren oder eine abschlagsfreie Rente mit 65 Jahren (für alle Geburtsjahrgänge ab 1964) nach 45 Versicherungsjahren, in denen mindestens 18 Pflichtbeitragsjahre enthalten sein müssen, zu erhalten.

Dafür reicht in jungen Jahren der jeweilige Mindestbeitrag von zurzeit monatlich 84,15 Euro oder jährlich 1.009,80 Euro völlig aus. Selbst wenn der Beitragssatz ab 2030 auf 22 Prozent steigen sollte, läge dieser Mindestbeitrag nur bei 99 Euro im Monat oder 1.188 Euro im Jahr, sofern die Berechnungsgrundlage von 450 Euro bestehen bleibt.

Seit dem in 2009 eingeführten gesetzlichen Rentensenkungsverbot sind einmal erreichte aktuelle Rentenwerte garantiert. Der zum 1. Juli eines jeden Jahres festgesetzte aktuelle Rentenwert kann somit niemals sinken. Dies gilt auch dann, wenn die Durchschnittsentgelte ausnahmsweise einmal gegenüber dem Vorjahr sinken sollten wie in 2009. Damit war die Rentengarantie in der gesetzlichen Rentenversicherung geboren.

Dass die in der Tabelle genannten garantierten Renten dennoch ab einer Beitragsdauer von mehr als sechs Jahren sinken, hat einen einfachen Grund. Wenn der Beitragssatz wie vorgesehen ab 2022 steigt und ab 2030 sogar auf 22 Prozent und mehr ansteigen sollte statt bisher 18,7 Prozent, wird ein freiwilliger Beitrag weniger wert. Bei einem Beitragssatz von 18,7 Prozent errechnet sich aus einem freiwilligen Beitrag von 6.000 Euro nach Division durch 0,187 ein fiktives Entgelt von 32.085,56 Euro. Sofern das vorläufige Durchschnittsentgelt West in Höhe von 37.103 Euro gleichbleiben würde, macht dieses fiktive Entgelt 86,48 Prozent des Durchschnittsentgelts aus und entspricht somit 0,8648 Entgeltpunkten.

Bei konstantem Beitragssatz von 18,7 Prozent, konstantem Durchschnittsentgelt von jährlich 37.103 Euro und ebenfalls konstantem aktuellen Rentenwert von 31,03 Euro ab 1.7.2017 führen freiwillige Beiträge von 6.000 Euro für fünf Jahre (2017 bis 2021) dann zu 4,324 Entgeltpunkten und zu einer garantierten gesetzlichen Rente von 134,17 bzw. abgerundet 134 Euro brutto im Monat (siehe Tabelle für fünf Beitragsjahre).

Für zehn Beitragsjahre von 2017 bis 2026 gibt es bei gleicher Beitragssumme jedoch nur 4,1270 Entgeltpunkte, da die Beitragssätze ab 2022 von 18,9 Prozent bis auf 20,6 Prozent in 2026 steigen sollen. Bei einem gleichbleibenden aktuellen Rentenwert von 31,03 Euro errechnet sich dann nur noch eine garantierte gesetzliche Rente von 128,06 bzw. abgerundet 128 Euro. Dass die garantierten Renten laut Tabelle sinken, ist also allein durch die steigenden Beitragssätze und das ab 2022 sinkende Rentenniveau bedingt. Der zum 1.7.2017 festgelegte aktuelle Rentenwert von 31,03 Euro bleibt hingegen garantiert.

Dass die aktuellen Rentenwerte und damit die gesetzlichen Renten in Zukunft nicht mehr steigen, ist völlig unrealistisch. Zwar hat es in der Vergangenheit zum Beispiel von 2004 bis 2006 und zuletzt in 2010 schon einmal Renten-Nullrunden gegeben. Dies war aber die ganz große Ausnahme. Typischerweise werden die gesetzlichen Renten auch künftig um 1 bis 2 Prozent steigen.

Die möglichen gesetzlichen Renten in Höhe von 141 bis 152 Euro laut Tabelle sind dann aussagekräftig, wenn Sie eine jährliche Rentensteigerung von rund 2 Prozent annehmen.

Vergleich von gesetzlicher Rente und Rürup-Rente

Für den Vergleich von gesetzlicher Rente und Rürup-Rente spricht, dass die Steuerregeln für beide Rentenarten völlig gleich sind. Unterschiede bestehen bei der Höhe der Rentenleistungen. In der gesetzlichen Rente aus freiwilligen Beiträgen ist automatisch auch eine Hinterbliebenenabsicherung enthalten. Bei der klassischen Rürup-Rente ist zwischen der reinen Rürup-Altersrente ohne Hinterbliebenenabsicherung und der Rürup-Rente mit Hinterbliebenenabsicherung zu unterscheiden.

In den folgenden Tabellen werden sowohl die garantierten als auch die möglichen Renten bei der gesetzlichen Rentenversicherung und der Rürup-Rentenversicherung verglichen für einen jährlichen Beitrag von 6.000 Euro und eine Beitragsdauer von 5 bis 30 Jahren.

Aus der Tabelle 4 über die **garantierten Renten** wird ersichtlich, dass die gesetzliche Rente brutto aus freiwilligen Beiträgen bei bis zu 15 Beitragsjahren der Rürup-Rente überlegen ist. Bei privat krankenversicherten Rentnern gilt dies auch noch für eine Beitragsdauer von 20 und 25 Jahren. Erst bei einer Beitragsdauer von 30 Jahren schneidet die reine Rürup-Altersrente ohne Hinterbliebenenabsicherung besser ab als die garantierte gesetzliche Rente einschließlich 7,3 Prozent Zuschuss zur privaten Krankenversicherung und mit Anspruch auf Witwen- bzw. Witwerrente.

Tabelle 4: Gesetzliche Rente und Rürup-Rente als garantierte Renten
(bei einem jährlichen Beitrag von 6 000 Euro)

Beitrags-jahre	gesetzliche Rente*	Rürup-Rente mit HB**	Rürup-Rente ohne HB***
5	134 €	98 €	111 €
10	256 €	197 €	223 €
15	363 €	307 €	349 €
20	462 €	415 €	469 €
25	556 €	527 €	591 €
30	649 €	648 €	719 €

*) garantierte gesetzliche Rente brutto pro Monat aus freiwilligen Beiträgen ab 2017 ohne Annahme von Rentensteigerungen bis zum Rentenbeginn ab Erreichen der Regelaltersgrenze (bei privat Krankenversicherten 107,3 % der Bruttorente und bei gesetzlich Krankenversicherten 89 % der Bruttorente)
**) garantierte Rürup-Rente brutto pro Monat bei Neuabschluss mit 0,9 % Garantiezins einschließlich voller Hinterbliebenenabsicherung durch Beitrags- und Kapitalrückgewähr aus Beiträgen ab 2017 nach Tarif Europa (bei freiwillig gesetzlich Krankenversicherten nur 82,2 % der Bruttorente)
***) garantierte Rürup-Altersrente brutto pro Monat bei Neuabschluss mit 0,9 % Garantiezins ohne Rentengarantie und ohne Hinterbliebenenabsicherung aus Beiträgen ab 2017 nach Tarif Europa (bei freiwillig gesetzlich Krankenversicherten nur 82,2 % der Bruttorente)

Ein ähnliches Ergebnis zeigt die Tabelle 5 über die möglichen Renten. Bei einer Beitragsdauer von 15 Jahren liegen mögliche gesetzliche Rente brutto und reine Rürup-Rente ohne Hinterbliebenenabsicherung in etwa gleichauf. Bei freiwilligen Beiträgen über 20 Jahre gilt dies auch für privat krankenversicherte Rentner.

Die möglichen gesetzlichen Renten brutto pro Monat laut Tabelle errechnen sich nach der Vorschaurechnung im Rentenversicherungsbericht 2016 der Bundesregierung. Danach steigen die gesetzlichen Renten von 2016 bis 2030 um durchschnittlich 2,1 Prozent und damit um weniger als die Löhne, die im Durchschnitt um 2,9 Prozent zulegen sollen.

Tabelle 5: Gesetzliche Rente und Rürup-Rente als mögliche Renten
(bei einem jährlichen Beitrag von 6.000 Euro)

Beitrags-jahre	gesetzliche Rente*	Rürup-Rente mit HB**	Rürup-Rente ohne HB***
5	141 €	102 €	116 €
10	283 €	222 €	251 €
15	422 €	373 €	424 €
20	572 €	549 €	619 €
25	734 €	761 €	853 €
30	911 €	1.028 €	1.142 €

*) mögliche gesetzliche Rente brutto pro Monat aus freiwilligen Beiträgen ab 2017 ohne Annahme von Rentensteigerungen bis zum Rentenbeginn ab Erreichen der Regelaltersgrenze (bei privat Krankenversicherten 107,3 % der Bruttorente und bei gesetzlich Krankenversicherten 89 % der Bruttorente)
**) mögliche Rürup-Rente brutto pro Monat aus regelmäßigen Beiträgen bei laufender Verzinsung von 3,0 % einschließlich voller Hinterbliebenenabsicherung durch Beitrags- und Kapitalrückgewähr nach Tarif Europa (bei freiwillig gesetzlich Krankenversicherten nur 82,2 % der Bruttorente)
***) mögliche Rürup-Rente brutto pro Monat aus regelmäßigen Beiträgen bei laufender Verzinsung von 3,0 % ohne Rentengarantie und ohne Hinterbliebenenabsicherung nach Tarif Europa (bei freiwillig gesetzliche Krankenversicherten nur 82,2 % der Bruttorente)

Da die Renten geringer steigen als die Löhne, sinkt zwar das Rentenniveau. Das bedeutet aber nicht, dass auch die Bruttorenten in Euro sinken. Ganz im Gegenteil: Die gesetzlichen Renten werden trotz sinkenden Rentenniveaus in Zukunft weiter steigen. Pessimisten gehen von 1 Prozent Rentensteigerung pro Jahr aus und unerschütterliche Optimisten von einer durchschnittlichen Rentensteigerung in Höhe von jährlich 2,5 Prozent und mehr.

Bei den möglichen gesetzlichen Renten in der Tabelle 5 wurde bis 2030 mit den geschätzten aktuellen Rentenwerten laut Rentenversicherungsbericht 2016 der Bundesregierung gerechnet und für die Jahre ab 2031 mit einer durchschnittlichen Rentensteigerung von 2,1 Prozent bei einer angenommenen Lohnsteigerung von 2,5 Prozent.

Auch in der jährlich von der Deutschen Rentenversicherung versandten Renteninformation erfolgen Hochrechnungen für die künftige Regelaltersrente. Dabei werden Rentensteigerungen von durchschnittlich 1 oder alternativ 2 Prozent angenommen. Mein Rat an Sie: Kalkulieren Sie mit diesen beiden Sätzen oder mit einer durchschnittlichen Rentensteigerung von 1,5 Prozent pro Jahr, wie sie in den letzten zehn Jahren erfolgte.

Über die angenommene Höhe der jährlichen Rentensteigerung kann man trefflich streiten. Letztlich bringt Sie dieser Streit aber nicht weiter. Nur eins ist sicher: Völlig ausbleibende Rentensteigerungen in Form von Dauer-Nullrunden wird es künftig ebenso wenig geben wie jährliche Rentensteigerungen von durchschnittlich 3 Prozent und mehr.

Bei den in der Tabelle 5 angegebenen Rürup-Renten zu bedenken, dass die dort angegebene Europa Versicherung zu den in allen Tests am besten abschneidenden Anbietern von klassischen Rürup-Rentenversicherungen zählt. Bei der möglichen Rürup-Rente hat die Europa Versicherung für Neuabschlüsse ab 2017 eine laufende Durchschnittsverzinsung von 3 Prozent zugrunde gelegt.

Guter Rat über freiwillige Beiträge zur gesetzlichen Rente

Guter Rat muss nicht teuer sein. Die wahrscheinlich beste Beratung über freiwillige Beiträge zur gesetzlichen Rente erhalten Sie über einen Rentenberater. Versicherungsvermittler werden Ihnen von der Zahlung freiwilliger Beiträge in die gesetzliche Rentenversicherung in aller Regel abraten, da sie daran nichts verdienen können.

Leider raten Ihnen auch manche Sachbearbeiter in den örtlichen Beratungsstellen der Deutschen Rentenversicherung pauschal mit den Worten „Das lohnt sich nicht für Sie" ab und verweisen auf die Riester-Rente. In Einzelfällen heißt es dort irrtümlich sogar „Das können Sie gar nicht". Offensichtlich ist selbst einigen bei der Deutschen Rentenversicherung angestellten Beratern bis heute noch nicht bekannt, dass seit dem

11.8.2010 jeder nicht versicherungspflichtige Freiberufler, Selbstständige, Beamte oder nicht Erwerbstätige (zum Beispiel Hausfrau bzw. Hausmann) freiwillige Beiträge zur gesetzlichen Rente zahlen darf. Noch bedenklicher ist es, wenn die Ratsuchenden stattdessen auf die Riester-Rente oder Rürup-Rente als angeblich bessere Alternative hingewiesen werden.

Versicherungsvertreter und Versicherungsmakler, die von Provisionen leben, werden verständlicherweise keine Empfehlung für freiwillige Beiträge zur gesetzlichen Rente abgeben. Sie verdienen halt nichts daran, wenn sie dies empfehlen würden. Auch nur ganz wenige Honorarberater, die ihren Mandaten für ihre Beratung ein Honorar in Rechnung stellen und auf eine Provision grundsätzlich verzichten, werden Beamte, Freiberufler und nicht pflichtversicherte Selbstständige auf freiwillige Beiträge zur gesetzlichen Rente hinweisen.

Sachgerechte Informationen über freiwillige Beiträge zur gesetzlichen Rente bietet bereits seit Anfang 2014 die Zeitschrift Finanztest. Im Sonderheft „Special Rente planen" von Juni 2014 hieß es plakativ „Freiwillige vor" und in der Titelgeschichte von Februar 2017 „Mehr Rente".

Dieser Ratschlag kommt nicht von ungefähr, da die Garantiezinsen für neu abgeschlossene Verträge über Rürup-Renten, Riester-Renten und Renten bei privaten Rentenversicherungen in 2012 bis 2014 auf 1,75 Prozent und in 2015 bis 2016 auf 1,25 Prozent gesunken sind. Für Neuabschlüsse ab 1.1.2017 liegt der Garantiezins nur noch bei 0,9 Prozent.

Je tiefer das Zinsniveau bereits gesunken ist und je länger die Niedrigzinsphase andauert, desto mehr empfehlen sich freiwillige Beiträge zur gesetzlichen Rente als bessere Alternative.

In Medien wie Wirtschaftswoche, Handelsblatt, Frankfurter Allgemeine Zeitung oder Süddeutsche Zeitung und auch im Fernsehen ist seit 2016 vom Comeback der gesetzlichen Rente die Rede. Sie sei besser als ihr Ruf, heißt es fast unisono. Die meisten Versicherungsvermittler wollen davon aber nichts wissen und machen die gesetzliche Rente stattdessen weiterhin madig.

Privat krankenversicherte Rentner

Ist der gesetzliche Rentner privat krankenversichert, zahlt die Deutsche Rentenversicherung noch einen Zuschuss zur privaten Krankenversicherung (PKV) in Höhe von 7,3 Prozent der gesetzlichen Rente brutto. Die gesetzliche Rente einschließlich PKV-Zuschuss steigt damit auf 107,3 Prozent der Bruttorente.

Freiberufler mit berufsständischer Versorgung sind meist privat krankenversichert. Dies kommt ihnen im Ruhestand zugute, sofern sie neben der berufsständischen Rente noch eine gesetzliche Rente aus Pflichtbeiträgen und/oder freiwilligen Beiträgen bekommen. Allerdings ist der Zuschuss auf die Hälfte des Beitrags in der privaten Krankenversicherung begrenzt.

Da die gesetzlichen Renten von ehemaligen Freiberuflern in aller Regel nicht über 1.000 Euro hinausgehen und der Beitrag zur privaten Krankenkasse deutlich über 150 Euro monatlich liegen dürfte, wird der PKV-Zuschuss von beispielsweise 73 Euro nicht gekürzt.

Gesetzlich krankenversicherte Rentner

Wer als Rentner in der KVdR (Krankenversicherung der Rentner) gesetzlich krankenversichert ist, muss den halben Beitrag plus Zusatzbeitrag zur gesetzlichen Krankenversicherung sowie den vollen Beitrag zur gesetzlichen Pflegeversicherung tragen. Bei kinderlosen Rentnern werden ab 2017 insgesamt 11,2 Prozent von der Bruttorente abgezogen (halber Krankenkassenbeitrag 7,3 Prozent plus durchschnittlicher Zusatzbeitrag 1,1 Prozent plus voller Pflegekassenbeitrag 2,8 Prozent). Rentner mit mindestens einem Kind müssen mit einem Beitrag von 10,95 Prozent zur gesetzlichen Kranken- und Pflegeversicherung rechnen.

Die von der Deutschen Rentenversicherung auf das Konto des gesetzlich krankenversicherten, kinderlosen Rentners überwiesene gesetzliche Rente (Zahlbetrag genannt) macht somit 88,8 Prozent der Bruttorente aus. Bei Rentnern mit Kind sind es noch 89,05 Prozent, da der Zuschlag von 0,25 Prozent beim Pflegekassenbeitrag für kinderlose Rentner entfällt.

Die Zahlbeträge oder Nettorenten vor Steuern liegen bei gesetzlich krankenversicherten Rentnern rund 17 Prozent unter den Renten inkl. PKV-Zuschuss bei den privat krankenversicherten Rentnern.

Daraus folgt unmittelbar, dass sich freiwillige Beiträge zur gesetzlichen Rente bei gesetzlich krankenversicherten Rentnern weniger lohnen als bei privat Krankenversicherten. Dennoch liegen die gesetzlichen Renten auch nach Abzug von rund 11 Prozent Beitrag zur gesetzlichen Kranken- und Pflegeversicherung bei Älteren bis Jahrgang 1962 meist noch über vergleichbaren Rürup-Renten.

Wann sich freiwillige Beiträge zur gesetzlichen Rente lohnen

Wann sich freiwillige Beiträge zur gesetzlichen Rente im Vergleich zu kapitalgedeckten Renten (Rürup-Rente, Riester-Rente oder Privatrente als Rente aus privater Rentenversicherung) wirklich lohnen, hängt vom Einzelfall ab. Pauschale Aussagen darüber können falsch sein und in die Irre führen. Nur faire und nachvollziehbare Vergleiche helfen weiter.

Zwei wesentliche Punkte entscheiden darüber, ob und wie sich freiwillige Beiträge zur gesetzlichen Rente lohnen. Erstens ist es das Alter des Beitragszahlers und die sich daraus ergebende Anzahl der Beitragsjahre bis zum Erreichen der Regelaltersgrenze. Dabei gilt die Regel: Je älter der Beitragszahler und je weniger Jahre bis zur Regelaltersgrenze mit bis zu 67 Jahren, desto besser. Zum zweiten kommt es auf die Art der Krankenversicherung des künftigen Rentners an. Für privat krankenversicherte künftige Rentner sind die Aussichten wesentlich besser als für gesetzlich Krankenversicherte.

Am besten schneiden somit ältere und zugleich privat krankenversicherte Personen (zum Beispiel Freiberufler mit berufsständischer Versorgung) ab. Besonders für rentennahe Freiberufler, die das 55. oder sogar das 60. Lebensjahr bereits vollendet haben und auch als Ruheständler privat krankenversichert sein werden, lohnen sich freiwillige Beiträge zur gesetzlichen Rente ganz besonders.

Fünf gute Jahre für Beitragszahlungen

Die Aussichten der gesetzlichen Rentenversicherung für die nächsten fünf Jahre von Anfang 2017 bis Ende 2021 sind für Beitragszahler und künftige Rentner recht gut. Stabile Beitragssätze sowie Renten, die in etwa so stark steigen wie die Löhne, sind relativ sicher zu erwarten.

Es empfiehlt sich grundsätzlich, die fünf guten Jahre 2017 bis 2021 für freiwillige Beiträge zur gesetzlichen Rente zu nutzen. Diese Phase wird als „demografische Pause" bezeichnet, da die geburtenstarken Jahrgänge erst ab 2022 in Rente gehen und dann die Finanzen der gesetzlichen Rentenversicherung belasten.

Das Zeitfenster für fünf gute Rentenjahre steht jedem freiwilligen Beitragszahler offen. Wenn Sie zwischen 1956 und 1969 geboren sind und zur so genannten Babyboomer-Generation gehören, sollten Sie Ihre Beitragszahlung daher ebenfalls vor allem auf die Jahre 2017 bis 2021 konzentrieren.

Wer beispielsweise von 2017 bis 2021 den Höchstbeitrag in der gesetzlichen Rentenversicherung zahlt und damit auf eine Beitragssumme von rund 75 000 Euro kommt, kann mit einer möglichen gesetzlichen Rente von brutto 353 Euro rechnen, sofern er 2022 in Rente geht. Die erste Bruttojahresrente macht immerhin 5,6 Prozent der Beitragssumme aus.

Privat krankenversicherte Rentner mit Rentenbeginn in 2022 kommen sogar auf monatlich 379 Euro einschließlich Zuschuss zur privaten Krankenversicherung. Der anfängliche Rentensatz steigt auf 6,1 Prozent der Beitragssumme. Wenn der Neurentner des Jahres 2022 noch 20 Jahre lang lebt und die Renten jährlich um durchschnittlich zwei Prozent steigen, kann er mit einer Rentensumme von 110.500 Euro rechnen, die 47 Prozent über der Beitragssumme liegt.

Ähnlich sieht die Beispielrechnung aus, wenn von 2017 bis 2021 immer nur der Durchschnittsbeitrag in Höhe von 18,7 Prozent des Durchschnittsentgelts gezahlt wird. Aus einer Beitragssumme von 36.629 Euro ist dann mit einer gesetzlichen Rente von monatlich 170 Euro brutto oder 182 Euro einschließlich PKV-Zuschuss für privat krankenversicherte Rentner zu rechnen. Gesetzlich krankenversicherte Rentner kommen allerdings nach Abzug des Beitrags zur gesetzlichen Kranken- und Pflegeversicherung nur auf einen Rentenzahlbetrag von 151 Euro.

Freiwillige Beiträge zur gesetzlichen Rente lohnen sich in aller Regel ganz besonders für Ältere aus der Gruppe 55plus. Wenn Sie also zu den Geburtsjahrgängen bis 1962 gehören und in 2017 mindestens 55 Jahre alt werden, verbleiben nur noch höchstens sieben Jahre bis zum Erreichen der Regelaltersrente. Doch auch für privat Krankenversicherte, die 50 bis 54 Jahre alt werden (also Jahrgänge 1963 bis 1967) im Jahr 2017, können freiwillige Beiträge noch lohnend sein.

Auch wer erst in 2031 mit 67 Jahren in Rente geht, weil er zum geburtenstärksten Jahrgang 1964 gehört, sollte die fünf guten Rentenjahre 2017 bis 2021 bereits für Beitragszahlungen nutzen. Ab 2022 könnten die freiwilligen Beiträge dann reduziert oder gar bis zu der erst in 2031 beginnenden Regelaltersrente ausgesetzt werden.

Gesetzlich Krankenversicherte ab 60 Jahren fahren trotz der Belastung mit Kranken- und Pflegekassenbeiträgen in der Rentenphase ebenfalls noch gut mit freiwilligen Beiträgen. Sofern sie bisher noch nicht gesetzlich rentenversichert waren, sollten sie aber umgehend mit der Beitragszahlung über fünf Jahre beginnen. Auf jeden Fall müssen sie die fünfjährige allgemeine Wartezeit bis zur Regelaltersgrenze noch schaffen. Gelingt ihnen dies nicht, verfällt der Rentenanspruch und sie erhalten auf Antrag nur die von ihnen selbst eingezahlten Beiträge erstattet.

Wer 55 Jahre alt ist oder älter, kann mit der Zahlung von freiwilligen Rentenbeiträgen kräftig Steuern sparen. Er muss bei einem Rentenbeginn bis 2028 nicht befürchten, dass die gesetzliche Rente zu hoch besteuert wird und er damit in die Falle der Doppelbesteuerung gerät.

Freiwillige Beiträge zur gesetzlichen Rente sind in den Jahren 2017 bis 2021 zu 84 bis 92 Prozent steuerlich abzugsfähig, also im Schnitt zu 88 Prozent. Da der Besteuerungsanteil der gesetzlichen Rente bei einem Rentenbeginn in 2022 bis 2028 während der gesamten Rentendauer zwischen 82 und 88 Prozent liegt, wird die anfängliche Rente also im Vergleich zu den steuerlich abzugsfähigen Rentenbeiträgen nicht zu hoch besteuert. Allerdings sind die jährlichen Rentensteigerungen immer voll steuerpflichtig.

Die steuerlichen Höchstbeträge für Altersvorsorgeaufwendungen sind zu beachten. Im Jahr 2017 liegt dieser Höchstbetrag für Beiträge zur gesetzlichen Rentenversicherung oder berufsständischen Versorgung der Freiberufler sowie für Beiträge zur Rürup-Rente zusammen bei 23.362 Euro für Alleinstehende nach der Grundtabelle oder 46.724 Euro für Verheiratete nach der Splittingtabelle.

Freiwillige Beiträge zur gesetzlichen Rente, die zusammen mit anderen steuerlich abzugsfähigen Beiträgen die steuerliche Höchstbetragsgrenze übersteigen, sind aus wirtschaftlicher und steuerlicher Sicht unrentabel, da der über dem Höchstbetrag liegende Teil der freiwilligen Beiträge überhaupt nicht steuerlich abzugsfähig ist.

In vielen Fällen ist eine individuelle Steuerplanung unerlässlich. Oft empfiehlt sich der Gang zum Steuerberater, damit das Steuersparen in der Beitragsphase optimal gelingt und die Steuerzahlungen in der Rentenphase nicht zu hoch ausfallen.

Vergleich mit der Rürup-Rente

Der Vergleich der gesetzlichen Rente aus freiwilligen Beiträgen mit der Rürup-Rente liegt nahe, da hierfür die gleichen Steuerregeln und übrigens auch die gleichen Rentenregeln (beide Renten sind nicht kapitalisierbar, nicht vererbbar, nicht übertragbar, nicht veräußerbar und nicht beleihbar) gelten.

Ein Vergleich der gesetzlichen Rente mit der Rürup-Rente sollte sinnvoller Weise zunächst auf die Bruttorenten beschränkt werden. Im Fall von privat krankenversicherten Rentnern ist zusätzlich noch der Zuschuss zur privaten Krankenversicherung in Höhe von 7,3 Prozent der Bruttorente zu berücksichtigen, während bei gesetzlich krankenversicherten Rentnern der Beitrag zur gesetzlichen Kranken- und Pflegeversicherung von der Bruttorente noch abzuziehen ist.

Bei regelmäßigen Beiträgen sollte sich der Vergleich zwischen gesetzlicher Rente und Rürup-Rente sowohl auf die garantierten Renten als auch auf die möglichen Renten beziehen.

In diesem Kapitel sind bereits Vergleichsrechnungen für gesetzliche Rente und Rürup-Rente erfolgt. Dabei wird von einem festen jährlichen Beitrag von 6.000 Euro ausgegangen. In den Tabellen 4 und 5 werden sowohl garantierte als auch mögliche Renten verglichen. Bei der Rürup-Rente wird zudem zwischen reinen Rürup-Altersrenten ohne Hinterbliebenabsicherung und Rürup-Renten mit Hinterbliebenenabsicherung unterschieden.

Klassische reine Rürup-Renten schließen höchstens eine Rentengarantiezeit von beispielsweise fünf oder zehn Jahren ein, aber keinen Anspruch auf Hinterbliebenenrente oder Berufsunfähigkeitsrente. Im Gegensatz dazu ist in der gesetzlichen Rente aus freiwilligen Beiträgen immer auch ein Anspruch auf Witwen- oder Witwerrente für den überlebenden Ehegatten oder eingetragenen Lebenspartner enthalten.

Wenn die reine Altersrente aus einem Rürup-Vertrag mit der gesetzlichen Rente verglichen wird, schneidet die Rürup-Rente naturgemäß auf dem Papier etwas besser ab. Dieser Vergleich ist aber nicht ganz fair, sofern der Bezieher einer gesetzlichen Rente verheiratet ist und der hinterbliebene Ehegatte oder eingetragene Lebenspartner bei seinem Ableben noch eine Witwen- oder Witwerente von 55 bis 60 Prozent der Altersrente des Verstorbenen erhält. Allerdings wird die Witwen- oder Witwerrente bei eigenem Einkommen eventuell gekürzt. Bei hohen Einkommen der Witwe oder des Witwers kann die Witwen- oder Witwerrente sogar ganz entfallen.

Ein fairer Vergleich von gesetzlicher Rente und Rürup-Rente bezieht auch bei der Rürup-Rente eine Hinterbliebenenabsicherung mit ein. Dadurch sinkt selbstverständlich die **Rürup-Rente mit Hinterbliebenenschutz** im Vergleich zur reinen Altersrente ohne Hinterbliebenenschutz.

Sind Sie verheiratet und wird Ihr Ehegatte oder eingetragener Lebenspartner im Falle Ihres Ablebens höchstwahrscheinlich eine Witwen- oder Witwerrente erhalten, sollten Sie freiwillige Beiträge zur gesetzlichen Rente konsequenterweise auch nur mit Beiträgen zur Rürup-Rente einschließlich Hinterbliebenenabsicherung (zum Beispiel 55 bis 60 Prozent der eigenen Rürup-Rente wie bei Hannoversche Leben oder aus dem Kapitalerhalt errechnete Hinterbliebenenrente wie bei Europa Leben) vergleichen.

Vergleiche zwischen gesetzlicher Rente aus freiwilligen Beiträgen und Rürup-Rente können Aufschluss darüber geben, welche der beiden Renten im Einzelfall lohnender ist. Folgende Regel beim Vergleich von gesetzlicher Rente und Rürup-Rente gilt dabei: Je länger die Beitragsdauer, umso stärker wirkt der Zinseszinseffekt zugunsten der Rürup-Rente. Jüngere unter 45 Jahren fahren mit der Rürup-Rente daher besser. Dies gilt insbesondere dann, wenn sie als Rentner in der KVdR (Krankenversicherung der Rentner) gesetzlich krankenversichert sind und nicht nur freiwillig gesetzlich versichert.

Die gesetzliche Rente brutto schlägt jedoch die Rürup-Rente bei rentennahen Freiberuflern und pensionsnahen Beamten mit einer Beitragsdauer von fünf bis weniger als 15 Jahren, sofern der spätere Rentner privat krankenversichert ist.

Noch deutlich besser würde die gesetzliche Rente aus freiwilligen Beiträgen im Vergleich zur Rente aus einer privaten Rentenversicherung abschneiden, da die freiwilligen Beiträge zur gesetzlichen Rente zum allergrößten Teil steuerlich abzugsfähig sind. Der Steuervorteil der Privatrente in der Rentenphase mit einem steuerlichen Ertragsanteil von nur 18 Prozent bei einem 65-jährigen Rentner gleicht den Nachteil der fehlenden steuerlichen Abzugsfähigkeit bei weitem nicht aus. Exakte Vergleiche sind infolge dieser unterschiedlichen Steuerregelungen allerdings nur sinnvoll bei bestimmten Annahmen über die jeweiligen Steuersätze in der Beitrags- und Rentenphase.

Vor Steuern liegen die Privatrenten aus der privaten Rentenversicherung fast immer so hoch wie die Rürup-Renten. Nach Steuern wird die Rürup-Rente jedoch die Privatrente in aller Regel schlagen.

Vergleiche der gesetzlichen Rente mit der Privatrente bei einer Beitragsdauer (Einzahlung) von fünf und zehn Jahren sind zudem wenig sinnvoll, da bei regelmäßigen Beiträgen in der privaten Rentenversicherung eine Mindestlaufzeit von zwölf Jahren einzuhalten ist, um die Steuervorteile wie niedriger Ertragsanteil der Privatrente oder nur hälftige Besteuerung des Überschusses der Ablaufleistung über die Beitragssumme bei Ausüben des Kapitalwahlrechts zu sichern.

Freiwillige Beiträge zur gesetzlichen Rente für Freiberufler

Steuerlich sollten Freiberufler mit berufsständischer Versorgung darauf achten, dass die Summe aus freiwilligen Beiträgen zur gesetzlichen Rentenversicherung, Beiträgen zur berufsständischen Versorgung und evtl. Beiträgen zur Rürup-Rente nicht über den steuerlichen Höchstbetrag von beispielsweise 23.622 Euro für Ledige bzw. 46.274 Euro für Verheiratete in 2017 hinausgeht. Sinnvollerweise zieht man von diesem steuerlichen Höchstbetrag die gezahlten Beiträge zur berufsständischen Versorgung und zur Rürup-Rente ab, um den verbleibenden Restbeitrag für die freiwillige Versicherung in der gesetzlichen Rentenversicherung zu ermitteln.

Insbesondere die nicht obligatorisch versicherten Freiberufler wären gut beraten, zumindest freiwillige Beiträge in die gesetzliche Rentenversicherung einzuzahlen. Da sie es auch wegen fehlender finanzieller Mittel ganz überwiegend unterlassen, denkt die Politik über eine Rentenversicherungspflicht für diese Selbstständigen nach.

6.2.2. Nachzahlungsbeträge

Mehr Rente durch Nachzahlungsbeträge gibt es für zwei Gruppen. Vor 1955 geborene Mütter können nach Erreichen ihrer Regelaltersgrenze einen Nachzahlungsbetrag für die an der fünfjährigen Wartezeit noch fehlenden Jahre bzw. Monate leisten. Angerechnete Jahre für die Kindererziehung und zusätzliche Jahre für den Nachzahlungsbetrag dürfen aber in diesem Fall nicht über insgesamt fünf Jahre hinausgehen.

Wer noch nicht 45 Jahre alt ist, kann Nachzahlungsbeträge für Ausbildungszeiten (Schul-, Fachschul- und Hochschulzeiten) zahlen, die nicht schon zu den Anrechnungszeiten zählen. Dies betrifft die vom 16. bis zum 17. Lebensjahr laufende Schulzeit sowie Fachschul- und Hochschulzeiten nach Vollendung des 17. Lebensjahres, die über acht Jahre hinausgehen.

Nachzahlungsbeträge für vor 1955 geborene Rentnerinnen

Für vor 1955 geborene Mütter, die noch keinen Rentenanspruch haben, gibt es noch eine ganz besondere Art des freiwilligen Beitrags. Sofern diese einen Nachzahlungsbetrag für die an der fünfjährigen Wartezeit fehlenden Jahre zahlen, erhalten sie nach Erreichen ihrer Regelaltersgrenze eine gesetzliche Rente.[52]

Außer den laufenden freiwilligen Beiträgen gibt es für vor 1955 geborene Mütter (außer Beamtinnen und Pensionärinnen) somit noch die Möglichkeit zu Nachzahlungsbeträgen nach Erreichen der Regelaltersgrenze.

Bei vor 1955 geborenen Müttern mit anerkannten Kindererziehungszeiten in der gesetzlichen Rentenversicherung kommt es bei der Frage zum Nachzahlungsbetrag nicht darauf an, ob das Kind oder die Kinder vor 1992 oder erst ab 1992 geboren und erzogen wurden. Die Mütterrente

---

[52] § 282 Abs. 1 SGB VI, siehe https://www.gesetze-im-internet.de/sgb_6/__282.html

gibt es bekanntlich für jedes vor 1992 geborene Kind. Danach werden zwei Jahre statt vorher ein Jahr für die Kindererziehung angerechnet. Drei Jahre sind es für jedes ab 1992 geborene Kind.

Viele ältere Mütter mit vor 1992 geborenen Kindern haben sich nach ihrer Heirat bzw. nach der Geburt ihrer Kinder für die Erstattung der von ihnen bis dahin gezahlten eigenen Rentenbeiträge entschieden (sog. Heiratserstattung) und glauben, dass ihnen die Möglichkeit eines Nachzahlungsbetrages wegen der von ihnen gewählten Heiratserstattung nunmehr versperrt sei. Das ist ein Irrtum.

Auch Mütter mit **Heiratserstattung** können den einmaligen Nachzahlungsbetrag oder laufende freiwillige Beiträge zahlen. Darauf weist die Deutsche Rentenversicherung sogar ausdrücklich hin. Sie können zwar die Heirats- bzw. Beitragserstattung selbst nicht rückgängig machen. Jedoch können sie trotz erfolgter Heiratserstattung die Lücke bis zur erforderlichen fünfjährigen Wartezeit ebenfalls vollständig schließen oder auch aufende Beiträge über fünf Jahre hinaus zahlen. .

Die Nachzahlung gelingt am einfachsten älteren Müttern, die zwei Kinder vor 1992 geboren und aufgezogen haben. Nach der zum 01.07.2014 neu eingeführten Mütterrente werden ihnen insgesamt vier Jahre an Kindererziehungszeiten angerechnet. Daher müssen sie nur für ein Jahr einen Nachzahlungsbetrag zwischen 1.009,80 Euro (Mindestbetrag) und 14.249,40 Euro (Höchstbeitrag in 2017) auf einen Schlag entrichten.

Beispiel: Wenn eine am 05.04.1952 geborene Mutter, die nicht Beamtin war und zwei Kinder vor 1992 geboren hat, nach Erreichen der Regelaltersgrenze zum 05.10.2017 nur 1.009,80 Euro einzahlt, erhält sie ab 01.11.2017 eine monatliche gesetzliche Rente von 128,63 Euro brutto im Westen.

Schon die erste Jahresrente von rund 1.544 Euro liegt über dem Nachzahlungsbetrag. Bereits nach acht Monaten hat sie ihren gezahlten Beitrag wieder raus. Sofern sie den Höchstbeitrag von 14.249,40 Euro zahlt, steigt ihre monatliche Rente auf 187,85 Euro brutto. Die erste Jahresrente von rund 2.254 Euro macht dann immerhin noch 16 Prozent des Höchstbeitrags aus.

Außer diesem Beispielfall gibt es noch zwei weitere denkbare Fälle. Bei nur einem vor 1992 geborenen Kind fehlen noch drei Jahre. Also fällt der Nachzahlungsbetrag im Vergleich zum geschilderten Fall dreimal so hoch aus.

Ist das Kind ab 1992 geboren, was bei vor 1955 geborenen Müttern eher die ganz große Ausnahme ist, werden für die Kindererziehung drei Jahre angerechnet. Da bei einem ab 1992 geborenen Kind zwei Jahre an der fünfjährigen Wartezeit fehlen, ist der doppelte Nachzahlungsbetrag fällig.

In allen anderen Fällen (drei vor 1992 oder zwei ab 1992 geborene Kinder) bedarf es keiner Nachzahlung, da insgesamt bereits sechs Jahre für die Kindererziehung angerechnet werden. Dafür gibt es dann sechs Entgeltpunkte und die gesetzliche Rente bei einem aktuellen Rentenwert von 31,03 Euro West macht zurzeit rund 186 Euro brutto im Monat aus.

Nachzahlungsbeträge für Ausbildungszeiten

Auch unter 45-Jährige können einen Nachzahlungsbetrag für nicht als Anrechnungszeiten anerkannte Ausbildungszeiten leisten.[53] Anhand des Versicherungsverlaufs kann der Versicherte oder der Sachbearbeiter bei der örtlichen Beratungsstelle der Deutschen Rentenversicherung leicht die fehlenden Monate und Jahre ermitteln, für die Beiträge nachgezahlt werden sollen. Insgesamt nur 1.645 Versicherte haben im Jahr 2015 die Chance für solche Nachzahlungsbeträge genutzt.

Zeiten einer schulischen Ausbildung (Schule, Fachschule, Hochschule oder berufsvorbereitende Bildungsmaßnahme) nach dem vollendeten 17. Lebensjahr werden höchstens bis zu acht Jahren angerechnet[54]. Für alle Ausbildungszeiten, die über diese acht Jahre hinausgehen, können Nachzahlungen geleistet werden. Darüber hinaus kann auch die Lücke vom 16. bis zum 17. Lebensjahr durch einen Nachzahlungsbetrag geschlossen werden.

---

[53] § 207 SGB VI, siehe http://www.gesetze-im-internet.de/sgb_6/__207.html
[54] § 58 Abs. 1 Nr. 4 SGB VI, siehe https://www.gesetze-im-internet.de/sgb_6/__58.html

Das nachträgliche Schließen von Lücken im Versicherungsverlauf mit einem Nachzahlungsbetrag bietet gleich zwei Vorteile. Sie erhöhen damit die Wartezeiten für die abschlagspflichtige Rente ab 63. In gar nicht seltenen Fällen erreichen Sie erst mit diesem „Lückenfüller" die für eine abschlagspflichtige Rente für langjährig Versicherte und schwerbehinderte Menschen geforderte 35-jährige Wartezeit für diese Frührente. Zusätzlich erwerben Sie Entgeltpunkte und erhöhen damit Ihre spätere Rente.

Da es bei einem Nachzahlungsbetrag kurz vor dem vollendeten 45. Lebensjahr noch gut 18 Jahre bis zur Frührente mit 63 sind, empfehlen sich relativ niedrige Beträge. Schon ein Mindestbeitrag von monatlich 84,15 Euro für jeden fehlenden Monat reicht meist. Nur wer über größere finanzielle Mittel verfügt oder diese von seinen betagten Eltern erhält, sollte einen über 84,15 monatlich liegenden Beitrag zahlen, der im Jahr 2017 höchstens 1.187,45 Euro im Monat ausmachen darf.

Nur in zwei Ausnahmefällen kann der Nachzahlungsbetrag für Ausbildungszeiten auch noch nach Vollendung des 45. Lebensjahrs gezahlt werden. Die erste Ausnahme trifft auf ehemals von der Versicherungspflicht befreite Beschäftigte wie Freiberufler mit einer berufsständischen Versorgung zu. Sie können den Nachzahlungsbetrag noch innerhalb von sechs Monaten nach Wegfall der Befreiung zahlen.

Die zweite Ausnahme betrifft aus dem Beamtenverhältnis entlassene Ex-Beamte, die versicherungsfrei waren und die durch ihren ehemaligen Dienstherrn in der gesetzlichen Rentenversicherung nachversichert werden.

Die Petition von Rentenberater Walter Vogts, die Altersgrenze bei Nachzahlungsbeträgen für Ausbildungszeiten von bisher 45 auf 50 Jahre für alle Versicherten zu erhöhen, hat der Petitionsausschuss nach Anhörung des Bundesministeriums für Arbeit und Soziales abgelehnt. Vogts begründete seinen Vorschlag damit, dass die Altersgrenze für die Zahlung von Ausgleichsbeträgen laut Flexirentengesetz von 55 auf 50 Jahre ab 01.07.2017 herabgesetzt werde. In der zeitlichen Lücke zwischen dem 45. und 50. Lebensjahr könnten Versicherte weder einen Nachzahlungsbetrag für Ausbildungszeiten noch einen Ausgleichsbetrag zum Rückkauf von Rentenabschlägen leisten.

Die ablehnende Stellungnahme des Bundessozialministeriums zum Petitionsvorschlag von Rentenberater Walter Vogts nach Erhöhung der Altersgrenze von 45 auf 50 Jahre wird wie folgt begründet. Nachzahlungsbeträge für Ausbildungszeiten „könnten in erster Linie von erster Linie von Personen geleistet werden, die sich dadurch einen besonderen Vorteil erhoffen". Was daran schlimm ist, bleibt schleierhaft. Schließlich erhofft sich jeder Versicherte, der Extrabeiträge zur gesetzlichen Rente zahlt, einen finanziellen Vorteil in Form von mehr Rente oder einer Erhöhung der rentenrechtlichen Zeiten.

Das Bundesministerium für Arbeit und Soziales holt noch weiter aus. Dies gehe „zu Lasten der gesamten Versichertengemeinschaft" und widerspreche „dem Solidarprinzip der Rentenversicherung". Die Zeitschrift Finanztest hat dies in ihrer Februarausgabe 2017 zu Recht als eine merkwürdige Auffassung von Solidarität kritisiert. Schließlich könnten Nicht-Pflichtversicherte wie Freiberufler oder Selbstständige seit der Gesetzesänderung vom 11.08.2010 unabhängig vom Alter freiwillige Beiträge zur gesetzlichen Rente leisten.

6.2.3. Ausgleichsbeträge

Rentenabschläge sind für viele Frührentner ein Ärgernis. Bei Abschlägen von 9,9 Prozent für langjährig Versicherte, die in 1955 geboren sind und mit 63 Jahren im Jahr 2018 in Rente gehen wollen, oder gar 14,4 Prozent für langjährig Versicherte der Geburtsjahrgänge ab 1964 gehen rund ein Zehntel oder sogar ein Siebtel von der monatlichen Bruttorente ab. Sofern diese beispielsweise 1.400 Euro ausmacht, macht der Rentenabschlag bereits rund 140 oder gar 200 Euro aus. Bei einer um die Hälfte höheren Bruttorente von 2.100 Euro wären es bereits 210 oder 300 Euro.

Über die Höhe der Rentenabschläge zu jammern, bringt aber nichts. Tatsächlich sind die Abschlagssätze nicht zu hoch. Schließlich wird der Rentenabschlag bei Frührenten „versüßt" durch eine entsprechend längere Rentendauer. Würde man die Abschlagssätze finanzmathematisch richtig ansetzen, wären sogar 6 Prozent statt bisher nur 3,6 Prozent pro Jahr fällig, das vor Erreichen der Regelaltersgrenze liegt.

Darüber hinaus gibt es grundsätzlich fünf Wege, Rentenabschläge vollständig oder zumindest teilweise zu vermeiden:

1. Nutzen der abschlagsfreien Altersrente für besonders langjährig Versicherte und schwerbehinderte Menschen
2. Weiterarbeit bis zum Erreichen der Regelaltersgrenze, um eine abschlagsfreie Regelaltersrente zu erhalten
3. Weiterarbeit als Frührentner, um mit Pflichtbeiträgen den Rentenabschlag nachträglich zu vermindern
4. freiwillige Beiträge von Frührentnern für die Zeit vom Beginn der vorgezogenen Altersrente bis zum Erreichen der Regelaltersgrenze (erst seit 01.01.2017 möglich), um den Rentenabschlag nachträglich zu vermindern
5. Ausgleich bzw. Rückkauf von Rentenabschlägen für langjährig Versicherte und schwerbehinderte Menschen (ab 01.07.2017 für alle mindestens 50-Jährigen auf Antrag möglich).

Insbesondere der 5. Weg ist für die Altersgruppe 50plus attraktiv, sofern die nötigen finanziellen Mittel zum Ausgleich der künftigen Rentenabschläge vorhanden sind. Schon im Gesetzentwurf zur Flexirente heißt es: *„Versicherte können früher und flexibler als bisher zusätzliche Beiträge in die Rentenversicherung einzahlen, um Rentenabschläge auszugleichen, die mit einer geplanten vorzeitigen Inanspruchnahme einer Altersrente einhergehen würden."*

Dieser Ausgleich von Rentenabschlägen ist ab 01.07.2017 bereits ab Vollendung des 50. Lebensjahres möglich, also fünf Jahre früher als bisher. Zudem kann der fast immer hohe fünfstellige Ausgleichsbetrag flexibel über Jahres- oder Halbjahresraten gestreckt werden. Die Zahlung kann also tatsächlich „früher und flexibler" erfolgen, wie es im Gesetzentwurf heißt.

Berechtigte für Abschlagsrückkauf

Nicht jeder Versicherte kann Rentenabschläge zurückkaufen. Zwei Voraussetzungen müssen erfüllt werden: Sie müssen ab 01.07.2017 bei Antragstellung das 50. Lebensjahr vollendet haben und bis zum geplanten Beginn der vorzeitigen Altersrente die 35-jährige Wartezeit erreichen können. Dabei kommt es nicht darauf an, ob sie pflichtversichert oder freiwillig versichert sind.

Sofern ein berechtigtes Interesse am Ausgleich von Rentenabschlägen nachgewiesen wird, können auch noch nicht 50-Jährige eine besondere Rentenauskunft beantragen und damit zugleich einen Antrag auf Rückkauf von Rentenabschlägen stellen. Darauf weist der Sozialbeirat der Bundesregierung in seinem Ende November 2016 erstellten Sozialbeirat - Gutachten sogar ausdrücklich hin[55] (dort Seite 27 oben).

Wann ein berechtigtes Interesse zum Abschlagsrückkauf vor dem vollendeten 50. Lebensjahr vorliegt, hängt zwar immer vom Einzelfall ab. Indirekt gibt es dazu aber folgende Hinweise in der Begründung zum Entwurf des Flexirentengesetzes: *„Vor einem Alter von 50 Jahren dürfte es für die Versicherten noch kaum vorhersehbar sein, ob sie tatsächlich vorgezogen in Altersrente gehen wollen. Ferner darf es nicht hinreichend valide abschätzbar sein, wie hoch die Rentenminderung durch Abschläge ausfallen kann, weil dafür die Rentenansprüche bis zum Zeitpunkt des Renteneintritts vorausgeschätzt werden müssen"*[56] (dort Seite 25 des Entwurfs zum Flexirentengesetz).

Mit hoher Wahrscheinlichkeit wird ein solches berechtigtes Interesse also nicht bei Versicherten unter 38 Jahren vorliegen, die noch mehr als 25 Versicherungsjahre bis zum frühesten Rentenbeginn mit 63 Jahren vor sich liegen haben und daher kaum vorhersehen können, wann sie in Rente gehen wollen und wie hoch ihre künftige Rente sein wird.

Bei 46- bis 49-jährigen Versicherten sind es beispielsweise aber nur noch 17 bis 14 Jahre bis zur Frührente mit 63, also weniger als die Hälfte der erforderlichen 35 Jahre für langjährig Versicherte und schwerbehinderte Menschen. Die vorgezogene Altersrente mit beispielsweise 63 Jahren kann also durchaus vorhersehbar sein und eine Vorausschätzung der Rentenansprüche bis zu diesem Zeitpunkt auch bereits heute erfolgen.

Ein berechtigtes Interesse könnte bei dieser Altersgruppe durchaus schon vorliegen. Mir ist das Beispiel eines 47-jährigen auf eigenen Antrag hin pflichtversicherten Selbstständigen persönlich bekannt, der sein berechtigtes Interesse im Frühjahr 2017 nachgewiesen hat und die Berechnung des Ausgleichsbetrags zum Rückkauf seines Rentenabschlags von

---

[55] http://www.sozialbeirat.de/files/gutachten_2016_sign.pdf
[56] http://dip21.bundestag.de/dip21/btd/18/097/1809787.pdf

14,4 Prozent bei Rentenbeginn in 2033 auf seinen Antrag hin problemlos von der Deutschen Rentenversicherung erhalten hat.

Teilzeitbeschäftigte Mütter im Alter von beispielsweise 48 oder 49 Jahren könnten ihr berechtigtes Interesse damit begründen, dass ihnen von ihrem Arbeitgeber derzeit die Rückkehr zur Vollzeitbeschäftigung verwehrt wird und sie somit in die berüchtigte Teilzeitfalle geraten. Damit ihre künftige Frührente wegen des hohen Rentenabschlags aber nicht zu niedrig ausfällt, bestünde schon jetzt ein Interesse am Rückkauf dieser Abschläge. Kaum denkbar, dass sich die Deutsche Rentenversicherung diesem Interesse an einer höheren Altersrente für Frauen verweigern würde. Schließlich ist die frühere Frauenaltersrente ab 60 Jahren für alle ab 1952 geborenen Frauen ausgelaufen.

Abgesehen von den geschilderten Sonderfällen gilt aber grundsätzlich: Wer ab 01.07.2017 Rentenabschläge zurückkaufen und damit kompensieren will, muss mindestens 50 Jahre alt sein (also beispielsweise Geburtsjahrgänge bis 1967 bei Antragstellung im Jahr 2017), in der gesetzlichen Rentenversicherung versichert sein und mindestens 35 Versicherungsjahre bis zum geplanten Rentenbeginn mit frühestens 63 Jahren erreichen können.

Auch pflichtversicherte Künstler und Publizisten sowie andere kraft Gesetzes pflichtversicherte selbstständige Freiberufler werden in aller Regel die 35-jährige Wartezeit für eine abschlagspflichtige Altersrente mit 63 Jahren erfüllen. Schließlich werden alle rentenrechtlichen Zeiten dabei berücksichtigt.

Zu diesen rentenrechtlichen und auf die Wartezeit von 35 Jahren für langjährig Versicherte angerechneten Zeiten zählen[57]:

- Pflichtbeitragszeiten
- Zeiten mit freiwilligen Beiträgen
- Zeiten mit Arbeitslosengeld I

---

[57] §§ 51 Abs. 3 und 54 SGB VI, siehe https://www.gesetze-im-internet.de/sgb_6/__51.html
und https://www.gesetze-im-internet.de/sgb_6/__54.html

- Berücksichtigungszeiten (zum Beispiel wegen Kindererziehung bis zu sieben bzw. acht Jahre je Kind)
- Anrechnungszeiten (zum Beispiel schulische Ausbildungszeiten bis zu acht Jahren ab dem 17. Lebensjahr)
- Zeiten aus dem Versorgungsausgleich
- Zeiten aus dem Rentensplitting unter Ehegatten oder eingetragenen Lebenspartnern.

Liegen beide persönlichen Voraussetzungen (erreichbare Wartezeit von 35 Jahren beim geplanten Rentenbeginn mit beispielsweise 63 Jahren und Mindestalter 50 Jahre heute oder geringer bei Nachweis eines berechtigten Interesses) für einen Rückkauf von Abschlägen bei einer vorzeitigen Altersrente vor, muss der Versicherte eine **besondere Rentenauskunft**[58] bei der Deutschen Rentenversicherung (DRV) anfordern und das im Internet verfügbare **Formular V 0210** „Antrag auf Auskunft über die Höhe der Beitragszahlung zum Ausgleich einer Rentenminderung bei vorzeitiger Inanspruchnahme einer Rente wegen Alters" ausfüllen.

Sofern der Versicherte und Antragsteller die Wartezeit von 35 Jahren für die beabsichtigte Frührente mit zum Beispiel 63 Jahren erfüllen kann, erhält er von der Deutschen Rentenversicherung dann eine Berechnung des Ausgleichsbetrages. Erst nach Erhalt dieser Berechnung entscheidet er, ob er den Ausgleichsbetrag zahlt oder nicht.

Er geht mit dieser sehr bürokratisch anmutenden Methode überhaupt kein Risiko ein. Erst mit Zahlung des Ausgleichsbetrags hat er seine endgültige Entscheidung zum Rückkauf von Rentenabschlägen getroffen. Selbstverständlich ist das gesamte Verfahren gebührenfrei.

Ihr Antrag auf Zahlung eines Ausgleichsbeitrags zum Ausgleich von Abschlägen bei einer vorzeitigen Altersrente[59] wird immer dann akzeptiert, wenn Sie die für eine Frührente erforderliche 35-jährige Wartezeit mit rentenrechtlichen Zeiten erreichen können, aber nicht die für eine abschlagsfreie Rente ab 63 erforderlichen 45 Versicherungsjahre. Insbesondere Akademiker werden die 45 Versicherungsjahre nicht nachweisen

---

[58] § 109 Abs. 4 SGB VI, siehe http://www.sozialgesetzbuch-sgb.de/sgbvi/109.html
[59] § 187a SGB VI, siehe http://www.sozialgesetzbuch-sgb.de/sgbvi/187a.html

können, da sie nach Abschluss ihres Studiums bestenfalls 40 Versicherungsjahre bis zum vorgezogenen Rentenbeginn erreichen.

Die weitaus meisten Versicherten werden allerdings die 35-jährige Wartezeit schaffen, da auf diese spezielle Wartezeit für langjährig Versicherte oder Schwerbehinderte sämtliche rentenrechtlichen Zeiten angerechnet werden können, also außer den Pflichtbeitragszeiten auch Zeiten mit freiwilligen Beiträgen sowie beitragsfreie Zeiten wie zum Beispiel Anrechnungszeiten bis zu acht Jahren für die Schul- und Hochschulausbildung ab dem 17. Lebensjahr und Berücksichtigungszeiten bis zu sieben bzw. acht Jahren pro Kind für die Kindererziehung zusätzlich zu den drei bzw. zwei Pflichtbeitragsjahren.

Es ist keineswegs so, dass nur pflichtversicherte Arbeitnehmer oder pflichtversicherte Selbstständige Rentenabschläge zurückkaufen können. Auch Freiberufler mit berufsständischer Versorgung, freiwillig versicherte Selbstständige, Beamte und nicht erwerbstätige Personen (zum Beispiel Hausfrauen bzw. -männer), die über Jahre oder gar Jahrzehnte freiwillige Beiträge zur gesetzlichen Rente gezahlt haben, können zum Abschlagsrückkauf berechtigt sein.

Sie müssen allerdings ebenfalls die Wartezeit von 35 Jahren mit rentenrechtlichen Zeiten bis zum Beginn der geplanten Frührente erfüllen können. Da sie mangels Arbeitgeber keine Arbeitgeber-Bescheinigung über das derzeit erzielte Gehalt vorlegen können, müssen sie der Deutschen Rentenversicherung die beabsichtigte Höhe der freiwilligen Beiträge mitteilen. Es reicht, wenn dabei auf die derzeit gezahlten Beiträge verwiesen wird.

Der Antrag auf Zahlung eines Ausgleichsbetrags wird nur dann abgelehnt, wenn der Versicherte bis zum gewünschten vorzeitigen Rentenbeginn die spezielle Wartezeit von 35 Jahren für langjährig Versicherte oder Schwerbehinderte nicht oder die spezielle Wartezeit von 45 Jahren als Voraussetzung für die neue abschlagsfreie Rente ab 63 Jahren doch noch erreichen kann.

Bei der speziellen 45-jährigen Wartezeit für besonders langjährig Versicherte werden nur Pflichtbeitragszeiten (einschließlich Zeiten der Arbeitslosigkeit mit Arbeitslosengeld I), Zeiten mit freiwilligen Beiträgen (sofern Pflichtbeiträge für mindestens 18 Jahre gezahlt wurden) und Berücksichtigungszeiten (zum Beispiel wegen Kindererziehung bis zu sieben bzw. acht Jahren pro Kind) mitgezählt.

Für einen Ausgleichsbetrag bei einer vorgezogenen Rente mit beispielsweise 63 bis 65 Jahren für langjährig Versicherte kommen daher nur Versicherte infrage, die mindestens 35 Jahre an rentenrechtlichen Zeiten erreichen können, aber weniger als 45 Versicherungsjahre.

Die Rentenabschläge können allerdings noch bis zum Erreichen der Regelaltersgrenze durch Zahlung eines Ausgleichsbetrags ausgeglichen werden. Wer bereits mit 63 Jahren eine Altersrente mit Abschlag bezogen hat, kann den Abschlag also auch noch in späteren Jahren abkaufen. Andererseits können Versicherte, die beispielsweise erst mit 64 oder 65 Jahren die Wartezeit von 35 Jahren erreichen, den Beginn ihrer Frührente um ein oder zwei Jahre verschieben.

Ausgleichsbeträge zum Abkaufen von Rentenabschlägen bei der Erwerbsminderungsrente sind nicht erlaubt. Bei Regelaltersrenten und abschlagsfreien Altersrenten für besonders langjährig Versicherte können Rentenabschläge und somit Ausgleichsbeträge für den Rückkauf logischerweise gar nicht anfallen. Es muss sich später also immer um eine vorgezogene Altersrente für langjährig Versicherte oder Schwerbehinderte handeln. Hinterbliebene wie Witwen oder Witwer können einen Abschlagsrückkauf nur für ihre eigene Altersrente vornehmen.

Wer Rentenabschläge bei seiner Frührente abkaufen will, muss zwar schriftlich erklären, dass er eine Altersrente vorzeitig beanspruchen will. An diese Absichtserklärung ist er aber nicht gebunden. Ab 01.07.2017 wird dies mit folgenden Worten klargestellt: „*Die Berechtigung zur Zahlung setzt voraus, dass der Versicherte erklärt, eine solche Rente in Anspruch nehmen zu wollen*"[60].

Wollen ist nicht Müssen. Das heißt: Sie können Ihre Absicht später auch ändern, auf die geplante vorgezogene Altersrente verzichten und beispielsweise erst mit Erreichen der Regelaltersgrenze in Rente gehen. In diesem Fall führt der gezahlte Ausgleichsbetrag über die zusätzlich erwor-

---

[60] siehe a.a.O § 187a Abs. 1 Satz 2 SGB VI

benen Entgeltpunkte zu einer Erhöhung der Regelaltersrente, also zu einem echten Mehr an Rente.

Dieser Weg - manche sprechen von einem Trick oder einer Rentenerhöhung durch die Hintertür - ist völlig legal und daher auch nicht angreifbar. Schließlich kann man niemanden zu einer Frührente zwingen, die er vor Jahren einmal eingeplant hatte. Der Abschlagskäufer allein entscheidet, ob er tatsächlich früher in Rente geht oder nicht. Eine aus persönlichen Gründen geänderte Ruhestandsplanung hinsichtlich des Rentenbeginns wird also akzeptiert.

Ab 01.07.2017 sind auch jährliche oder halbjährliche Teilzahlungen zulässig. Der fast immer fünfstellige Ausgleichsbetrag muss also nicht auf einen Schlag in einer Summe gezahlt, sondern kann auch in Jahres- oder Halbjahresraten geleistet werden. Allerdings müssen für jede Teilzahlung neue Berechnungen vorgenommen werden, da sich die Rechengrößen wie Durchschnittsentgelt und Beitragssatz in späteren Jahren in aller Regel ändern. Der Ausgleichsbetrag wird dann quasi über einige Jahre „abgestottert". Monatliche Teilzahlungen sind allerdings nicht erlaubt.

Sie haben auch die Möglichkeit, den Ausgleichsbetrag auf nur einen Teil des Rentenabschlags zu beschränken. Es besteht somit sowohl für die Art der Zahlung (Einmal- oder Teilzahlung) als auch für die Höhe der Zahlung (voller oder nur teilweiser Rückkauf der Rentenabschläge) volle Flexibilität. Sogar eine Kombination von zeitlicher Streckung durch Teilzahlungen und betragsmäßiger Kürzung durch teilweisen Abschlagsrückkauf ist erlaubt.

Außerdem kann der Rentenabschlag und damit der Ausgleichsbetrag dadurch reduziert werden, dass die Frührente nicht mit 63 Jahren, sondern beispielsweise ein Jahr später eingeplant wird. In diesem Fall des Aufschiebens um ein Jahr wird der Rentenabschlag um 3,6 Prozentpunkte gekürzt. Bei einer Frührente mit 65 Jahren sind dies bereits 7,2 Prozentpunkte weniger.

Der Rückkauf von Rentenabschlägen kann also sehr flexibel eingesetzt werden. Nur eins ist ausgeschlossen: Sie können sich den gezahlten Ausgleichsbetrag nicht wieder von der Deutschen Rentenversicherung erstatten lassen, wenn Sie das Geld für andere Zwecke benötigen. Daher muss der Rückkauf schon gut überlegt sein.

Leider ist der Rückkauf von Rentenabschlägen nicht nur weitgehend unbekannt, sondern auch recht kompliziert und erfordert hohe an die Deutsche Rentenversicherung zu zahlende Ausgleichsbeträge. Aus diesen Gründen führt er im Bereich der gesetzlichen Altersvorsorge bisher noch ein stiefmütterliches Dasein.

Weniger als 1.000 Personen pro Jahr haben diesen Weg in den letzten Jahren beschritten. Dabei ist die „Zahlung von Beiträgen bei vorzeitiger Inanspruchnahme einer Rente wegen Alters", wie dieser Weg im Gesetz genannt wird[61], genau beschrieben. Allerdings erfolgt dies in einem für Laien unverständlichen Juristendeutsch.

Berechnung des künftigen Rentenabschlags in Euro

Der künftige Rentenabschlag in Prozent der Frührente hängt vom geplanten vorzeitigen Rentenbeginn und dem Geburtsjahrgang des langjährig Versicherten oder schwerbehinderten Menschen ab. Um auch den Rentenabschlag in Euro zu berechnen, muss die künftige Altersrente bekannt sein. Die Deutsche Rentenversicherung erstellt dazu eine Hochrechnung. Sie geht bei Pflichtversicherten vom aktuellen beitragspflichtigen Arbeitsentgelt aus, also dem monatlichen Bruttogehalt.

Beispiel für einen am 01.01.1958 geborenen langjährig Versicherten mit Frührente ab 63 Jahren: Wenn dessen aktuelles Entgelt exakt so hoch wäre wie das vorläufige Durchschnittsentgelt West von monatlich 3.092 Euro im Jahr 2017, würden sich die bis Ende 2016 zum Beispiel erreichten 36 Entgeltpunkte noch um vier weitere Entgeltpunkte vom 01.01.2017 bis zum Rentenbeginn am 01.01.2021 erhöhen, so dass dieser langjährig Versicherte insgesamt 40 Entgeltpunkte im Alter von 63 Jahren erreichen könnte.

Die künftige Altersrente dieses Durchschnittsverdieners im Westen läge dann bei brutto 1.241,20 Euro nach heutigem Stand (= 40 Entgeltpunkte x 31,03 Euro als aktueller Rentenwert West vom 01.07.2017 bis 30.06.2018). Der Rentenabschlag von 10,8 Prozent dieser Altersrente wür-

---

[61] siehe a.a.O. § 187a SGB VI

de sich dann auf 134,05 Euro monatlich belaufen. Höchstens dieser Rentenabschlag, der sich aus der höchstmöglichen Minderung von Entgeltpunkten ergibt (hier 4,32 Entgeltpunkte = 40 Entgeltpunkte x 0,108), kann dann durch Zahlung eines Ausgleichsbetrages zurückgekauft werden.

Der Versicherte kann aber beispielsweise, wie bereits erwähnt, auch nur einen Teil des Rentenabschlags (zum Beispiel drei Viertel, zwei Drittel oder die Hälfte) durch Zahlung eines Ausgleichsbetrags kompensieren.

Für Ost-Versicherte gelten zwar die gleichen prozentualen Rentenabschläge. Die Höhe der Rentenabschläge in Euro liegt aber unter denen im Westen, da der aktuelle Rentenwert Ost ab 01.07.2017 nur 29,69 Euro ausmacht. Bei erreichbaren 40 Beitragsjahren mit Durchschnittsverdienst errechnet sich somit eine künftige Altersrente Ost von 1.187,60 Euro nach heutigem Stand (= 40 Entgeltpunkte x 29,69 Euro) und im Beispielfall des 58-Jährigen mit 63er-Frührente ein Rentenabschlag von 128,26 Euro (= 1.187,60 Euro x 0,108). Dies sind gut 4 Prozent weniger im Vergleich zum Rentenabschlag West. Nach der Ost-West-Rentenangleichung werden diese Unterschiede ab 2025 bei der Berechnung des Rentenabschlags in Euro allerdings entfallen.

Berechnung des Ausgleichsbetrags in Euro

Kopfzerbrechen bereitet vielen Versicherten verständlicherweise die Berechnung des Ausgleichsbetrags. Wie dieser Betrag im Einzelnen berechnet wird, geht aus der besonderen Rentenauskunft hervor, die Ihnen von der Deutschen Rentenversicherung auf Ihren Antrag hin zugesandt wird.

Sie müssen den Betrag also nicht selbst berechnen oder von Fachleuten berechnen lassen. Dennoch sollten Sie wissen, wie sich der Ausgleichsbetrag prinzipiell berechnet und in welcher Größenordnung dieser Betrag bei Ihnen ausfallen wird.

Grundsätzlich hängt die Höhe des Ausgleichsbetrages von den erreichbaren Entgeltpunkten zum Zeitpunkt der beabsichtigten Frührente, der daraus errechneten Bruttorente, dem davon abgezogenen Rentenabschlag und dem vorläufigen Durchschnittsentgelt im Jahr der Zahlung ab. Im Folgenden wird angenommen, dass die abschlagspflichtige Altersrente mit 63 für langjährig Versicherte nach 40 Pflichtbeitragsjahren erreicht wird.

Durchschnittsverdiener kommen dann auf 40 Entgeltpunkte und im Westen auf eine gesetzliche Rente von monatlich 1.241,20 Euro (= 40 Entgeltpunkte x 31,03 Euro). Bei Höherverdienern wird diese Rente um 50 Prozent auf 1.861,80 Euro (= 60 Entgeltpunkte x 31,03 Euro) steigen und bei Spitzenverdienern, deren Gehalt alle 40 Beitragsjahre über der Beitragsbemessungsgrenze in der gesetzlichen Rentenversicherung lag, um 90 Prozent auf 2.358,23 Euro (= 76 Entgeltpunkte x 31,03 Euro).

Für in 1958 geborene Versicherte, die mit 63 Jahren vorzeitig in Rente gehen wollen, beträgt der Rentenabschlag 10,8 Prozent der jeweiligen Bruttorente, also im Beispiel 134,05 Euro bei Durchschnittsverdienern. Bei Höherverdienern macht der Rentenabschlag 201,07 Euro und bei Spitzenverdienern 254,69 Euro aus.

Durchschnittsverdiener müssten dann einen Ausgleichsbetrag von 33.602 Euro in 2017 zahlen. Bei Höherverdienern wären es 50.403 Euro und bei Spitzenverdienern 63.844 Euro, sofern sie den Ausgleichsbetrag auf einen Schlag entrichten würden.

Wer es ganz genau wissen will, kann sich auch die Formel ansehen, nach der Ausgleichsbeträge von der Deutschen Rentenversicherung berechnet werden. Die Formel zur Berechnung des Ausgleichsbetrags enthält insgesamt fünf Faktoren:

Ausgleichsbetrag = [(erreichbare Entgeltpunkte x Rentenabschlag in Prozent) x (vorläufiges Durchschnittsentgelt x Beitragssatz)] : Zugangsfaktor

In der Mitteilung der Deutschen Rentenversicherung über die Höhe des von ihr berechneten Ausgleichsbetrags findet sich die auf drei Faktoren verkürzte Formel:

Ausgleichsbetrag = [Entgeltpunkte-Minderung x Umrechnungsfaktor] : Zugangsfaktor

Zur Erklärung: Die **Minderung der Entgeltpunkte** wird also durch die Multiplikation der erreichbaren Entgeltpunkte mit dem Rentenabschlagssatz berücksichtigt. Aus der Multiplikation des vorläufigen Durchschnittsentgelts mit dem Beitragssatz errechnet sich der **Umrechnungs-**

faktor. Schließlich wird der **Zugangsfaktor** ermittelt, indem der Rentenabschlag zwischen 0,094 und 0,144 für Geburtsjahrgänge 1954 bis 1967 für langjährig Versicherte bei vorgezogener Altersrente mit 63 Jahren von der Zahl 1 abgezogen wird.

Hierzu eine Musterrechnung:

Für einen im Jahr 1958 geborenen langjährig Versicherten im Westen mit 40 erreichbaren Entgeltpunkten und einem Rentenabschlag von 10,8 Prozent für die Rente mit 63 errechnet sich im Jahr 2017 folgender Ausgleichsbetrag:

Ausgleichsbetrag

= [(40 x 0,108) x (37.103 x 0,187)] : 0,892

= [4,32 x 6.938,26] : 0,892 = 33.602,34 Euro

Mit einer Einmalzahlung von 33.602,34 Euro könnte dieser in 1958 geborene Versicherte einen Rentenabschlag von 134,05 Euro (= 4,32 Entgeltpunkte x 31,03 Euro aktueller Rentenwert West am 1.7.2017) im Jahr 2017 ausgleichen. Der jährliche Rentenabschlag von 1.608,60 Euro macht 4,8 Prozent des Ausgleichsbetrags von 33.602,34 Euro aus.

Diese 4,8 Prozent klingen wenig, aber mit einem gleich hohen Einmalbeitrag in einer klassischen Rürup-Rentenversicherung oder einer privaten Rentenversicherung kommt mit Sicherheit weniger heraus.

Bedenken Sie auch, dass der kompensierte Rentenabschlag quasi zu einer höheren Rente bereits ab 63 Jahren führt und jährliche Rentensteigerungen noch gar nicht berücksichtigt sind. Bei einer Rentendauer von 22 Jahren ab einem Alter von 63 Jahren und einer jährlichen Rentensteigerung von 2 Prozent läge die Rentensumme immerhin bei knapp 44.000 Euro brutto und damit gut 30 Prozent über dem Ausgleichsbetrag.

In der Tabelle 6 werden für die Jahrgänge ab 1954 sowohl die Ausgleichsbeträge pro Entgeltpunkt als auch die Ausgleichsbeträge für Durchschnittsverdiener West mit erreichbaren 40 Entgeltpunkten zum 63. Lebensjahr bei Einmalzahlung in 2017 angegeben. Hierbei wurden also 40 Pflichtbeitragsjahre mit durchschnittlich einem Entgeltpunkt pro Jahr unterstellt und somit 40 Jahre mit Durchschnittsverdienst.

Tabelle 6: Ausgleichsbeträge im Jahr 2017 für langjährig Versicherte West bei 40 erreichbaren Entgeltpunkten im Alter von 63 Jahren

Jahr-gang	Rentenabschlag in % und Euro	Ausgleichsbetrag pro EP*	Entgeltpunkte Minderung**	Ausgleichs-betrag insgesamt***
1954	9,6% = 119,16€	7.675,07 €	3,84	29.472,27 €
1955	9,9% = 122,88€	7.700,62 €	3,96	30.494,46 €
1956	10,2% = 126,60€	7.726,35 €	4,08	31.523,51 €
1957	10,5% = 130,33€	7.752,25 €	4,20	32.559,45 €
1958	10,8% = 134,05€	7.778,32 €	4,32	33.602,34 €
1959	11,4% = 141,50€	7.830,99 €	4,56	35.709,31 €
1960	12,0% = 148,94€	7.884,39 €	4,80	37.845,06 €
1961	12,6% = 156,44€	7.938,51 €	5,04	40.010,09 €
1962	13,2 % = 163,84€	7.993,39 €	5,28	42.205,10 €
1963	13,8 % = 171,29€	8.049,03 €	5,52	44.430,65 €
1964ff	14,4 % = 178,73€	8.105,45 €	5,76	46.687,39 €

*) Ausgleichsbetrag pro Entgeltpunkt (EP) = (Durchschnittsentgelt West 37.103 Euro in 2017 x Beitragssatz 0,187) : Zugangsfaktor
**) Entgeltpunkte-Minderung = 40 Entgeltpunkte x Rentenabschlag
***) Ausgleichsbetrag insgesamt = Ausgleichsbetrag pro Entgeltpunkt x Entgeltpunkte-Minderung

Der in 1964 bis 1967 geborene langjährig Versicherte West müsste im Jahr 2017 somit die stolze Summe von 46.687 Euro zahlen. Der jährlich ersparte Rentenabschlag von 2.144,76 Euro würde dann nur 4,6 Prozent dieses Ausgleichsbetrags ausmachen. Verständlich, dass angesichts einer solch hohen Summe viele spontan mit „Das lohnt sich doch nicht" abwinken. Dies ist aber voreilig, wie die Überlegungen im nächsten Kapitel zeigen.

Vergleich von gesetzlicher Rente und Rürup-Rente

Manche glauben, dass die **klassische Rürup-Rente** besser abschneidet als die gesetzliche Rente. Dies ist aber beim Vergleich von gesetzlicher Rente aus Ausgleichsbetrag und Rürup-Rente aus einem gleich hohen Einmalbeitrag nur ganz selten der Fall.

Tatsächlich kann man die gesetzliche Rente mit der Rürup-Rente gut vergleichen, da für beide die gleichen steuerlichen Regeln über die von Jahr zu Jahr steigende steuerliche Abzugsfähigkeit der Rentenbeiträge und den steuerpflichtigen Teil der Renten gelten.

Faire Vergleiche zeigen aber eindeutig, dass der ersparte Rentenabschlag als gesetzliche Rente aus dem Rückkauf von Rentenabschlägen bei allen Jahrgängen bis 1964 eine vergleichbare Rürup-Rente mit Hinterbliebenenabsicherung schlägt.

Dies gilt für den Vergleich von garantierten und möglichen Renten aus Ausgleichs- oder Einmalbeitrag. Und es gilt auch dann noch, wenn man von einem gesetzlich krankenversicherten Rentner ausgeht, bei dem von der gesetzlichen Rente brutto noch Beiträge zur gesetzlichen Kranken- und Pflegeversicherung von rund 11 Prozent abgezogen werden.

Selbst der ersparte Rentenabschlag nach Kranken- und Pflegekassenbeitrag liegt noch höher als die Rürup-Rente ohne Abzug von Beiträgen zur gesetzlichen Kranken- und Pflegeversicherung. Für freiwillig gesetzlich krankenversicherte Rentner lohnt sich die Rürup-Rente sowieso nicht, da in diesem Fall noch bis zu rund 18 Prozent für den Kranken- und Pflegekassenbeitrag abzuziehen sind.

Privat krankenversicherte Rentner erhalten zudem einen Zuschuss in Höhe von 7,3 Prozent der gesetzlichen Rente brutto. Dann schneidet die gesetzliche Rente im Vergleich zur Rürup-Rente noch besser ab.

In der Tabelle 7 werden zunächst die garantierten Renten miteinander verglichen für einen Ausgleichs- bzw. Einmalbeitrag von 30.000 Euro. Bei der garantierten Rürup-Rente werden dabei zwei Fälle unterschieden, und zwar mit oder ohne finanzielle Absicherung des hinterbliebenen Ehegatten bzw. eingetragenen Lebenspartners. Die garantierten Rürup-Renten sind dem Tarif der Europa Lebensversicherung entnommen, die zu den besten Anbietern von klassischen Rürup-Renten zählt.

Tabelle 7: Gesetzliche Rente schlägt Rürup-Rente bei garantierten Renten

(für einen Ausgleichs- bzw. Einmalbeitrag von 30.000 Euro)

Jahr-gang	gesetzliche Rente West*	Rürup-Rente mit HB**	Rürup-Rente ohne HB***
1954	121 €	90 €	100 €
1955	121 €	91 €	101 €
1956	120 €	92 €	102 €
1957	120 €	92 €	103 €
1958	120 €	93 €	104 €
1959	119 €	94 €	105 €
1960	118 €	95 €	106 €
1961	117 €	96 €	107 €
1962	116 €	97 €	107 €
1963	116 €	97 €	108 €
1964	115 €	98 €	109 €
1965	115 €	99 €	110 €
1966	115 €	100 €	111 €
1967	115 €	101 €	112 €

*) garantierte gesetzliche Rente West als ersparter Rentenabschlag brutto pro Monat aus Ausgleichsbetrag in 2017 ohne Annahme von Rentensteigerungen bis zur vorgezogenen Altersrente mit 63 Jahren (bei privat Krankenversicherten 107,3 % der Bruttorente und bei gesetzlich Krankenversicherten 89 % der Bruttorente
**) garantierte Rürup-Rente brutto pro Monat aus Einmalbeitrag in 2017 einschließlich voller Hinterbliebenenabsicherung durch Beitrags- und Kapitalrückgewähr nach Tarif Europa (bei freiwillig gesetzlich Krankenversicherten nur 82,2 % der Bruttorente)
***) garantierte Rürup-Altersrente brutto pro Monat aus Einmalbeitrag in 2017 ohne Rentengarantie und ohne Hinterbliebenenabsicherung nach Tarif Europa (bei freiwillig gesetzlich Krankenversicherten nur 82,2 % der Bruttorente)

Auch bei den möglichen Renten liegt die gesetzliche Rente vorn, wie die Tabelle 8 zeigt. Für alle Jahrgänge von 1954 bis 1967 schlägt die mögliche gesetzliche Rente West eine mögliche Rürup-Rente beim Versicherer Europa.

Tabelle 8: Gesetzliche Rente schlägt Rürup-Rente bei möglichen Renten

(für einen Ausgleichs- bzw. Einmalbeitrag von 30 000 Euro)

Jahr-gang	gesetzliche Rente West*	Rürup-Rente mit HB**	Rürup-Rente ohne HB***
1954	119 €	90 €	100 €
1955	122 €	91 €	101 €
1956	124 €	92 €	102 €
1957	126 €	93 €	103 €
1958	128 €	94 €	104 €
1959	131 €	95 €	105 €
1960	133 €	96 €	107 €
1961	136 €	99 €	110 €
1962	138 €	102 €	113 €
1963	140 €	105 €	116 €
1964	142 €	108 €	120 €
1965	145 €	112 €	124 €
1966	148 €	115 €	128 €
1967	151 €	119 €	132 €

*) mögliche gesetzliche Rente West als ersparter Rentenabschlag brutto pro Monat aus Ausgleichsbetrag in 2017 mit Annahme einer jährlichen Rentensteigerung von 2,1 % bis zur vorgezogenen Altersrente mit 63 Jahren
**) mögliche Rürup-Rente brutto pro Monat aus Einmalbeitrag in 2017 bei laufender Verzinsung von 3,0 % einschließlich voller Hinterbliebenenabsicherung durch Beitrags- und Kapitalrückgewähr nach Tarif Europa (bei freiwillig gesetzlich Krankenversicherten nur 82,2 % der Bruttorente)
***) mögliche Rürup-Rente brutto pro Monat aus Einmalbeitrag in 2017 bei laufender Verzinsung von 3,0 % ohne Rentengarantie und ohne Hinterbliebenenabsicherung nach Tarif Europa (bei freiwillig gesetzliche Krankenversicherten nur 82,2 % der Bruttorente)

Bei der möglichen gesetzlichen Rente wird eine durchschnittliche Rentensteigerung von 2,1 Prozent pro Jahr unterstellt wie im Rentenversicherungsbericht 2016 der Bundesregierung. Bei der möglichen Rürup-Rente legt der Direktversicherer Europa eine laufende Verzinsung von jährlich 3 Prozent zugrunde.

Ein in 2017 erfolgter Rückkauf von Rentenabschlägen führt bei sonst gleichen Bedingungen (erreichbare Entgeltpunkte bis zum vollendeten 63. Lebensjahr, Rentenabschlag in Prozent und Zugangsfaktor) für Ost-Versicherte mit Jahrgang 1954 bis 1967 zu noch günstigeren Ergebnissen. Grund: Der Ausgleichsbetrag ist deutlich niedriger, da das Durchschnittsentgelt Ost in 2017 knapp 11 Prozent unter dem Durchschnittsentgelt West liegt. Dieser Vorteil wird zwar bei in 2018 bis 2024 gezahlten Ausgleichsbeträgen stufenweise abgebaut, bleibt aber für in 2017 gezahlte Beträge bestehen.

Da andererseits die aktuellen Rentenwerte Ost und damit die Renten von 2018 bis 2024 stufenweise an die aktuellen Rentenwerte West angeglichen werden, ist ein Rückkauf von Rentenabschlägen für Ost-Versicherte insbesondere in den Jahren 2017 bis 2021 lohnend.

Die Zahlung des Ausgleichsbetrages schon im Jahr 2017 ist für Ost-Versicherte ganz besonders attraktiv, da die garantierte Rente Ost dadurch im Vergleich zur garantierten Rente West um rund 5 Prozent steigt.

Vorteilhafte Teilzahlungen

Die in der Tabelle 6 genannten Ausgleichsbeträge zwischen rund 30.000 und 47.000 Euro für in 1954 bis 1967 geborene Durchschnittsverdiener im Westen sind auf den ersten Blick erschreckend hoch. Bei einem Höherverdiener mit 60 erreichbaren Entgeltpunkten bis zum 63. Lebensjahr würden sie je nach Geburtsjahrgang sogar auf 44.000 bis 70.000 Euro steigen. Dennoch können sie sich lohnen, wie im Folgenden gezeigt wird.

Klar ist zunächst einmal, dass solch hohe Ausgleichsbeträge in aller Regel nur bei frei werdenden Geldern aus beispielsweise Kapital-Lebensversicherungen, Abfindungen des Arbeitgebers, Immobilienverkäufen oder Erbschaften finanziell aufzubringen sind.

Versicherte sollten aber nicht vorzeitig aufgeben, da sie den gesamten Ausgleichsbetrag auch in Form von Teilzahlungen leisten können. In der Regel wird es wohl eine Teilzahlung in Jahresraten sein.

Die jährliche Teilzahlung am Ende eines Jahres empfiehlt sich gleich aus zwei Gründen: Erstens sind Teilzahlungen in den fünf guten Rentenjahren von Anfang 2017 bis Ende 2021 wirtschaftlich sinnvoll, da der Beitragssatz mit 18,7 Prozent stabil bleibt und die aktuellen Rentenwerte sowie künftigen Renten in etwa so steigen wie die Löhne. Daher bleibt auch das Rentenniveau in diesen Jahren nahezu stabil.

Drei, vier oder fünf Teilzahlungen empfehlen sich auch aus steuerlichen Gründen, da der **Höchstbetrag für steuerlich abziehbare Alters-**

vorsorgeaufwendungen[62] im Jahr 2017 bei 23.362 Euro für Alleinstehende oder 46.724 Euro für Verheiratete liegt und die Steuerprogression des Versicherten durch die Verteilung des Ausgleichsbetrages auf mehrere Jahre niedriger ausfällt.

Bei sozialversicherungspflichtigen Arbeitnehmern vermindert sich der genannte Höchstbetrag zudem um den Gesamtbeitrag zur gesetzlichen Rentenversicherung, der 18,7 Prozent des Jahresbruttogehalts ausmacht. Ähnliches gilt für versicherungsfreie Beamte, bei denen ein fiktiver Gesamtbeitrag abgezogen wird.

Spitzenverdiener mit Bruttogehältern oberhalb der **Beitragsbemessungsgrenze** von 76.200 Euro in der gesetzlichen Rentenversicherung West müssen im Jahr 2017 beispielsweise 14.249,40 Euro (= 18,7 Prozent von 76.200 Euro) vom Höchstbetrag abziehen und kommen dann auf einen Restbetrag von 9.112,60 Euro bei Alleinstehenden oder 32.474,60 Euro bei Verheirateten. Davon sind dann 84 Prozent in 2017 steuerlich abzugsfähig, also 7.654,58 beziehungsweise 27.278,66 Euro. In den Jahren 2018 bis 2021 steigen die steuerlich abzugsfähigen Sätze auf 86 bis 92 Prozent.

Beispiel: In 2018 wird die Beitragsbemessungsgrenze in der gesetzlichen Rentenversicherung West auf 78.000 Euro steigen und der Beitragssatz bei 18,7 Prozent bestehen bleiben. Somit werden pflichtversicherte Spitzenverdiener im Jahr 2018 einen Höchstbeitrag von 14.586 Euro (= 18,7 Prozent von 78.000 Euro) in die gesetzliche Rentenversicherung zahlen müssen. Somit werden diese 14.586 Euro dann vom neuen steuerlichen Höchstbetrag abgezogen. Der Restbetrag wäre dann als Teilzahlung zu 86 Prozent steuerlich abzugsfähig.

Teilzahlungen in den Jahren 2017 bis 2021 sind also der Königsweg aus wirtschaftlicher und steuerlicher Sicht, sofern der Beginn der 63er-Rente für den Jahrgang 1959 in 2022 erfolgt. Aber auch bei einem späteren Beginn der 63er-Rente wie beispielsweise in 2027 für Jahrgang 1964 empfiehlt es sich, die Teilzahlungen auf die Jahre 2017 bis 2021 zu konzentrieren.

---

[62] § 10 Abs. 3 EStG, siehe https://www.gesetze-im-internet.de/estg/__10.html

Wer in 1967 geboren ist und in 2017 seinen 50. Geburtstag feiert, sollte ähnlich verfahren. Zwar sind theoretisch 26 Halbjahresraten (= 13 Jahre x 2 Zahlungen im Jahr) möglich bis zur vorgezogenen Rente mit 63 Jahren. Teilzahlungen insbesondere ab dem Jahr 2023 sind aber eher ungünstig, da die Beitragssätze bis 2030 deutlich steigen und die Renten weniger stark steigen als die Löhne, was das Rentenniveau nach unten drückt.

Bei den angegebenen Jahresbeträgen ist zu beachten, dass diese ab dem Jahr 2018 mit steigendem Durchschnittsentgelt ebenfalls steigen werden, also dynamisch nach oben angepasst werden. Dies ist aber unproblematisch, da gleichzeitig auch die im Jahr 2017 berechneten Rentenabschläge entsprechend der jährlichen Erhöhung des aktuellen Rentenwerts dynamisiert werden. Steigende Teilzahlungsraten, die nur durch den Anstieg der Durchschnittsentgelte bedingt sind, führen also letztlich auch zu höheren Renten.

Wenn die jährlichen Teilzahlungsbeträge die vorhandenen finanziellen Mittel übersteigen, gibt es noch einen weiteren Ausweg. Versicherte könnten bei der Deutschen Rentenversicherung den Antrag stellen, die Berechnung des Ausgleichsbetrages zum Beispiel auf drei Viertel, zwei Drittel oder die Hälfte des Rentenabschlags zu reduzieren. Beispiel: Wenn Sie im Jahr 1958 geboren sind, müssen Sie grundsätzlich mit einem Rentenabschlag von 10,8 Prozent rechnen. Bei Halbierung sind es nur 5,4 Prozent. Folge: Ihr Ausgleichsbetrag von 50.403,51 Euro als Höherverdiener mit 60 erreichbaren Entgeltpunkten wird ebenfalls halbiert auf 25. 201,76 Euro.

Wenn dann der halbierte Ausgleichsbetrag auf fünf Jahre gleichmäßig verteilt wird, errechnet sich nur noch eine jährliche Teilzahlung von 5.040,35 Euro. Bei dieser doppelten Flexibilisierung (Teile von Rentenabschlägen und jährliche Teilzahlungen) teilt man also zunächst den Ausgleichsbetrag zum Beispiel durch die Hälfte und dann noch den halbierten Ausgleichsbetrag durch die Anzahl der Beitragsjahre. Diese „doppelte Teilung" führt dann zur erwünschten Senkung der jährlichen Teilzahlungsraten.

Selbstverständlich zieht ein halbierter Ausgleichsbetrag auch bei der Kompensation des Rentenabschlags eine Halbierung nach sich. Statt

201,07 Euro gleicht der Höherverdiener jetzt nur noch einen Rentenabschlag in Höhe von 100,54 Euro aus. Die Wirkung ist aber der gleiche.

Der Ausgleichsbetrag kann also in Abhängigkeit von der Höhe (volle oder teilweise Kompensation des Rentenabschlags) und der Zahlungsweise (Einmalzahlung oder Teilzahlung über mehrere Jahre) sehr flexibel eingesetzt werden.

Flexibler Rückkauf von Rentenabschlägen

Der Rückkauf von Rentenabschlägen ist beileibe nicht so starr, wie viele glauben. Er kann tatsächlich sehr flexibel sein und sich passgenau an Ihre individuellen Wünsche anpassen.

Was beim Rückkauf von Rentenabschlägen alles möglich ist, sollen abschließend noch die folgenden Hinweise zeigen. Sie können Ihre Zahlungen beispielsweise durch drei Maßnahmen kürzen:

1. Verteilung auf mehrere Jahre (Teilzahlungen statt Einmalzahlung)
2. teilweiser Ausgleich (Teile von Abschlägen statt voller Abschlag)
3. spätere Frührente (Rente mit 64 oder 65 statt Rente mit 63).

Selbstverständlich müssen Sie nicht die vorgezogene Altersrente mit 63 Jahren einplanen. Für jedes Jahr, das Sie später in Rente gehen wollen, sinkt der Rentenabschlag um 3,6 Prozentpunkte und für jeden Monat später um 0,3 Prozentpunkte. Bei der Frührente mit 64 sinkt der Rentenabschlag für die Jahrgänge 1964 bis 1967 somit von 14,4 auf 10,8 Prozent und bei der 65er-Frührente sogar auf 7,2 Prozent. Dadurch sinkt auch der jeweilige Ausgleichsbetrag.

Langjährig Versicherte müssen auch nicht wie ursprünglich geplant mit beispielsweise 63 Jahren in Rente gehen. Sie können selbstverständlich auch bis zum Erreichen der Regelaltersgrenze weiterarbeiten oder sogar darüber hinaus.

Falls beispielsweise ein im Jahr 1958 geborener Arbeitnehmer statt mit 63 erst mit 66 Jahren in Rente geht, fällt wegen Erreichens der Regelaltersgrenze überhaupt kein Rentenabschlag an. Er bekommt nun aber nicht den bereits gezahlten Ausgleichsbetrag zurück, sondern eine Zusatzrente oben drauf und damit insgesamt eine höhere Regelaltersrente. Es handelt sich somit um ein echtes Rentenplus.

Dieses Rentenplus mit 66 ist rund 12 Prozent höher als das Rentenplus mit 63, was auf den fehlenden Rentenabschlag bei der Regelaltersrente zurückzuführen ist. Tatsächlich führt der Ausgleichsbetrag zu Entgelt- bzw. Rentenpunkten, die dem Regelaltersrentner dann ungekürzt zur Verfügung stehen.

Der Rückkauf von Rentenabschlägen in Form von Einmal- oder Teilzahlungen ist grundsätzlich nur bis zum Erreichen der Regelaltersgrenze möglich. Die Zahlung des Ausgleichsbetrags muss wie der geplante vorzeitige Rentenbeginn also auf jeden Fall vor Erreichen der Regelaltersgrenze liegen, da nur in diesem Fall Rentenabschläge anfallen.

Sie könnten aber auf die grundsätzlich abschlagspflichtige Frührente mit beispielsweise 63 Jahren verzichten und später die abschlagsfreie Rente nach 45 Versicherungsjahren in Anspruch nehmen. Auch in diesem Falle erhöht sich Ihre bereits abschlagsfreie Altersrente durch die zusätzlich erworbenen Entgeltpunkte. Allerdings setzt dies voraus, dass Sie spätestens zwei Jahre vor Erreichen der Regelaltersgrenze noch auf 45 Versicherungsjahre kommen und damit als besonders langjährig Versicherter gelten.

Optimale Beratung über Ausgleich von Rentenabschlägen

Wenn langjährig Versicherte wegen des Rückkaufs von Rentenabschlägen die örtliche Beratungsstelle der Deutschen Rentenversicherung aufsuchen, hören sie nicht selten „Das lohnt sich doch nicht". Diese Aussage der Berater ist höchst fragwürdig und mit Blick auf vergleichbare Angebote in der privaten Rentenversicherung oder Rürup-Rentenversicherung in aller Regel auch objektiv falsch.

Sicherlich kommen Sie an der besonderen Rentenauskunft und der Berechnung des Ausgleichsbetrags durch die Deutsche Rentenversicherung nicht vorbei. Dies wird auch jeder Sachbearbeiter in den örtlichen Beratungsstellen kostenlos für Sie erledigen. Ob sich die Zahlung des Ausgleichsbetrags für Sie wirtschaftlich und steuerlich lohnt, sollten Sie jedoch von anderen Fachleuten wie Rentenberatern und Steuerberatern beurteilen lassen.

Einen Rentenberater in Ihrer Nähe finden Sie über www.rentenberater.de, die Homepage des Bundesverbandes der Rentenberater. Klicken Sie dort „So finden Sie einen Rentenberater" an und geben Sie Postleitzahl oder Wohnort ein. Sie können dort auch die Gesamtmitgliederliste, die nach Postleitzahlen geordnet ist, einsehen. Sprechen Sie die Kosten einer Rentenberatung bereits am Telefon ohne Scheu an. Meist handelt es sich um ein Pauschalhonorar oder ein Honorar, das sich nach Stunden bemisst. Die meist geringen Kosten zahlen sich bei einer professionellen Beratung schnell wieder aus.

Auch der Gang zum Steuerberater zahlt sich aus. Er wird Ihnen anhand Ihrer Steuersituation und seiner genauen Kenntnis des Paragrafen 10 Einkommensteuergesetz sagen können, wie Sie den Ausgleichsbetrag steuerlich am besten auf die nächsten Jahre verteilen. Von der Zahlung eines hohen Ausgleichsbetrags auf einen Schlag wird er Ihnen zu Recht abraten, wenn Sie erst in einigen Jahren vorzeitig in Rente gehen wollen.

Nur wenn Ihre geplante Frührente mit beispielsweise 63 Jahren unmittelbar bevorsteht, kommen Sie an einer Einmalzahlung wohl nicht vorbei. Sofern damit aber der steuerliche Höchstbetrag überschritten würde, empfiehlt sich ein späterer Rentenbeginn oder ein teilweiser Rückkauf von beispielsweise der Hälfte des Rentenabschlags. Auf diese Weise reduziert sich dann auch Ihr Ausgleichsbetrag.

Die Entscheidung, ob Sie den Ausgleichsbetrag auf einen Schlag zahlen oder in Jahres- oder Halbjahresraten, will also gerade auch aus steuerlicher Sicht gut überdacht sein.

Arbeitgeber beteiligt sich finanziell am Ausgleichsbetrag

Sofern sich der Arbeitgeber finanziell an der Zahlung des Ausgleichsbetrags beteiligt, kann er bis zur Hälfte des Ausgleichsbetrags in vollem Umfang steuer- und beitragsfrei leisten (siehe § 3 Nr. 28 EStG[63] in Verbindung mit § 1 Abs. 1 Satz 1 Nr. 1 SvEV[64]).

Vorteil für Angestellte in einer freiberuflichen Praxis, wenn der Arbeitgeber die Hälfte des Ausgleichsbetrags direkt an die Deutsche Rentenversicherung zahlt: Er selbst zahlt nur die andere Hälfte und kann die-

---

[63] https://www.gesetze-im-internet.de/estg/__3.html
[64] https://www.gesetze-im-internet.de/svev/__1.html

se dann zum größeren Teil steuerlich absetzen, in 2017 beispielsweise zu 84 Prozent.

So ungewöhnlich wie diese finanzielle Beteiligung des Arbeitgebers klingen mag, ist sie gar nicht. Oft ist der Arbeitgeber an einer Frühverrentung interessiert, um Personal und damit Kosten einzusparen.

Im Rahmen einer Abfindungsregelung kann sich der Arbeitgeber sogar zur vollen Zahlung des Ausgleichsbetrags bereit erklären. Diese beitragsfreie Zahlung zu 100 Prozent setzt voraus, dass der Abfindungsbetrag wegen Beendigung der Beschäftigung zweckgebunden für die Zahlung des Ausgleichsbetrags verwandt wird.

Außerdem gibt es noch die Möglichkeit, **Abfindungen aus einer betrieblichen Altersversorgung** innerhalb eines Jahres nach Zahlung der Abfindung für einen Einmalbeitrag in die gesetzliche Rentenversicherung zu verwenden[65]. Auch in diesem Fall handelt es sich um einen Ausgleichsbetrag. Nach bindender Bewilligung einer Vollrente wegen Alters ist die Zahlung dieses Ausgleichsbetrags aber nicht mehr zulässig. Es muss sich zudem immer um eine Abfindung für eine unverfallbare Anwartschaft auf betriebliche Altersversorgung handeln.

Darüber hinaus darf es nur eine Abfindung für eine unverfallbare Anwartschaft auf betriebliche Altersversorgung sein. Sollte diese vorliegen, können Beiträge zur gesetzlichen Rente innerhalb eines Jahres nach Zahlung der Abfindung bis zur Höhe der geleisteten Abfindung geleistet werden.

Ausgleichsbetrag bei Versorgungsausgleich

Ähnliche Überlegungen wie beim Ausgleichsbetrag zum Rückkauf von Rentenabschlägen gibt es für den **Ausgleichsbetrag zur Abwendung einer Rentenkürzung aus dem Versorgungsausgleich.**[66]

Ein Mehr an Rente erhält der ausgleichsberechtigte Ex-Ehegatte, indem Entgeltpunkte vom Rentenkonto des ausgleichsverpflichteten Ex-Ehegatten auf sein Rentenkonto umgebucht werden. Dieses Mehr an Rente kann der zum Versorgungsausgleich verpflichtete Ex-Ehegatte

---

[65] § 187b SGB VI, siehe http://www.gesetze-im-internet.de/sgb_6/__187b.html
[66] § 187 SGB VI, siehe http://www.gesetze-im-internet.de/sgb_6/__187.html

(meistens ist dies der geschiedene Ehemann) durch Zahlung eines Ausgleichsbetrags abkaufen.

Die Berechnung dieses schon immer möglichen Ausgleichsbetrags erfolgt grundsätzlich wie bei dem erst seit 1998 eingeführten Ausgleichsbetrag zum Rückkauf von Rentenabschlägen, also aus der Multiplikation der Entgeltpunkte-Minderung mit dem jeweiligen Berechnungsfaktor (vorläufiges Durchschnittsentgelt x Beitragssatz im Jahr der Zahlung). Der Ausgleichsbetrag beim Versorgungsausgleich kommt jedoch ohne Rentenabschläge und entsprechende Zugangsfaktoren aus.

Diesen Ausgleichsbetrag bekommt der ausgleichspflichtige Ehegatte auf Antrag zurückerstattet, wenn der geschiedene Ex-Ehegatte vor ihm und vor Ablauf von drei Rentenjahren verstirbt (sog. Vorversterben). Eine vergleichbare Regelung gibt es nach dem Versorgungsausgleichsgesetz für die Kürzung der gesetzlichen Rente wegen Versorgungsausgleich. Diese Rentenkürzung wird ebenfalls beim Tod des ausgleichsberechtigten Ex-Ehegatten, sofern dieser die Rente noch nicht oder nicht länger als drei Jahre bezogen hat, auf Antrag aufgehoben.

7. PRIVATE RENTEN UND ANDERE ALTERSEINKÜNFTE

Außer der berufsständischen Rente für Freiberufler in einem kammerfähigen Beruf und der gesetzlichen Rente gibt es noch Betriebsrenten und private Renten sowie andere Alterseinkünfte wie Erwerbseinkommen oder Miet- und Zinserträge aus Immobilien- und Kapitalvermögen.

Auf die Betriebsrenten wird in diesem Buch nicht weiter eingegangen, da selbstständige Freiberufler mangels Arbeitgeber keine Betriebsrente erhalten. Auch die private Riester-Rente ist für sie in der Regel nicht möglich. Ausnahme: Sie sind in der gesetzlichen Rentenversicherung pflichtversichert oder über ihren riesternden Ehegatten mittelbar förderberechtigt.

Die folgenden Kapitel beschränken sich daher auf die Rürup-Rente, die Rente aus der privaten Rentenversicherung sowie zusätzliche Erwerbs- und Vermögenseinkommen.

7.1. Rürup-Rente

Mit rund 2 Millionen Verträgen liegt die ab Anfang 2005 eingeführte **Basisrente** ganz weit hinter den rund 16 Millionen Riester-Verträgen. Rürup-Rente wird sie meist genannt, weil Professor Bert Rürup damit eine neue kapitalgedeckte und steuerlich geförderte Rente aus der Taufe gehoben hat. Rürup war Vorsitzender einer Sachverständigenkommission zur steuerlichen Neuregelung der Alterseinkünfte und bis Ende Februar 2009 auch Vorsitzender des Sachverständigenrates, besser als „Rat der Weisen" bekannt.

Der reine Zahlenvergleich zwischen Rürup-Rente und Riester-Rente ist aber nicht ganz fair. Die bereits ab Anfang 2002 in Kraft getretene Riester-Rente sollte den rund 30 Millionen sozialversicherungspflichtigen Arbeitnehmern und knapp 2 Millionen Beamten sowie den mittelbar förderberechtigten Familienmitgliedern einen Ausgleich für das sinkende Rentenniveau in der gesetzlichen Rentenversicherung bieten.

Die erst mit Inkrafttreten des Alterseinkünftegesetzes ab 01.01.2005 mögliche Rürup-Rente soll sich indes insbesondere an die Selbstständigen richten, die nicht in der gesetzlichen Rentenversicherung pflichtversichert sind und daher nicht riestern dürfen.

Für selbstständige Freiberufler bietet die Rürup-Rente die einzige Möglichkeit staatlich geförderter Altersvorsorge, sofern sie keine Ansprüche aus der berufsständischen Versorgung haben und nicht in der gesetzlichen Rentenversicherung pflichtversichert oder freiwillig versichert sind. Nur wenige Freiberufler sind in der gesetzlichen Rentenversicherung versicherungspflichtig oder machen von der ab Oktober 2010 möglichen freiwilligen Versicherung Gebrauch.

Die Rürup-Rente ist wie die gesetzliche Rente eine reine Leibrente, die bis ans Lebensende des Rentners gezahlt wird („Leib und Leben"). Im Unterschied zur umlagefinanzierten gesetzlichen Rente ist sie jedoch kapitalgedeckt. Das heißt, die monatlich oder jährlich gezahlten und nach Abzug der Kosten verzinsten Rürup-Beiträge wandern in einen Kapitalstock („Rürup-Kapital"), aus dem bei Rürup-Rentenversicherungen dann die lebenslange Rürup-Rente geleistet wird.

Die Rürup-Rente kann bei ab 2012 abgeschlossenen Verträgen bereits mit 62 Jahren beginnen, also auch vor Erreichen der Regelaltersgrenze von beispielsweise 67 Jahren in der gesetzlichen Rentenversicherung. Der Beginn kann prinzipiell auch über die Regelaltersgrenze hinausgeschoben werden, so dass auch noch Rentner Rürup-Beiträge zahlen können. Einige Anbieter legen einen spätesten Rentenbeginn fest, der meist beim 67. Lebensjahr liegt. Der Direktversicherer Europa bietet hingegen sogar Ruheständlern bis zum 77. Lebensjahr noch die Möglichkeit zum Abschluss einer Rürup-Rente mit 10-jähriger Rentengarantie.

Legen Sie sich bei Abschluss des Rürup-Vertrags nicht sofort auf einen sehr späten Renteneintritt fest, schließlich können jederzeit gesundheitliche Probleme auftreten. Sinnvoller ist es, einen flexiblen Renteneintritt zu vereinbaren.

Rürup-Verträge werden als klassische Rentenversicherung, fondsgebundene Rentenversicherung oder in Form eines Fondssparplans angeboten. Bei der klassischen Rentenversicherung wird das Kapital der Versicherten zum überwiegenden Teil in verzinslichen Anlagen investiert. Wie bei der Riester-Versicherung oder der privaten Rentenversicherung gibt es auch bei der Rürup-Versicherung eine **Garantieverzinsung**, die sich nach dem Jahr des Vertragsabschlusses richtet und für die gesamte Dauer der Vertragslaufzeit gilt. Sie beträgt für Neuabschlüsse ab dem 01.01.2017 jährlich 0,9 Prozent auf den nach Abzug der Kosten verbleibenden Sparanteil der Rürup-Beiträge. Erwirtschaftet der Versicherer mehr als die Garantieverzinsung, werden die Versicherten in Form von zusätzlichen **Gewinngutschriften** (Überschussbeteiligung genannt) daran beteiligt.

Bei der fondsgebundenen Rentenversicherung und dem Fondssparplan wird das Geld der Versicherten in Investmentfonds und zwar meistens in Aktienfonds angelegt. Bei dieser Form der Rentenversicherung bzw. des Fondssparplans gibt es keine Garantieverzinsung. Das Ergebnis der Police hängt vielmehr von der Wertentwicklung der Investmentanteile ab. Anders als bei der Riester-Rente gibt es in der Regel auch keinen garantierten Erhalt des eingezahlten Kapitals. Der Versicherte trägt bei der fondsgebundenen Rürup-Rente und dem Rürup-Fondssparplan das Verlustrisiko alleine.

Wie die gesetzliche Rente ist auch die Rürup-Rente nicht vererblich, nicht übertragbar, nicht beleihbar, nicht veräußerbar und auch nicht kapitalisierbar.[67] Infolge dieser **Einschränkungen** ist sie beispielsweise nicht so flexibel wie eine private Rentenversicherung mit Kapitalwahlrecht.

Tatsächlich hat die Rürup-Rente schon von der Entstehungsgeschichte her mit der gesetzlichen Rente viel mehr gemeinsam als mit der Riester-Rente. Sie gehört wie die gesetzliche Rente zur **Basisversorgung in der 1. Schicht der Altersvorsorge**. Für die Basis- bzw. Rürup-Rente gelten die exakt gleichen Steuerregeln wie für die gesetzliche Rente, also beispielsweise dem für 2017 auf 23.362 bzw. 46.724 Euro heraufgesetzten Höchstbeitrag für Altersvorsorgeaufwendungen bei Ledigen bzw. Verheirateten.[68]

Im Jahr 2017 liegt der steuerlich abzugsfähige Anteil des Rürup-Beitrags beispielsweise bereits bei 84 Prozent, während der steuerpflichtige Anteil der Rürup-Rente bei Rentenbeginn in 2017 noch bei 74 Prozent verharrt. Diese „Asymmetrie" eröffnet steuerliche Vorteile für eine **Rü-

---

[67] siehe a.a.O.: § 10 Abs. 1 Ziffer 1b EStG
[68] siehe a.a.O.: § 10 Abs. 3 EStG

rup-Sofortrente gegen Einmalbeitrag. Wer beispielsweise 20.000 Euro auf einen Schlag in eine klassische Rürup-Rentenversicherung im Jahr 2017 einzahlt, kann 84 Prozent davon und somit 16.800 Euro steuerlich abziehen. Andererseits müsste er die ab 2017 beginnende Rürup-Rente in Höhe von beispielsweise 800 Euro nur zu 74 Prozent versteuern. Per Saldo sind also 16.000 Euro steuerlich im gleichen Jahr abziehbar.

Wichtig: Bei rentenversicherungspflichtigen Selbstständigen vermindert sich der Höchstbeitrag um den Gesamtbeitrag zur gesetzlichen Rentenversicherung, also beispielsweise um bis zu 14.249,40 Euro (= 18,7 Prozent von 76.200 Euro Beitragsbemessungsgrenze in der gesetzlichen Rentenversicherung West) in 2017.

Der **verbleibende Höchstbetrag** (also der Höchstbetrag nach Abzug von tatsächlichen Pflichtbeiträgen zur gesetzlichen Rentenversicherung bzw. nach Abzug von Beiträgen zur berufsständischen Versorgung) kann für freiwillige Beiträge zur Rürup-Rente oder zur gesetzlichen Rente genutzt werden. Er ist ab dem Jahr 2025 steuerlich voll abzugsfähig.

Laufende Rentenerhöhungen, die sich bei der dynamischen Rürup-Rente sowie bei der gesetzlichen Rente infolge Rentenanpassungen am jeweiligen 1. Juli eines Jahres ergeben, sind immer in vollem Umfang steuerpflichtig. Dies gilt also auch für Rürup-Renten, gesetzliche Renten oder Freiberufler-Renten aus der berufsständischen Versorgung, die beispielsweise bereits im Jahr 2017 beginnen. Nur bei Rentenbeginn ab 2040 werden sowohl die genannten Renten als auch sämtliche darauf folgenden Rentensteigerungen voll besteuert. Die Steuerregeln für die Rürup-Rente sind denen bei der gesetzlichen Rente vollständig nachgebildet und somit identisch.

Rürup-Rente im Vergleich zur gesetzlichen Rente

Die weitverbreitete These, dass sich der Neuabschluss einer Rürup-Rente auch im Jahr 2017 vor allem für ältere Besserverdiener unter den Freiberuflern eignet, ist falsch. Offensichtlich wollen die Befürworter der Rürup-Rente aus dem Lager der privaten Versicherer und Versicherungsvermittler nicht einsehen, dass die gesetzliche Rente aus freiwilligen Beiträgen gerade für diese Gruppe die weitaus bessere Alternative ist. Für privat krankenversicherte und nicht in der gesetzlichen Rentenversicherung pflichtversicherte Freiberufler mit einem Alter ab 50 Jahren (Gruppe 50plus) und einem überdurchschnittlich hohen Einkommen gilt angesichts der anhaltenden Niedrigzinsphase „Gesetzliche Rente schlägt Rürup-Rente".

Noch bis Mitte 2010 galt dies zumindest nicht in dieser Deutlichkeit. Seit Herbst 2010 ticken die Uhren jedoch anders. Ab dem 11.08.2010 können alle Personen, die nicht versicherungspflichtig in der gesetzlichen Rentenversicherung sind, von der Vollendung des 16. Lebensjahres an freiwillige Beiträge zur gesetzlichen Rente leisten. Von dieser **freiwilligen Versicherung** profitieren somit alle Freiberufler, die bisher keine Pflichtbeiträge oder nur Pflichtbeiträge für weniger als 5 Jahre in die gesetzliche Rentenversicherung eingezahlt haben. Bis zum 10.08.2010 konnte sich diese Gruppe nicht freiwillig versichern.

Im September 2010 begann dann – bedingt durch die Staatsschuldenkrise insbesondere in Griechenland – gleichzeitig auch eine **Niedrigzinsphase**, die bis heute anhält und höchstwahrscheinlich noch einige Jahre andauern wird. Die Rendite der 10-jährigen Bundesanleihe fiel im Herbst 2010 auf 3 Prozent, in 2012 auf rund 2 Prozent und seit 2015 auf unter 1 Prozent. Auch die Garantiezinsen für private Rentenversicherungen, Riester-Rentenversicherungen und Rürup-Rentenversicherungen sowie Kapital-Lebensversicherungen gingen zurück von 2,25 Prozent in 2010 auf 1,75 Prozent ab 2012, auf 1,25 Prozent 2015 und schließlich auf 0,9 Prozent ab 01.01.2017. Ebenso fiel die durchschnittliche laufende Verzinsung (sog. Überschussbeteiligung) von 4,2 Prozent in 2010 auf 3,9 Prozent in 2012, 3,4 Prozent in 2014 und auf unter 3 Prozent in 2017.

Durch diese beiden, nahezu zeitgleich eingetretenen Änderungen – Einführung der freiwilligen Versicherung für alle nicht in der gesetzlichen Rentenversicherung pflichtversicherten Personen und Beginn einer lang anhaltenden Niedrigzinsphase – werden die Karten völlig neu gemischt. Wer freiwillige Beiträge zur gesetzlichen Rente leisten darf, privat krankenversichert ist und zur Gruppe 50plus zählt, für den ist die gesetzliche Rente deutlich besser als die Rürup-Rente.

Dazu ein **Beispiel**: Ein privat krankenversicherter Freiberufler mit berufsständischer Versorgung ist in 1967 geboren (zum Beispiel am

01.10.1967) und zahlt ab seinem 50. Geburtstag 17 Jahre lang 6.000 Euro in die Rürup-Rentenversicherung. Beim kostengünstigsten Direktversicherer Europa macht die garantierte Rürup-Rente 403 Euro ab 01.10.2034 aus - ohne Rentengarantiezeit sowie ohne Absicherung der Hinterbliebenen und bei Erwerbsminderung. Die garantierte gesetzliche Rente liegt aber bereits bei monatlich 501 Euro schließlich 7,3 Zuschuss zur privaten Krankenversicherung, und zwar mit Anspruch auf Hinterbliebenen- und Erwerbsminderungsrente.

Bereits die Summe der garantierten gesetzlichen Renten beträgt rund 120.000 Euro nach einer 20-jährigen Rentendauer und liegt damit 18.000 Euro über der Beitragssumme von 102.000 Euro. Die garantierten Rürup-Renten würden nur insgesamt knapp 97.000 Euro nach 20 Jahren ausmachen, also 23.000 Euro weniger im Vergleich zur gesetzlichen Rente und sogar 5.000 Euro weniger als die Beitragssumme.

Bei andauernden Mini-Zinsen am Kapitalmarkt und ansehnlichen Lohnsteigerungen am Arbeitsmarkt werden auch die möglichen gesetzlichen Renten für die älteren Jahrgänge bis 1965 höher ausfallen als die prognostizierten Rürup-Renten.

Für die gesetzliche Rente spricht zudem, dass sie neben der reinen Altersrente automatisch noch den Anspruch auf eine Hinterbliebenen- und Erwerbsunfähigkeitsrente enthält. Wer beim klassischen Rürup-Vertrag noch zusätzlich eine Hinterbliebenenabsicherung oder eine Berufsunfähigkeitsversicherung mit einschließen will, zahlt einen höheren Beitrag oder erhält bei gleichem Beitrag eine entsprechend niedrigere Rente.

Fazit: Sind Sie 50 Jahre oder älter, nicht pflichtversichert in der gesetzlichen Rentenversicherung und zugleich privat krankenversichert, entscheiden Sie sich am besten für freiwillige Beiträge zur gesetzlichen Rente und zahlen diese mindestens fünf Jahre ein, um die fünfjährige Wartezeit bis zum Erreichen der Regelaltersgrenze in der gesetzlichen Rentenversicherung und damit einen Anspruch auf die gesetzliche Rente zu erreichen. Sofern Sie bereits eine Rürup-Rente abgeschlossen haben, könnten Sie diese – wenn möglich – beitragsfrei stellen und die nun ersparten Beiträge in die gesetzliche Rente investieren.

Rürup-Rente schlägt gesetzliche Rente bei Versicherten unter 50 Jahren

Umgekehrt gilt aber auch: Sind Sie Angestellter in der Praxis eines Freiberuflers, gesetzlich renten- und krankenversichert und jünger als 50 Jahre, dann schlägt die Rürup-Rente die gesetzliche Rente. Dies liegt am Zinseszinseffekt, den es in der gesetzlichen Rentenversicherung naturgemäß gar nicht geben kann. Als pflichtversicherter Arbeitnehmer haben Sie zudem gar nicht die Möglichkeit, laufend zusätzliche freiwillige Beiträge zur gesetzlichen Rente zu leisten. Nur einmalige Ausgleichsbeiträge wie beispielsweise zum Ausgleich von Rentenabschlägen oder Nachzahlungsbeträge sind erlaubt (sehe Kapitel 6.2.2 und 6.2.3). Als Arbeitnehmer bleibt Ihnen daher nur die Wahl zwischen Rürup-Rente, Riester-Rente, Betriebsrente oder Privatrente aus der privaten Rentenversicherung.

Falls Sie als Höher- oder Spitzenverdiener ein zu versteuerndes Jahreseinkommen von beispielsweise 50.000 Euro als Lediger (Grundtabelle) oder 100.000 Euro als Verheirateter (Splittingtabelle für zusammenveranlagte Eheleute) haben und daher relativ hoch besteuert werden, kann für Sie als Arbeitnehmer ein Neuabschluss zur Rürup-Rentenversicherung auch bei einem Garantiezins von nur 0,9 Prozent ab 2017 interessant sein.

Auch hierzu ein **Beispiel**: Ein am 01.10.1977 geborener Selbstständiger zahlt ab seinem 40. Geburtstag jährlich 6.000 Euro über 27 Jahre in eine Rürup-Rente ein. Die garantierte Rürup-Rente beim Direktversicherer Europa liegt nach einer 27-jährigen Beitragsdauer und einer Beitragssumme von 162.000 Euro vor Steuern ab Rentenbeginn zum 1.10.2044 bei monatlich 646 Euro einschließlich einer 10-jährigen Rentengarantiezeit. Die mögliche dynamische Rürup-Rente läge bei 1.012 Euro plus jährlicher Rentensteigerungen, falls die Überschussbeteiligung auch künftig auf der aktuellen Höhe bliebe.

Zwar würde die Beitragssumme durch die garantierten Rürup-Renten erst nach rund 21 Jahren erreicht (dann wäre der Rürup-Rentner fast 88 Jahre alt). Die Summe der möglichen Rürup-Renten ohne jährliche Rentensteigerung läge aber bereits nach 20 Jahren bei rund 243.000 Euro vor Steuern und damit immerhin 50 Prozent über der Beitragssumme vor Steuern. Die Rendite der Rürup-Rente würde deutlich steigen, wenn die individuelle Steuerprogression (sog. Grenzsteuersatz) in der Aktivphase deutlich höher wäre im Vergleich zur Rentenphase (zum Beispiel 42 Prozent als Arbeitnehmer im Vergleich zu nur 30 Prozent als Rentner).

Fazit: Sind Sie selbstständiger Freiberufler, jünger als 50 Jahre und zählen Sie zu den Höherverdienern mit einer hohen Steuerprogression in der Aktivphase, kann die Rürup-Rente für Sie attraktiv sein. Grund: Freiwillige Beiträge zur gesetzlichen Rente werden wegen des fehlenden Zinseszinseffekts weniger einbringen, sofern das Rentenniveau in Zukunft stark sinken und das Zinsniveau am Kapitalmarkt wieder steigen sollte.

Wer von der Rürup-Rente besonders profitieren kann

Für wen sich die Rürup-Rente tatsächlich rechnet und wer davon besonders profitieren kann, hängt von einer Reihe von Kriterien ab. Eine pauschale Antwort kann es nicht geben. Wie so häufig hängt die Antwort von der Beurteilung im Einzelfall ab. Die fünf Kriterien zur Prüfung, ob sich die Rürup-Rente für Sie lohnt, sind:

(1) **beruflicher Status**: rentenversicherungspflichtige Arbeitnehmer oder nicht-rentenversicherungspflichtige Beamte, Freiberufler und Selbstständige. Frage: Sind Sie in der gesetzlichen Rentenversicherung versicherungspflichtig oder nicht?

(2) **wirtschaftliche Entwicklung**: Lohnsteigerungen oder Zinsniveau am Kapitalmarkt. Frage: Setzen Sie mehr auf Lohnzuwächse oder mehr auf Zinssteigerungen?

(3) **Alter**: Jüngere (z.B. 35 bis 49 Jahre alt) oder Ältere (ab 50 Jahre). Frage: Sind Sie noch relativ jung (U 50) oder nicht (50 plus)?

(4) **Einkommen**: hohes, mittleres oder niedriges zu versteuerndes Einkommen bzw. Spitzen-, Höher- oder Durchschnittsverdiener. Frage: Erzielen Sie ein relativ hohes Einkommen oder nicht?

(5) **individuelle Steuerprogression bzw. Grenzsteuersatz**: hoch, mittel oder niedrig bzw. Vergleich von Grenzsteuersatz in Aktivphase und Rentenphase. Frage: Haben Sie einen hohen Steuersatz oder nicht?

Wer seine Entscheidung pro oder contra Rürup-Rente allein unter dem Gesichtspunkt möglicher hoher Steuerersparnisse trifft, verstößt gegen die Grundregel „**Nicht nur nach Steuern steuern**". Am Anfang Ihrer Überlegungen sollten daher die oben genannten ersten drei Kriterien stehen. Erzielbare Steuerersparnisse in der Aktivphase stellen nur das Sahnehäubchen bei Ihrer Entscheidung pro Rürup-Rente dar und dürfen keinesfalls ganz allein im Vordergrund stehen. Wer eine Anlageentscheidung allein unter steuerlichen Gesichtspunkten trifft und die wirtschaftlichen sowie rechtlichen Knackpunkte darüber vernachlässigt, kann leicht Schiffbruch erleiden.

Angesichts der anhaltenden Niedrigzinsphase ist eine Rürup-Rentenversicherung vor Steuern zurzeit weniger attraktiv als von Versicherern und Versicherungsvermittlern behauptet wird. Da die Versicherer mit einer extrem langen Lebenserwartung kalkulieren, fallen die garantierten Rürup-Renten recht mager aus. Die möglichen Rürup-Renten unter Einrechnung der Überschussbeteiligung stehen nur auf dem Papier. Meist wird noch mit einem laufenden Zins von 2,8 Prozent oder mehr gerechnet. Dabei ist aber zu beachten, dass dieser laufende Zins in den letzten Jahren ständig gesunken ist und in Zukunft möglicherweise noch weiter sinken wird.

Gegen die Rürup-Rente spricht auch der Verzicht auf eine Kapitalauszahlung. Wie bei der gesetzlichen Rente handelt es sich bei der privaten Rürup-Rente um eine lebenslange Rente und damit letztlich um eine **„Wette auf ein längeres Leben"**. Wer sehr lange lebt und möglicherweise 100 Jahre alt wird, profitiert. Wer jedoch bereits einige Jahre nach Rentenbeginn verstirbt, hat nichts mehr von der Leibrente.

Trotz dieser grundsätzlichen Bedenken kann sich die Rürup-Rente aber für Sie lohnen. Dies gilt vor allem dann, wenn Sie im Jahr 2017 zu einer der folgenden drei Gruppen zählen:

- Jüngere (unter 50 Jahre alt, also in 2017 ab Jahrgang 1968), höher verdienende und hoch besteuerte Erwerbstätige, die mehr auf künftige Zinssteigerungen setzen statt auf Lohnsteigerungen
- Ältere (50- bis 59-Jährige, also Jahrgänge 1958 bis 1967 in 2017), höher verdienende und hoch besteuerte Arbeitnehmer, die als Pflichtversicherte in der gesetzlichen Rentenversicherung keine zusätzlichen freiwilligen Beiträge zur gesetzlichen Rente zahlen dürfen
- Kurz vor oder schon im Ruhestand stehende Senioren (ab 60 Jahre alt, also Jahrgänge bis 1957 in 2017) mit hohem Einkommen und hoher Steuerprogression, für die eine laufende oder einmalige Nachzahlung

von freiwilligen Beiträgen zur gesetzlichen Rente nicht mehr infrage kommt.

Ob Sie der umlagefinanzierten gesetzlichen Rente künftig mehr zutrauen als der kapitalgedeckten Rürup-Rente, ist fast schon eine Glaubensfrage. Die euphorischen Befürworter einer kapitalgedeckten Rente, die jahrelang zu Unrecht den Niedergang der gesetzlichen Rente herbeigeredet haben, müssen angesichts der seit 2010 anhaltenden Niedrigzinsphase deutlich Federn lassen.

Die gesetzliche Rente ist besser als ihr Ruf. Dies geben Versicherungsunternehmen und –vermittler sowie die zum Teil in ihren Diensten stehende Rentenprofessoren nur ungern zu. Schließlich verdienen sie nichts daran, wenn sie die gesetzliche Rente in einem besseren Licht erscheinen lassen. Alle Zahlen, Daten und Fakten sprechen momentan aber dafür, dass die gesetzliche Rente gegenüber der kapitalgedeckten Rente aus rein ökonomischer Sicht wieder deutlich aufgeholt hat.

Mit diesem Grundwissen lässt sich abwägen, für wen sich die Rürup-Rente auch heute noch rechnet. Allerdings sind praxisnahe Berechnungen erforderlich, um die garantierte und mögliche Rürup-Rendite vor und nach Steuern zu ermitteln.

Rürup-Rentenfalle für freiwillig Versicherte in der gesetzlichen Krankenkasse

Wer im Rentenalter nur freiwillig in der gesetzlichen Krankenversicherung versichert ist, muss hohe Beiträge von über 18 Prozent der Rürup-Rente an seine Krankenkasse abführen. In diesem Fall lohnt sich die Rürup-Rente nicht mehr.

Hintergrund: Ob im Ruhestand auf die Rürup-Rente **Beiträge zur gesetzlichen Kranken- und Pflegeversicherung** erhoben werden, hängt davon ab, wie Sie im Alter kranken- und pflegeversichert sind. Wenn Sie privat krankenversichert sind, was bei selbstständigen Freiberuflern mit berufsständischer Versorgung häufig der Fall ist, hängt die Höhe Ihrer Beiträge zur Kranken- und Pflegeversicherung nicht von der Höhe Ihrer Einkünfte ab, auch nicht von den Renteneinkünften, sondern nur von Gesundheit und Eintrittsalter.

Sind Sie im Ruhestand in der Kranken- und Pflegeversicherung der Rentner (KVdR) pflichtversichert, bleibt die Rürup-Rente beitragsfrei. Anders verhält es sich, wenn Sie bei Bezug der Rürup-Rente nicht in der KVdR und daher nur **freiwillig gesetzlich krankenversichert** sind. Dann richten sich die Kranken- und Pflegeversicherungsbeiträge nach Ihrer vollen wirtschaftlichen Leistungsfähigkeit. Auch die Rürup-Rente zählt dabei mit, genauso wie die Riester-Rente und die Privat-Rente. Dann geht ein Teil Ihrer Rürup-Rente an Ihre gesetzliche Kranken- und Pflegekasse.

In diese Rentenfalle geraten alle, die in der zweiten Hälfte ihres Berufslebens zu weniger als 90 Prozent in der gesetzlichen Krankenversicherung versichert waren. Trifft dies auf Sie nicht zu und sind Sie daher als Rentner pflichtversichert in der gesetzlichen Krankenversicherung, bleibt Ihre Rürup-Rente beitragsfrei.

Schließen Sie keinen Rürup-Vertrag ab, wenn Sie als freiwillig in der gesetzlichen Krankenversicherung versicherter Rentner von der Rürup-Rente noch Beiträge an die Krankenkasse abführen müssen.

Anbieterwahl: Die besten Rürup-Policen der Versicherer

Die Europa Versicherung bietet bei Vergleichen zur Rürup-Rentenversicherung wegen der vergleichsweise geringen Abschluss- und Verwaltungskosten die höchsten garantierten Renten. Weitere kostengünstige Direktversicherer sind HUK 24, Cosmos Direkt und Hannoversche Leben.

In allen Tests und Ratings von Finanztest, Franke & Bornberg, Biallo und Institut für Finanzen und Vorsorgeplanung (IVFP) im Jahr 2014 lag **Europa** auf den Plätzen 1 oder 2. Unter den besten fünf Rürup-Policen wurde dreimal die **HUK 24** genannt (Platz 1 bei IVFP, Platz 3 bei Franke & Bornberg und Platz 4 bei Finanztest).

Finanztest beurteilte die Rürup-Renten nach Rentenzusage (40 Prozent), Anlageerfolg (40 Prozent), Flexibilität (10 Prozent) und Transparenz (10 Prozent) und listete die ersten fünf Plätze wie folgt auf: 1. Europa, 2. VHV, 3. Hansemerkur, 4. HUK 24 und 5. Interrisk.

IVP legte beim Rating der Anbieter von klassischen Rürup-Policen die Kriterien, Rendite, Flexibilität und Transparenz zugrunde. Die Reihenfolge der besten fünf Policen lautete bei IVP: HUK 24, Europa, Debeka, Allianz und Cosmos.

Bei diesen Vergleichen ging es immer nur um Rürup-Policen in Form der klassischen Rürup-Rentenversicherung mit Garantiezins. Bei fondsgebundenen Rürup-Versicherungen oder Fondssparplänen ohne Garantiezins kann die Reihenfolge der besten Anbieter anders aussehen. Von den rund 2 Millionen Rürup-Verträgen entfallen aber die weitaus meisten auf die klassische Rürup-Police.

Produktwahl: Rürup-Versicherung oder Rürup-Fonds?

Seit dem 01.01.2007 können nicht nur Versicherer, sondern auch Fondsgesellschaften Rürup-Renten anbieten. Wie bei der privaten Rentenversicherung und der Riester-Rente gibt es auch bei der Rürup-Rente neben der klassischen auch die fondsgebundene Variante. Insgesamt sind daher drei Arten von Rürup-Renten zu unterscheiden:

- Die **klassische Rürup-Rente** ist für sicherheitsorientierte Sparer geeignet. Das Kapital wird überwiegend in verzinsliche Anlagen (Anleihen, Schuldscheindarlehen, Geldmarktanlagen) und zu einem kleineren Teil in Immobilien und Aktien sowie alternative Anlageformen investiert. In aller Regel sind diese Policen mit einer **Garantieverzinsung** ausgestattet. Diese beträgt seit dem 01.01.2017 nur noch 0,9 Prozent pro Jahr Zusätzlich erhält der Rürup-Sparer Überschussanteile, die allerdings nicht garantiert sind.
- Für die **fondsgebundene Rürup-Rente** entscheiden sich risikobereite Sparer, die als Ausgleich für höhere Ertragschancen bereit sind, ein höheres Risiko einzugehen. Bei dieser Form der Rürup-Rente wird das Kapital in Anteilen von Investmentfonds – überwiegend Aktienfonds – angelegt. Eine Garantieverzinsung gibt es bei dieser Policenform meistens nicht, der Versicherte trägt also das Kapitalanlagerisiko. Teilweise werden Tarife angeboten, die eine Rente aus den eingezahlten Beiträgen garantieren (Beitragsgarantie). Das ist aber sehr teuer. Ohne eine solche Garantie riskiert der Sparer, dass der Betrag des Kapitals, der zu Beginn des Ruhestandes verrentet wird, geringer ist als der Betrag der geleisteten Einzahlungen.

- Zusätzlich gibt es auch die Möglichkeit, bei Investmentgesellschaften **Rürup-Fondssparpläne** abzuschließen. Derzeit bieten zum Beispiel DWS (Tochter der Deutschen Bank) und DEKA (Sparkassen) solche Sparpläne an. Die Risiken sind vergleichbar mit denen bei fondsgebundenen Rentenversicherungen, die Kosten dagegen niedriger. Die DWS bietet ein Konzept mit Höchststandgarantie an, das ab einem bestimmten Alter bereits erreichte Kursgewinne absichert.

Insbesondere **ältere Rürup-Sparer** der Gruppe 50plus werden sich aus Sicherheitsgründen für die klassische Rürup-Rente entscheiden. Wenn die Rürup-Rente Ihren Lebensunterhalt im Alter sichern und nicht nur ein kleines Zubrot darstellen soll, sollten Sie kein Risiko eingehen und daher nur einen Rürup-Vertrag mit einer Garantieleistung plus Überschussbeteiligung abschließen. Das kann nur eine klassische Rürup-Rentenversicherung leisten. Die Höhe der garantierten Rente bietet dabei eine erste Orientierung. Nach der Absenkung der Garantieverzinsung zum 01.01.2017 auf 0,9 Prozent wird jedoch die Bedeutung der nicht garantierten Überschussbeteiligung künftig wieder zunehmen.

Die Leistungsunterschiede bei den einzelnen Rürup-Renten sind deutlich. Außer bei der Höhe der garantierten Renten tut sich auch eine große Kluft bei den **Überschussprognosen** auf, die die garantierte Rente erhöhen. Unterschiede entstehen beispielsweise dadurch, dass die einen Anbieter optimistischere Versprechen abgeben, während andere sich bei den Gewinnaussichten eher bedeckt halten.

Für **jüngere Rürup-Sparer** in einem Alter von 30 bis 45 Jahren könnten wegen der langen Beitragsdauer auch Rürup-Fondssparpläne interessant sein, die vorzugsweise auf die Anlage in Aktien setzen. Die Chancen auf eine höhere Rendite sind hierbei im Vergleich zu klassischen Rürup-Policen höher. Allerdings werden die höheren Chancen auch durch ein höheres Risiko erkauft. Eine Garantieverzinsung gibt es bei Rürup-Fondssparplänen daher nicht.

Risikobereite Rürup-Sparer könnten sich auch für Rürup-Fondssparpläne der Canada Life in Irland begeistern, die höhere Renditen verspricht als die deutschen Anbieter. Allerdings tritt die in Deutschland existierende Auffanggesellschaft Protektor bei Notfällen von ausländischen Versicherern nicht ein.

Beachten Sie: Die angebotene Rürup-Rente muss vom Bundeszentralamt für Steuern **zertifiziert** sein. Mit der Zertifizierung wird für das Finanzamt bindend festgestellt, dass der Vertrag bzw. das entsprechende Vertragsmuster die Voraussetzungen für eine Anerkennung der Abzugsfähigkeit der Beiträge als Altersvorsorgeaufwendungen erfüllt. Mehr aber auch nicht! Das Zertifikat sagt nichts darüber aus, ob der Vertrag wirtschaftlich rentabel ist oder ob die Vertragsbedingungen zivilrechtlich wirksam sind. Es handelt sich also um kein staatliches Gütesiegel. Insbesondere gibt das Zertifikat keine Kapitalgarantie für die eingezahlten Beiträge wie bei der Riester-Rente. Eine Rentengarantie erhalten Sie zudem lediglich bei der klassischen Rürup-Rentenversicherung.

Rentenwahl: Reine Altersrente oder mit zusätzlicher Hinterbliebenen- oder Berufsunfähigkeitsrente?

Die Absicherung gegen das Risiko **Berufsunfähigkeit** kann in einer Rürup-Rente mit eingeschlossen werden. Wer über eine Rürup-Rente auch den Berufsunfähigkeitsschutz abdeckt, kann den hierfür notwendigen Beitrag zum gleichen Anteil von der Steuer absetzen wie die Rentenbeiträge. Die Zusatzabsicherung ist aber nur gegen Mehrbeitrag möglich und geht zulasten der späteren Rente. Der Anteil der Zusatzabsicherung darf **höchstens 49,9 Prozent des Gesamtbeitrags** ausmachen.

Die steuerliche Absetzbarkeit gilt auch für den zweiten zusätzlichen Baustein, die **Hinterbliebenenversorgung**. Kunden können gegen einen Mehrbetrag eine Hinterbliebenenabsicherung wählen, allerdings nur für die engsten Familienangehörigen. Das sind der Ehepartner und die im Haushalt lebenden Kinder, für die ein Kindergeldanspruch besteht.

Die Rürup-Rente können Sie also um eine Berufsunfähigkeits- und/oder Hinterbliebenenabsicherung ergänzen. Beide Zusatzversicherungen kosten aber extra Geld. Das nagt mächtig an der Rente. Verzichten Sie daher möglichst auf diese teuren Zusatzversicherungen. Schließen Sie besser eine eigenständige Berufsunfähigkeitsversicherung ab und zur Versorgung von Angehörigen eine Risikolebensversicherung. Die dafür fälligen Prämien sind meist deutlich niedriger als im Paket einer Rürup-Rentenversicherung.

Auch für die Zusatzleistungen sind im Leistungsfall lediglich Rentenzahlungen zugelassen. Eine Berufsunfähigkeitsversicherung, die im Invaliditätsfall eine Kapitalleistung vorsieht, ist daher nicht möglich.

Die Möglichkeiten zum Einschluss von Zusatzversicherungen nutzen vor allem die Versicherungsvertriebe dazu, den Selbstständigen die Rürup-Rente schmackhaft zu machen. Die Idee dabei: Beiträge zu einer **Berufsunfähigkeitsversicherung** (BU) gehören im Normalfall zu den sonstigen **Vorsorgeaufwendungen**. Deren Abzugsfähigkeit ist aber stark begrenzt. Damit werden die Beträge meist nicht steuerwirksam. Anders bei der Rürup-Rente: Hier würde der Beitragsanteil für die Berufsunfähigkeit steuerlich mit berücksichtigt und damit steuermindernd wirksam.

Gleiches gilt ab 2014 auch für eine selbstständige Berufsunfähigkeitsversicherung.[69] Auch hierfür sind Beiträge im Rahmen des Höchstbeitrags für Altersvorsorgeaufwendungen steuerlich abzugsfähig, zum Beispiel zu 74 Prozent im Jahr 2017. Es muss sich aber um eine Berufsunfähigkeitsrent für einen Versicherungsfall handeln, der bis zum vollendeten 67. Lebensjahr eingetreten ist.

Der steuerliche Haken dabei: Eine Leistung aus einer Berufsunfähigkeitsversicherung, die im Rahmen einer Rürup-Rente oder einer selbstständigen BUF-Rente nach dem ab 2014 geltenden Paragrafen erfolgt, unterliegt den gleichen Regeln bei der Besteuerung wie die Rürup-Rente selbst. Das hat erhebliche Konsequenzen auf die Netto-Leistung: Die Steuerpflicht vermindert die BU-Rentenzahlung spürbar.

Die Rente aus einer „normalen" selbstständigen Berufsunfähigkeitsversicherung oder einer BU-Zusatzversicherung zum Beispiel zu einer Risikolebensversicherung unterliegt dagegen als sog. abgekürzte Leibrente der Ertragsanteilbesteuerung. Steuerpflichtig ist dann nur ein kleiner Teil der Rentenzahlung.

Vom Abschluss einer BU-Zusatzversicherung im Rahmen der Rürup-Rentenversicherung ist daher eher abzuraten. Die Besteuerung der Rü-

---

[69] siehe a.a.O.: § 10 Abs. 1 Ziffer 2 b) bb EStG

rup-Rente führt zu einer niedrigeren BU-Rente nach Steuern im Leistungsfall. Zudem bewirkt der Mehrbeitrag für die eingeschlossene BU-Rente auf jeden Fall eine Verringerung der Versorgungsleistung (Rürup-Rente) im Alter.

Rürup-Rente im Vergleich zu Riester-, Betriebs- und Privatrente

Kaum jemand hat unbegrenzt Geld, um alle Möglichkeiten der Altersvorsorge auszuschöpfen. Deshalb nachfolgend einige Überlegungen, die Ihnen bei der Entscheidung für eine bestimmte Form der Altersvorsorge helfen können. Beachten Sie, dass es hierbei immer auf den individuellen Einzelfall ankommt und dass die verschiedenen Formen der Altersvorsorge auch kumuliert werden können.

- **Riester-Renten** sind im Fall einer hohen Förderquote erste Wahl, das gilt insbesondere für Familien mit Kindern sowie Arbeitnehmer und Beamte mit niedrigem Einkommen. Die Förderung mit Zulagen und Steuervorteilen ist auf vergleichsweise niedrige 2.100 Euro pro Jahr beschränkt. Der Steuervorteil entspricht dem persönlichen Steuersatz. Die spätere Rente wird (mit Ausnahme der freiwillig gesetzlich Versicherten) nicht mit Beiträgen zur gesetzlichen Kranken- und Pflegeversicherung belastet. Positiv bei einer Riester-Rente ist auch die Möglichkeit zur **Teilauszahlung** von **maximal 30 Prozent** des angesparten Kapitals zu Beginn des Ruhestands. Zudem kann das Kapital zur Eigenheimfinanzierung genutzt werden. Allerdings gilt die Förderung vorrangig für Arbeitnehmer und Beamte. Für Selbstständige und Freiberufler ohne förderberechtigten Ehegatten kommt die Riester-Rente nicht infrage.
- **Betriebsrenten** in Form der Entgeltumwandlung sind in der Ansparphase attraktiv, weil die vom Arbeitnehmer getragenen Beiträge zur betrieblichen Altersversorgung sozialabgaben- und steuerfrei sind. Oft gibt es auch noch einen Zuschuss des Arbeitgebers in Höhe des von ihm ersparten Anteils zur Sozialversicherung. Seit dem 01.01.2004 müssen Betriebsrentner jedoch in der gesetzlichen Krankenversicherung auch für Kapitalauszahlungen und laufende Versorgungsbezüge aus der betrieblichen Altersvorsorge in Form einer **Direktversicherung** oder **Pensionskasse** Beiträge zur Kranken- und Pflegeversiche-

rung bezahlen. Für Mitglieder der gesetzlichen Krankenversicherung rücken die betrieblichen Altersvorsorgevarianten deshalb auf die hinteren Ränge. Zudem wird die gesetzliche Rente etwas geringer ausfallen, da in Höhe der Entgeltumwandlung keine Beiträge in die gesetzliche Rentenversicherung eingezahlt werden.

- Der besondere Vorteil der **privaten Rente** ist die niedrige Besteuerung der Rentenzahlung mit dem Ertragsanteil. So sind bei Rentenbeginn zum Beispiel im Alter von 65 Jahren nur 18 Prozent der Rentenzahlung zu versteuern. Ein weiterer Vorteil der **privaten Rentenversicherung** gegenüber der Rürup-Rente liegt in ihrer größeren Flexibilität. Bei der privaten Rente kann das Kapital bei Erreichen des vereinbarten Alters auch auf einen Schlag ausgezahlt werden. Außerdem bleibt das eingezahlte Kapital abzüglich Vertriebs- und Verwaltungskosten im Todesfall während der Ansparphase und – je nach Vereinbarung – sogar nach Beginn der Rentenzahlung den Hinterbliebenen erhalten. Nachteilig ist aber auf jeden Fall, das Beiträge zu privaten Rentenversicherungen für alle Vertragsabschlüsse ab 2005 steuerlich überhaupt nicht mehr abzugsfähig sind.

Der Privatrente aus der privaten Rentenversicherung ist die Rürup-Rente allein schon wegen der steuerlichen Abzugsfähigkeit der Rürup-Beiträge überlegen. Ob sie auch die aus einer Gehalts- bzw. Entgeltumwandlung stammende Betriebsrente schlägt, hängt vor allem davon ab, ob der Arbeitgeber einen Zuschuss leistet. Ist dies der Fall, wird die Rendite der Betriebsrente nach Steuern in aller Regel vorne liegen.

Generelle Vergleiche mit der Riester-, Betriebs- und Privatrente greifen aber zu kurz. Für nicht in der gesetzlichen Rentenversicherung pflichtversicherte Freiberufler sind freiwillige Beiträge zur gesetzlichen Rente seit Herbst 2010 fast immer die bessere Alternative (siehe Kapitel 6.2.1). Da die Steuerregeln für gesetzliche Rente und Rürup-Rente völlig gleich sind, kommt es beim Vergleich von Rürup-Rente und gesetzlicher Rente aus freiwilligen Beiträgen somit ausschließlich auf die absolute Rentenhöhe bzw. Beitrags- bzw. Produktrendite vor Steuern an.

Ein Vergleich der Rürup-Rente mit der Riester-Rente oder der Betriebsrente ist für Selbstständige wenig hilfreich, da diese Alternativen für sie nur in wenigen Ausnahmefällen in Frage kommen.

7.2. Rente aus privater Rentenversicherung

Die Rente aus der klassischen privaten Rentenversicherung schneidet bei der Rendite nach Steuern schlechter ab als die steuerlich geförderte Rürup-Rente. Bei dem Typ der **aufgeschobenen Privatrente** bleiben die erwirtschafteten Erträge in der Ansparphase zwar noch komplett steuerfrei. In der Rentenphase werden die Privatrenten aber mit ihrem steuerpflichtigen **Ertragsanteil** besteuert.

Wegen dieser Besteuerung muss die mögliche Rendite nach Steuern beispielsweise unter 2 Prozent liegen, falls eine Produktrendite von 2 Prozent vor Steuern angenommen wird. Allerdings ist der Renditeabschlag nur relativ gering, da zum Beispiel bei einem Beginn der Privatrente nach dem 65. Geburtstag nur 18 Prozent der Privatrente zu versteuern sind.

Je später die Privatrente beginnt, desto niedriger fällt der steuerpflichtige Ertragsanteil aus. Wird die klassische Privatrente jedoch schon mit 60 Jahren bezogen, steigt der Ertragsanteil auf 22 Prozent. In jeder Privatrente stecken ein steuerfreier Kapitalanteil für die Rückzahlung des mit den Beiträgen aufgebauten Kapitals sowie ein steuerpflichtiger Ertragsanteil für die Verzinsung des noch nicht durch Renten aufgebrauchten Restkapitals. Wegen der längeren Rentenphase muss der steuerpflichtige Ertragsanteil bei einem frühen Rentenbeginn also höher liegen.

In punkto Steuervorteile und Rendite nach Steuern sind die Privatrenten für ab 2005 abgeschlossene private Rentenversicherungen den Rürup-Renten unterlegen. Dafür sind sie aber wesentlich flexibler. So können beispielsweise Zusatzleistungen wie 5- oder 10-jährige **Rentengarantie**, **Beitragsrückgewähr** oder **Hinterbliebenen- bzw. Partnerrente** für den Todesfall des Versicherten vertraglich vereinbart werden. Dies zieht die ohnehin magere Produktrendite allerdings weiter nach unten.

Eine hohe Flexibilität bietet die private Rentenversicherung mit **Kapitalwahlrecht**. Kurz vor Ende der Beitragsphase können Sie von dieser Option Gebrauch machen und sich für die Auszahlung des Kapitals statt der lebenslangen Rente entscheiden. Sie erhalten dann die Ablaufleistung auf einen Schlag. Bei vor 2005 abgeschlossenen privaten Rentenversicherungen fließt Ihnen das Geld nach einer mindestens 12-jährigen Beitragsphase steuerfrei zu. Die Hälfte des Unterschieds zwischen Ablaufleistung und Beitragssumme müssen Sie allerdings bei ab dem 01.01.2005 abgeschlossenen Rentenversicherungen mit einer Beitragsdauer von mindestens 12 Jahren und einer Auszahlung frühestens zum 62. Geburtstag versteuern.

Bei der **Sofortrente** benötigen Sie im Gegensatz zur aufgeschobenen Rente überhaupt keine Ansparphase. Sie zahlen den Einmalbeitrag ein und erhalten vom privaten Rentenversicherer ab sofort eine lebenslange Monatsrente. Diese Sofortrenten fallen angesichts der anhaltenden Niedrigzinsphase aktuell jedoch sehr mager aus. Sofortrenten aus der Rürup-Rentenversicherung sind allein schon wegen der steuerlichen Abzugsfähigkeit des Einmalbeitrags besser.

Der **Garantiezins** der privaten Rentenversicherer von zurzeit 0,9 Prozent reißt sicherlich keinen vom Hocker. Zudem bezieht sich die Garantieverzinsung nur auf den nach Abzug von Kosten verbleibenden Betrag. Nach Berücksichtigung dieser Kosten bleibt von den Garantiezinsen kaum was übrig.

Zusätzlich zum Garantiezins ist der privat Rentenversicherte an den laufenden **Überschüssen** beteiligt. Diese Überschüsse speisen sich aus folgenden Quellen:

- höhere Verzinsung auf dem Kapitalmarkt im Vergleich zum Garantiezins (Zinsüberschuss)
- niedrigere Vertriebs- und Verwaltungskosten als geplant (Kostenentwicklung)
- niedrigere tatsächliche Lebenserwartung im Vergleich zur Sterbetafel DAV 2004 R (Verlauf der Sterblichkeit).

Die Überschüsse können nur prognostiziert werden. Mitteilungen der privaten Rentenversicherer über die künftige Höhe der Überschussbeteiligung sind unverbindlich. Daher sind auch prognostizierte Renditen mit Vorsicht zu genießen. Wer auf Nummer sicher gehen will, vergleicht nur die garantierten Renten bzw. Renditen.

Die prognostizierte Rendite wird auch bei kostengünstigen Rentenversicherern zurzeit nur in seltenen Fällen über 2 Prozent hinausgehen. Dies liegt am immer noch äußerst niedrigen Zinsniveau am Kapitalmarkt.

Wenn Sie Ihre künftige Privatrente oder Ihre zu erwartende Ablaufleistung bei Ausüben Ihres Kapitalwahlrechts vorsichtig kalkulieren wollen, gehen Sie besser von nur 1 bis 2 Prozent Prognoserendite aus. Nur Optimisten rechnen mit 3 Prozent oder sogar darüber. Diese Renditeprognosen beziehen sich immer auf eine private Rentenversicherung „ohne Schnickschnack", also ohne Vereinbarung von Zusatzleistungen wie Rentengarantie oder Hinterbliebenenrente.

7.3. Zusätzliche Erwerbseinkommen

Wer als Freiberufler neben seiner gesetzlichen Rente noch **Erwerbseinkommen** (also Arbeitseinkommen aus Arbeitnehmertätigkeit oder selbstständiger Tätigkeit) bezieht, muss auf spezielle **Hinzuverdienstgrenzen** achten. Sofern die Hinzuverdienstgrenze von jährlich 6.300 Euro überschritten wird, wird das Erwerbseinkommen auf die Rente angerechnet mit der unangenehmen Folge, dass die gesetzliche Rente um 40 Prozent des Hinzuverdienstes, der die Grenze von 6.300 Euro übersteigt, gekürzt wird.

Frührentner sind in aller Regel nicht auf Weiterarbeit bedacht, wenn sie wegen Berufsunfähigkeit, Erwerbsminderung oder Schwerbehinderung vorzeitig in Rente gegangen sind. In ihrer Lebensplanung kommen Arbeit und Beruf nach ihrer Frühverrentung eher selten vor.

Frührentner aus Altersgründen sind aber vielleicht auf einen Hinzuverdienst aus finanziellen Gründen angewiesen. Ihre Frührente liegt möglicherweise so niedrig, dass sie ihren gewohnten Lebensstandard bei weitem nicht aufrechterhalten können. Mit einigen Hundert Euro für leichte und angenehme Arbeit ließe sich die finanzielle Lücke zumindest zum Teil schließen.

Anderen macht die Weiterarbeit nach Rentenbeginn einfach Spaß. Dies gilt vor allem dann, wenn der Hinzuverdienst nicht zur Kürzung der gesetzlichen Rente führt.

Zu den Hinzuverdiensten zählen die Erwerbseinkommen aus selbstständiger oder nichtselbstständiger Tätigkeit sowie Einkünfte aus Gewerbebetrieb oder Land- und Forstwirtschaft. Dies sind die Gewinneinkünfte bei freiberuflich, gewerblich oder land- und forstwirtschaftlich Tätigen oder die Löhne bzw. Gehälter bei Arbeitnehmern. Auch freiberufliche

Einkünfte aus einer wissenschaftlichen, künstlerischen, schriftstellerischen oder Vortragstätigkeit sind Erwerbseinkommen.

Erwerbsersatzeinkommen

Als Erwerbseinsatzeinkommen gelten öffentliche Leistungen wie Arbeitslosengeld, Kurzarbeitergeld oder Krankengeld. Diese Leistungen werden erbracht, um Erwerbseinkommen zu ersetzen. Ähnlich wie die Erwerbseinkommen werden auch solche Erwerbsersatzeinkommen auf die gesetzliche Rente angerechnet, sofern sie die jährliche Hinzuverdienstgrenze von 6.300 Euro überschreiten.

Steuerliche Vorteile bei Erwerbseinkommen

Die meisten zusätzlichen Erwerbseinkommen von angestellten Freiberuflern werden wohl aus nichtselbstständiger Tätigkeit als Arbeitnehmer stammen. Steuer- und versicherungsfrei für Arbeitnehmer sind Minijobs mit einem Lohn bis zu 450 Euro pro Monat. Hier trägt nur der Arbeitgeber pauschale Abgaben. Der Arbeitnehmer erhält seinen Lohn brutto für netto überwiesen und muss ihn nicht einmal bei der Einkommensteuererklärung abgeben.

Bei lohnsteuerpflichtigen Zusatzjobs mit einem Lohn über 450 Euro arbeitet der Rentner typischerweise „auf Lohnsteuerkarte" mit Steuerklasse VI. Über die relativ hohen monatlichen Abzüge für Lohnsteuer und Solidaritätszuschlag muss er sich aber nicht allzu sehr grämen. Wie anderen Arbeitnehmern steht ihm der **Arbeitnehmerpauschbetrag** von 1.000 Euro im Jahr zu. Hat er das 65. Lebensjahr bereits vollendet, profitiert er zusätzlich vom Altersentlastungsbetrag für die über die gesetzliche Rente oder die Freiberufler-Rente hinausgehenden zusätzlichen Alterseinkünfte.

Der **Altersentlastungsbetrag** für mindestens 65-jährige Frührentner lag im Jahr 2005 noch bei 40 Prozent der Zusatzeinkünfte, maximal aber bei 1.900 Euro im Jahr. In der Übergangsphase von 2006 bis 2040 wird er um 76 Euro pro Jahr (2006 bis 2020) bzw. 36 Euro pro Jahr (2021 bis 2040) abgeschmolzen. Für Neurentner im Jahr 2017 liegt der steuerliche Altersentlastungsbetrag bei 988 Euro pro Jahr.

Mindestens 65jährige Rentner, die außer Pension und Rente keine weiteren Einkünfte haben, können den Altersentlastungsbetrag nicht in

Anspruch nehmen. Es muss sich also um Erwerbseinkommen oder Vermögenseinkünfte handeln, für die der Altersentlastungsbetrag in Frage kommt.

Der Altersentlastungsbetrag bleibt hinsichtlich des Prozentsatzes und des Höchstbetrags auf Dauer unverändert. Nur der tatsächlich abzugsfähige Betrag ändert sich in Abhängigkeit von der Höhe des Arbeitslohns. Im Lohnsteuerverfahren hat der Arbeitgeber den Altersentlastungsbetrag nach dem auf der Lohnsteuerkarte eingetragenen Geburtsdatum von sich aus zu berücksichtigen, soweit es sich um Löhne und nicht um Renten handelt.

Bei Erwerbseinkommen aus selbstständiger oder gewerblicher Tätigkeit kommen Arbeitnehmerpauschbetrag, Lohnsteuerkarte und monatliche Lohnsteuer logischerweise gar nicht vor. Der Freiberufler erhält für seine selbstständige Tätigkeit (zum Beispiel freiberufliche Vortrags- oder Gutachtertätigkeit) ein Honorar, das ihm brutto zufließt. Seinen Gewinn aus selbstständiger Tätigkeit ermittelt er aus dem Überschuss der Betriebseinnahmen (zum Beispiel Honorare) über die Betriebsausgaben (zum Beispiel Fahrtkosten bei Vortragsreisen und Fachliteratur).

Bei Einkünften aus nebenberuflichen wissenschaftlichen, künstlerischen, schriftstellerischen Tätigkeiten einschließlich Vortrags-, Lehr- oder Prüfungstätigkeit können ohne Einzelnachweis 25 Prozent der Betriebseinnahmen, höchstens aber 614 Euro jährlich pauschal als Betriebsausgaben abgesetzt werden. Höhere Betriebsausgaben müssen einzeln nachgewiesen werden.

Rentner mit Einkünften aus selbstständiger Arbeit werden den Überschuss der Betriebseinnahmen über die Betriebsausgaben formlos auf einem Blatt ermitteln und den so ermittelten Überschuss anschließend in die Anlage GSE (GSE = Gewerbebetrieb und selbstständige Arbeit) zur Einkommensteuererklärung übernehmen. Das im Jahr 2005 eingeführte Formular EÜR (Einnahmeüberschussrechnung) müssen Kleinunternehmer mit Betriebseinnahmen von weniger als 17.500 Euro im Jahr nicht ausfüllen.

Der Rentner als Gewerbetreibender dürfte wohl die absolute Ausnahme darstellen. In diesem Fall hätte er Einkünfte aus Gewerbebetrieb und müsste den Gewinn ebenfalls aus dem Überschuss der Betriebseinnahmen über die Betriebsausgaben oder durch eine Gewinn- und Verlustrechnung im Rahmen seiner Buchführung ermitteln. Zudem müsste er Umsatz- und Gewerbesteuer abführen. Spätestens an dieser Stelle kommt er ohne Steuerberater wohl nicht mehr aus.

7.4. Vermögenseinkommen

Wenn Sie als Pensionär zusätzliche Miet-, Zins- und Aktieneinkünfte erzielen, sind Sie fein raus. Eine Anrechnung dieser Vermögenseinkommen auf Ihre Pension findet in keiner Weise statt. Die noch verbliebenen Steuervorteile bei den Einkünften aus Kapitalvermögen (Anlage KAP) oder aus Vermietung und Verpachtung (Anlage V) können Sie wie jeder andere Steuerzahler nutzen. Der bereits erwähnte Altersentlastungsbetrag steht Ihnen beispielsweise auch für diese Einkünfte zu, allerdings nur einmal pro Person. Wenn Ihr Ehepartner und Sie beide schon 65 Jahre alt sind und beide über Pension und Rente hinausgehende Alterseinkünfte gleich welcher Art beziehen, können beide den Altersentlastungsbetrag geltend machen.

Zins- und Dividendeneinkünfte oberhalb des Sparerfreibetrags von 801/1.602 Euro (Ledige/Verheiratete) werden zu 25 Prozent zuzüglich Solidaritätszuschlag pauschal besteuert (Abgeltung- bzw. Kapitalertragsteuer). Wenn Ihr individueller Steuersatz unter 25 Prozent zuzüglich evtl. Solidaritätszuschlag liegt, können Sie die zu viel einbehaltene Steuer über die Einkommensteuererklärung zurückfordern.

Mieteinkünfte erzielen Sie mit vermieteten Eigentumswohnungen, Miethäusern oder mit Anteilen an alternativen Investmentfonds, die in Immobilien (zum Beispiel Pflegeeinrichtungen) investieren. Sie versteuern den Überschuss der Mieteinnahmen über die Werbungskosten bei den Einkünften aus Vermietung und Verpachtung (VuV). Liegen die Werbungskosten über den Mieteinnahmen, entsteht ein steuerlicher Verlust aus VuV. Diesen Verlust können Sie mit Ihren anderen positiven Einkünften (zum Beispiel Pension) verrechnen.

Zu den Werbungskosten zählen auch die Gebäudeabschreibungen (AfA genannt, AfA steht für „Absetzung für Abnutzung"), die ebenso wie Schuldzinsen und Bewirtschaftungskosten steuerlich abgesetzt werden können. Beim Verkauf entstandene Veräußerungsgewinne sind steuerfrei, wenn zwischen Kauf und Verkauf mehr als zehn Jahre liegen und kein gewerblicher Grundstückshandel vorliegt.

So schön zusätzliche Zins- und Mieteinkünfte auch sein mögen: Sie setzen immer ein entsprechendes Kapital- oder Immobilienvermögen im Alter voraus. Sinnvoll ist es auf jeden Fall, die private Altersvorsorge nicht nur auf Renteneinkünfte zu stützen. Ein zweites Standbein muss der Vermögensaufbau sein.

Anlagestrategien

Die wohl wichtigste Regel beim Aufbau des Vermögens lautet: „Leg nicht alle Eier in deinen Korb" oder „Setz nicht alles auf eine Karte". Diese Anlageregel sollte Sie dazu bewegen, Ihr Vermögen zu streuen und Ihre Geldanlagen so zu mischen, dass Ihr Anlagerisiko minimiert wird.

Faustregeln zur Anlagemischung gehen üblicherweise von einer Drittelung des Vermögens auf. Schon der legendäre Baron Rothschild empfahl die Aufteilung: 1/3 Aktien, 1/3 Anleihen, 1/3 flüssige Mittel. Unter Einbeziehung von Immobilien kann die Rothschild-Regel auf die drei Kernanlagen Aktien, Zinsanlagen und Immobilien erweitert werden. Demzufolge gibt es dann drei große Vermögensgruppen:

A: Aktien und Aktienfonds (zum Beispiel börsennotierte ETF-Aktienindexfonds)
B: Banksparen (Tages- und Festgeld), Bonds (Anleihen) und Rentenfonds
I: vermietete Immobilien oder Immobilienfonds (zum Beispiel alternative Investmentfonds mit Immobilien).

Nennen wir es **ABI-Konzept (A** wie Aktien, **B** wie Bank und Bonds, **I** wie Immobilien). Selbstverständlich sollte die Anlagemischung nicht schematisch zu je einem Drittel erfolgen. Die richtige Streuung hängt auch von Ihrem Lebensalter und Ihrer Anlagementalität ab. Jüngere werden einen höheren Aktienanteil halten als Ältere, da sie mögliche Kursverluste besser aussitzen können und in der Regel auch risikofreudiger sind.

Flüssige Gelder (Liquidität bzw. Cash) in Höhe von zehn Prozent des Gesamtvermögens sind in jeder Lebensphase Trumpf. Für rentennahe Freiberufler und Rentner könnte sich angesichts einer anhaltenden Niedrigzinsphase dann die folgende **1-2-3-4-Regel** empfehlen:

10 % Tages- und Festgelder (Liquidität, Cash)
20 % zusätzliche Zinsanlagen (Anleihen, Rentenfonds)
30 % Immobilien (z.B. Miethaus oder vermietete Eigentumswohnung)
40 % Aktien (z.B. ETF-Aktienindexfonds auf DAX, EuroStoxx, S&P500 und MSCI)
= 100 % Vermögen

Über diese 1-2-3-4-Regel lässt sich naturgemäß trefflich streiten. Sie soll auch nur eine grobe Richtschnur für mittlere und große Vermögen sein. Der ewige Streit, ob nun Geldwerte besser sind als Sachwerte oder umgekehrt, würde bei der aktuellen Niedrigzinsphase zu 70 Prozent zugunsten der Sachwerte entschieden. 30 Prozent in Geldwerten müssten reichen. Also ist nur knapp ein Drittel in reinen Geldwertanlagen untergebracht. Die anderen gut zwei Drittel wandern in Sachwertanlagen.

Nicht aufgeführt ist das selbstbewohnte Ein- bzw. Zweifamilienhaus oder die selbstgenutzte Eigentumswohnung. Das Eigenheim zählt zwar zu Recht zur besten privaten Altersvorsorge überhaupt. Allerdings können Sie laufende Zins- oder Mieteinkünfte mit Ihren eigenen vier Wänden nicht erzielen.

Wie Sie Ihr Geld anlegen oder in der Vergangenheit angelegt haben, hängt sehr stark von Ihrem persönlichen Risikoprofil ab. Je nach Risikobereitschaft lassen sich grob drei **Anlegertypen** unterscheiden:

- vorsichtiger Anleger (risikoscheu, Typ „Sparer", bevorzugt zinssichere Geldanlagen mit geringer Rendite)
- aufgeschlossener Anleger (risikobegrenzend und flexibel, „Mischtyp", setzt auf renditestarke, aber relativ sichere Geldanlagen)
- mutiger Anleger (risikofreudig, Typ „Spekulant", bevorzugt hochrentierliche und weniger sichere Geldanlagen).

Ob Sie ein vorsichtiger, aufgeschlossener oder mutiger Anleger sind, hängt sicherlich auch von Ihrem Alter und Ihren aktuellen Einkommens- und Vermögensverhältnissen ab. Keinesfalls sollten Sie die Anlage Ihres Vermögens dem Zufall oder allein einem Bankberater oder freien Finanzberater überlassen. Eine persönliche Finanzplanung schützt Sie zwar nicht vor Irrtümern, aber vor falschen Vorstellungen über Ihre finanzielle Zukunft.

Vermögensplanung in Stufen

Für eine Finanzplanung ist es nie zu spät. Am Anfang steht die möglichst genaue Finanzanalyse. Sie ziehen Bilanz über Ihr Hab und Gut und stellen dabei Ihr Vermögen den Schulden gegenüber. Damit wird deutlich, wie hoch Ihr Reinvermögen ist und wie es sich im Einzelnen zusammensetzt. Um laufende Einnahmen und Ausgaben in den Griff zu bekommen, ist zudem die Aufstellung eines Monats- oder Jahresbudgets sinnvoll.

Die eigentliche **Vermögensplanung** kann nach den folgenden drei Stufen erfolgen:

1. Stufe: Sparpläne (für regelmäßige, meist monatliche Einzahlungen)
2. Stufe: Einmalanlagen (für einmalige Einzahlungen)
3. Stufe: Auszahlungspläne (für regelmäßige, meist monatliche Entnahmen mit Kapitalerhalt oder mit teilweisem bzw. vollständigem Kapitalverzehr).

Nach diesem **Drei-Stufen-Plan** erfolgt zunächst in den ersten beiden Stufen der Vermögensaufbau als Kombination von Sparplänen und Einmalanlagen. Auf der dritten Stufe können die Früchte des Vermögensaufbaus geerntet werden (Erntephase). Auszahlungs- oder Entnahmepläne eignen sich besonders für Rentner. Von einem teilweisen oder vollständigen Kapitalverzehr spricht man, wenn zusätzlich zu den Kapitalerträgen auch noch Teile des Kapitals selbst aufgebraucht werden. In diesem Falle geschieht dann ein gewollter Vermögensabbau.

Anteile an Investmentfonds oder börsennotierten ETFs (ETF = exchange trading funds) stellen das ideale Instrument dar, um alle drei Pläne je nach Bedarf zu verwirklichen. Fondssparpläne eignen sich am besten für jüngere Freiberufler, die ihr Vermögen mit monatlichen Sparraten Stück für Stück aufzubauen. Kleinvieh macht bekanntlich auch Mist. Wenn Sie Monat für Monat jeweils 100 Euro in einen Sparplan mit ETF-Aktienindexfonds einzahlen und dies 20 Jahre lang durchhalten, kommen Sie bei einer durchschnittlichen Rendite von fünf Prozent auf ein Endkapital von gut 40.000 Euro. Sogar fast 82.000 Euro erreichen Sie bei einer Anlagedauer von 30 Jahren. Immer unter der Voraussetzung, dass Sie die Erträge wiederanlegen. Denn dadurch profitieren Sie ganz besonders vom Zinseszinseffekt.

Fondssparpläne und Einmalanlagen in Fonds kommen für rentennahe Beamte und Rentner kaum noch in Frage. Möglicherweise bieten sich aber in dieser Phase Auszahlungspläne an. Sie legen vorhandenes Kapital in Fonds so an, dass Sie Monat für Monat einen bestimmten Betrag entnehmen. Auszahlungspläne sind quasi die Umkehrung von Sparplänen, die Erntephase mit dem Genuss der Kapitalerträge. Die monatlichen Auszahlungen oder Entnahmen werden dann als willkommene Zusatzrente in der Rentenphase angesehen.

Bei Auszahlungsplänen mit Investmentfonds können Sie zwischen Kapitalerhalt und vollständigem oder teilweisem Kapitalverzehr wählen. Bei einem Auszahlungsplan mit Kapitalerhalt werden zwar die monatlichen Auszahlungen zunächst Ihrem Fondskapital entnommen und dafür entsprechend viele Fondsanteile oder Anteilsbruchteile verkauft. Dieser vorübergehende Kapitalabbau wird aber durch die Wiederanlage der Erträge sowie durch die mögliche Steigerung der Anteilspreise wieder ausgeglichen. Auszahlungspläne eignen sich wegen der größeren Sicherheit eher für Rentenfonds mit Anleihen mittlerer Laufzeit, für gemischte Fonds mit einem hohen Anteil an Anleihen oder für offene Immobilienfonds. Die erzielbare Rendite wird dann aber deutlich absinken.

Bei Auszahlungsplänen mit Kapitalverzehr liegen die Entnahmen über den erzielten Erträgen. Es werden also während des Jahres mehr Fondsanteile verkauft, als bei der Wiederanlage gekauft werden können. Ihr Kapital nimmt somit ständig ab, es wird vollständig oder teilweise „verzehrt".

Die Hausbank muss nicht der richtige Ansprechpartner sein. Sie können Sparpläne, Einmalanlagen oder Auszahlungspläne mit Investmentfonds jederzeit auch über andere Banken oder über Discount-Broker abwickeln. Ganz entscheidend dabei ist der **Fondstyp** (Aktienfonds, Rentenfonds, gemischter Fonds, offener Immobilienfonds), für den Sie sich entscheiden. Richten Sie sich bei Ihrer Entscheidung in erster Linie nach Ihrem Lebensalter sowie Ihrer persönlichen Risikoneigung und fallen Sie nicht auf Allerwelts-Empfehlungen Ihrer Bankberater herein.

Sicherheitsorientierte Rentner werden ihr Geld auf Tages- oder Festgeldkonten parken. Die Zinsen liegen zwar auf einem bescheidenen Niveau von zurzeit nur höchstens zwei Prozent. In punkto Sicherheit und Verfügbarkeit sind aber beispielsweise Tagesgeldkonten nicht zu übertreffen. Bei einem Sparerfreibetrag von 801/1.602 Euro (Ledige/Verheiratete) bleiben Tages- und Festgeldzinsen zumindest bei Anlagen bis zu rund 50.000/100.000 Euro (Ledige/Verheiratete) steuerfrei. Um der Zinsabschlagsteuer zu entgehen, erteilen Sie der Bank einen Freistellungsauftrag.

Mieteinkünfte aus vermieteten Immobilien

Anteile an Investmentfonds, Tages- und Festgeldkonto oder Bausparen sind leicht zu praktizierende Geldanlagen. Völlig anders sieht dies bei einer vermieteten Immobilie aus. Schon die Einstiegsphase mit Kauf und Finanzierung des Mietobjekts will gut vorbereitet sein. In der anschließenden Vermietungsphase werden Sie möglicherweise Zeit, Geld und Nerven durch Mietausfälle infolge von Leerstand oder Mietrückstand verlieren. Gleichzeitig laufen die monatlichen Belastungen für Zins- und Tilgungsraten an die Bank sowie für die laufende Bewirtschaftung Ihres Mietobjekts weiter.

Aufatmen können Sie, wenn die Hypothekenschulden abgetragen sind und Ihre vermietete Eigentumswohnung oder das Miethaus schuldenfrei sind. In Höhe des Mietreinertrags erzielen Sie dann eine willkommene Zusatzrente. Sie erhalten von Ihrem Mieter die Bruttomiete (als Nettokaltmiete plus umlagefähige Betriebskosten) und ziehen davon die Bewirtschaftungskosten ab. Bei vermieteten Eigentumswohnungen umfassen die Bewirtschaftungskosten das an den Hausverwalter zu zahlende Hausgeld, die an die Stadtkasse abzuführende Grundsteuer sowie eventuelle Instandhaltungskosten in der vermieteten Wohnung.

Als private Zusatzrente zur gesetzlichen oder berufsständischen Rente sind monatliche Mietreinerträge sicherlich recht willkommen. Zu versteuern ist nicht der Jahresreinertrag, da Sie noch die Gebäudeabschreibung steuerlich absetzen können. Die Abschreibung wirkt wie ein steuerlicher Freibetrag bei den Einkünften aus Vermietung und Verpachtung. Außerdem können Sie als mindestens 65-jähriger Rentner noch den Altersentlastungsbetrag nutzen, falls Sie diesen noch nicht für andere zusätzliche Alterseinkünfte (zum Beispiel zusätzliche Erwerbseinkommen oder Zinseinkünfte) verbraucht haben.

In der Erntephase bietet die vermietete und schuldenfreie Eigentumswohnung endlich die finanziellen Vorteile, die man schon jahrelang vorher eingeplant hat. Natürlich immer unter der Voraussetzung, dass der Mieter auch pünktlich die Miete zahlt.

Vor allem mittelständische Freiberufler und Gewerbetreibende entschieden sich früher für ein Miethaus, das spätestens im Ruhestand entschuldet war und dann für eine Zusatzrente in Höhe des laufenden Mietreinertrages sorgte. Noch heute spricht man daher zu Recht vom Rentenhaus. Die Bezeichnung „Zinshaus" führt eher in die Irre, da schwankende Mieterträge eben nicht mit festen Zinsen zu vergleichen sind.

Angesichts hoher Investitionssummen für Miethäuser bleibt ein Rentenhaus selbst für gutverdienende Freiberufler meist nur ein Traum. Viele schrecken vor einem Miethaus als privater Altersvorsorge auch zurück, weil sie erheblichen Zeitaufwand und Ärger befürchten. Die laufende Instandhaltung und Verwaltung eines Miethauses kostet Zeit und der Umgang mit Mietern kann zuweilen erheblichen Ärger bringen.

Außer reinen Mietobjekten kommen noch gemischt genutzte Immobilien mit einer Kombination aus Selbstnutzung und Vermietung vor. In einem Zweifamilienhaus nutzen Sie als Rentner beispielsweise die größere Wohnung selbst, während Sie die kleinere Wohnung vermieten. Falls Sie die Wohnung an Ihre Angehörigen (zum Beispiel erwachsene Kinder oder Eltern) vermieten, bleibt das gesamte Haus sozusagen „in der Familie".

Der wirtschaftliche Erfolg mit vermieteten Immobilien ruht auf drei Säulen: Mietertrag, Wertzuwachs und Steuerersparnis. Die in den letzten Jahren stark angestiegenen Immobilienpreise haben allerdings zu sinkenden Mietrenditen geführt, da die Mieten durchweg geringer steigen als die Preise.

Steuerersparnisse sind nicht das A und O des wirtschaftlichen Erfolges. Bei vermieteten Immobilien muss der laufende Mietertrag im Vordergrund stehen. Der Grundsatz sollte lauten: „Von der Miete zur Rendite". Die laufende Bruttomietrendite als Verhältnis von Mietertrag zu Kaufpreis sollte vier bis fünf Prozent ausmachen. Nach Berücksichtigung von einmaligen Kaufnebenkosten (Grunderwerbsteuer, Notar- und Grundbuchgebühren, evtl. Maklerprovision) und laufenden nicht umlagefähigen Bewirtschaftungskosten (Verwaltungs- und Instandhaltungskosten) müssten dann noch drei bis vier Prozent an Nettomietrendite übrig bleiben.

Auf ein möglichst günstiges Verhältnis von Miete und Preis kommt es also in erster Linie an. Weitere Erfolgskriterien bei vermieteten Immobilien sind:

- Standort und Lage
- Größe und Grundriss
- Zustand und Ausstattung
- Qualität und Ruf des Anbieters.

Wer die Direktanlage in vermietete Immobilien wegen der hohen Anlagesummen und des erheblichen Zeitaufwands scheut, könnte auf Anteile an alternativen Investmentfonds mit Schwerpunkt Immobilien ausweichen. Die Mindestbeteiligung liegt oft nur bei 10.000 Euro. Um Kauf und Bewirtschaftung der Fondsimmobilien kümmert sich die Fondsgesellschaft.

Die Anlage in geschlossenen Immobilienfonds bietet neben Renditechancen auch einige Risiken. Die Fondsanteile sind vor Ablauf der im Prospekt erwähnten Beteiligungsdauer nicht auf dem freien Markt veräußerbar. Zwar versprechen die Prospekte laufende Ausschüttungen ab fünf Prozent des eingesetzten Kapitals. Ausschüttung ist jedoch nicht mit Rendite gleichzusetzen. Nicht selten stellen in Aussicht gestellte hohe Ausschüttungen nur ein Lockmittel für Anleger dar. Auf dem Markt für alternative Investmentfonds, die in Immobilien investieren, tummeln sich zudem eine Reihe von unseriösen Anbietern und Vermittlern.

Miet- und schuldenfreies Eigenheim

Mit einem miet- und schuldenfreien Eigenheim beschreiten Sie den Königsweg der privaten Altersvorsorge. Keine andere Anlageform bietet Ihnen so viele Möglichkeiten zur freien Lebensentfaltung und finanziellen Absicherung im Alter. Lassen Sie sich aber nicht mit Halbwahrheiten über das „mietfreie Wohnen" abspeisen. Ihr Ziel muss lauten: Miet- und schuldenfreies Wohnen im Alter. Die begehrte Mieterparnis zahlt sich erst dann quasi als Zusatzrente aus, wenn alle Hypothekenschulden beglichen sind und die vorherige Belastung für Zins und Tilgung wegfällt.

Spätestens zum Rentenbeginn sollte das Eigenheim daher schuldenfrei sein. Statt mehr Einnahmen haben Sie als Rentner weniger Ausgaben. Das Ergebnis ist das gleiche: Sie haben mehr Geld übrig und können die Rentenlücke ganz oder zumindest teilweise schließen. Mit einem schuldenfreien Eigenheim im Ruhestand erweitert sich Ihr finanzieller Spielraum, da vom Nettoeinkommen nur noch die Bewirtschaftungskosten für das Eigenheim und die Beiträge für Versicherungen abgezogen werden müssen. Der Restbetrag stellt das für den laufenden Lebensunterhalt verfügbare Einkommen dar.

Wie hoch die Mietersparnis tatsächlich ausfällt, hängt vor allem von Lage, Größe, Baujahr und Ausstattung Ihres Eigenheims ab. Ein wichtiger Maßstab ist der kalkulatorische Mietwert als ortsübliche Nettokaltmiete pro Quadratmeter Wohnfläche. Dies ist die Miete, die ein Mieter bei Anmietung eines selbstbewohnten Einfamilienhauses oder einer selbstgenutzten Eigentumswohnung monatlich an Nettokaltmiete zahlen müsste. Von dieser fiktiven Nettokaltmiete werden dann die Rücklagen für laufende Instandhaltungskosten in Höhe von geschätzten 15 bis 20 Prozent der Nettokaltmiete sowie bei Eigentumswohnungen noch die Kosten für den Hausverwalter abgezogen.

Die laufenden Betriebskosten werden bei der Ermittlung der Mietersparnis nicht von der Nettokaltmiete abgezogen, weil Sie diese Nebenkosten auch als Mieter tragen müssten. Instandhaltungskosten (außer für Klein- und Schönheitsreparaturen) bleiben jedoch immer am Eigentümer hängen. Daher sollten Rücklagen für die laufende Instandhaltung ebenso abgezogen werden wie die Verwaltergebühr bei einer Eigentumswohnung.

Laut Alterssicherungsberich6 2016 der Bundesregierung haben im Westen 74 Prozent der Ehepaare im Alter von 65 Jahren und mehr ein Eigenheim, das sie selbst nutzen. Im Osten sind es noch 52 Prozent. Bei den Alleinstehenden liegt die Wohneigentumsquote im Westen bei 54 Prozent und im Osten bei gut einem Drittel.

Der Mietwert bzw. die Mietersparnis schlägt besonders stark bei älteren Ehepaaren zu Buche. Das monatliche Nettoeinkommen von Eigenheimbesitzern liegt bei 2.813 Euro im Vergleich zu nur 2.130 Euro bei Ehepaaren, die zur Miete wohnen. Die Differenz von 675 Euro kann als finanzielles Plus bzw. Quasi-Zusatzrente betrachtet werden.

Bei Alleinstehenden, die 65 Jahre und älter sind, macht das monatliche Nettoeinkommen von Eigenheimbesitzern im Durchschnitt 1.695 Euro aus. Es liegt damit noch 342 Euro über dem Nettoeinkommen von älteren Mietern.

Der typische Erwerber eines Eigenheims möchte mehr Lebensqualität, mehr Freiheit für Familie und Kinder sowie vor allem die Unabhängigkeit vom Vermieter. Statt Miete an den Vermieter zahlt der Eigenheimer Hypothekenzinsen und Tilgungsbeträge an seine Bank. Getreu dem Sprichwort: „Zins und Miete schlafen nicht". Allerdings wird die Belastung aus Zins und Tilgung nach völliger Entschuldung auf Null sinken, während die Miete wahrscheinlich weiter ansteigt.

Belastungsvergleiche „Eigentum statt Miete" zeigen deutlich, dass der Eigentümer in den ersten Jahren höhere Belastungen als der Mieter trägt. Zins- und Tilgungszahlungen liegen auch in einer Niedrigzinsphase in aller Regel über der Mietersparnis (Nettokaltmiete abzüglich Instandhaltungskosten). Erst nach teilweisem Abbau der Hypothekenschulden und notwendiger Anschlussfinanzierung sinkt die Belastung für Zins und Tilgung, sofern das Zinsniveau nicht deutlich höher liegt im Vergleich zur Finanzierung bei Bau oder Kauf des Eigenheims.

Um den langen und oft beschwerlichen Weg bis zum Ziel des miet- und schuldenfreien Eigenheims zu gehen, durchläuft der Eigenheimer typischerweise vier Phasen:

1. Ansparphase
(Bildung von Eigenkapital, zum Beispiel durch Bausparen oder Fondssparpläne)
2. Erwerbs- und Finanzierungsphase
(Einstieg durch Bau oder Kauf eines Eigenheims und Erstfinanzierung durch die Bank)
3. Nutzungs- und Entschuldungsphase
(mietfreies Wohnen mit planmäßiger Entschuldung des Eigenheims)
4. Erntephase

(miet- und schuldenfreies Wohnen nach völliger Entschuldung).

Der Erwerbs- und Finanzierungsphase wird meist die größte Beachtung geschenkt, obwohl sie am kürzesten dauert. Ein niedriges Zinsniveau mit einer langen Zinsbindung von 15, 20 oder 25 Jahren erleichtert den Umstieg von Miete auf Eigentum. Für die meisten Selbstnutzer zieht sich die Entschuldungsphase über 20 bis 30 Jahre hin. Wünschenswert wäre es, in die Erntephase so früh wie möglich einzutreten, zum Beispiel mit 55 oder spätestens 60 Jahren. Sie können dann die Früchte Ihres Anspar- und Tilgungsfleißes noch lange genießen.

Wohnungs- und Nießbrauchrecht bei vorweggenommener Erbfolge

Die Schenkung von Immobilien stellt praktisch eine vorweggenommene Erbfolge dar. Im Gegensatz zur Erbschaft als Erwerb von Todes wegen erfolgt die Schenkung als Erwerb unter Lebenden. Drastisch ausgedrückt: Der Schenker überträgt Teile seines Vermögens mit „warmer Hand", während der Erblasser „mit kalter Hand" seinen Nachlass den Erben überlässt.

Mit der Übertragung Ihres Eigenheims zu Lebzeiten an Angehörige können Sie ein **lebenslanges Wohnungsrecht** verbinden. Dies verschafft Ihnen die Sicherheit eines weiterhin mietfreien Wohnens und dem Beschenkten Vorteile bei der Erbschaft- und Schenkungsteuer. Die Schenkungsteuer wird nur vom Restwert ermittelt, der sich nach Abzug des Kapitalwerts des Wohnungsrechts vom Verkehrswert der Immobilie ergibt. Da der Beschenkte hohe Freibeträge (zum Beispiel 400.000 Euro bei Kindern) genießt, muss er in den weitaus meisten Fällen überhaupt keine Schenkungsteuer bezahlen.

Falls Sie Ihr Eigenheim mit Einräumung eines lebenslangen Wohnungsrechts verschenken, verlieren Sie zwar Ihr Eigentum, bleiben aber Besitzer und können damit weiterhin mietfrei wohnen. Zu Ihrer eigenen Sicherheit sollten Sie das Wohnungsrecht in der Zweiten Abteilung des Grundbuches eintragen lassen. Es handelt sich dann um das sogenannte dingliche Wohnungsrecht. Vorteil für Sie: Sie können das Eigenheim unabhängig vom jeweiligen Eigentümer bis an Ihr Lebensende selbst nutzen.

Verkauft der Beschenkte (zum Beispiel Ihre Tochter oder Ihr Sohn) das Haus, muss der neue Eigentümer das zu Ihren Gunsten grundbuchlich eingetragene Wohnungsrecht übernehmen. Sollte der Beschenkte oder der spätere Eigentümer Hypothekenschulden auf Haus oder Wohnung aufnehmen wollen, müssen Sie darauf bestehen, dass die zu Gunsten der Banken eingetragenen Grundschulden oder Hypotheken Ihrem Wohnungsrecht im Range nachgehen.

Wohnungsrecht allein reicht nicht, dingliches Wohnungsrecht ist besser. Am besten ist ein erstrangiges dingliches Wohnungsrecht mit Vorrang vor allen anderen Rechten. Auch im denkbar schlimmsten Falle einer Zwangsversteigerung bliebe dann das erstrangige Wohnrecht bestehen. Das heißt, der Ersteigerer müsste die lebenslange Nutzung durch Sie weiter gestatten.

Ein **Nießbrauchsrecht** wird oft bei der Übertragung von vermieteten Immobilien an nahe Angehörige vereinbart. Wenn Sie sich als Schenker zu Ihren Gunsten den Genuss der Mieteinnahmen vorbehalten wollen („Vorbehaltsnießbrauch" genannt), lassen Sie ein dingliches Nießbrauchsrecht in der Zweiten Abteilung des Grundbuches eintragen. Damit genießen Sie als Nießbrauchsberechtigter („Nießbraucher") weiterhin alle Mieteinnahmen und versteuern wie bisher Ihre Mieteinkünfte. Der Beschenkte als „Nießbrauchsgeber" wird zunächst nur Eigentümer.

Die alleinige Eintragung eines Nießbrauchsrechts reicht auch bei selbstbewohnten Eigenheimen aus, da der Nießbrauch im weitesten Sinne die lebenslange Nutzung zu eigenen Wohnzwecken mit einschließt. Zudem kann es ja sein, dass Ihr Eigenheim nach Ihrem freiwilligen Umzug in eine kleinere Wohnung vermietet wird. Ihr Wohnungsrecht wandelt sich dann automatisch in Ihr Recht auf Erhalt der Mieteinnahmen um.

8. FRÜHER ODER SPÄTER IN RENTE

Wie in der gesetzlichen Rentenversicherung gibt es auch in der berufsständischen Versorgung die Möglichkeit, früher in Rente zu gehen. Der Rentenabschlag bei abschlagspflichtigen gesetzlichen Renten macht 3,6 Prozent pro Jahr aus und liegt deutlich unter den typischen Rentenabschlägen von 5,4 Prozent pro Jahr bei der berufsständischen Rente.

Rürup-Renten und Privatrenten aus der privaten Rentenversicherung können frühestens mit 62 und spätestens mit 72 Jahren bezogen werden. Rentenabschläge gibt es zwar offiziell nicht. Andererseits werden versicherungsmathematische Abschläge bei Frührenten über niedrigere Rentenfaktoren berechnet. Im Ergebnis kommt es also wie bei der gesetzlichen Rente und der berufsständischen Rente zu Rentenabschlägen für vorgezogene Rürup-Renten und Privatrenten.

Was oft vergessen wird: Es gibt auch die Möglichkeit, später in Rente zu gehen. Wer in der gesetzlichen Rentenversicherung erst ein Jahr nach Erreichen seiner Regelaltersgrenze in Rente geht, wird mit einem Rentenzuschlag von 6 Prozent pro Jahr belohnt. In der berufsständischen Versorgung liegen die Rentenzuschläge je nach Versorgungswerk höher oder niedriger.

8.1. Früher in Rente mit Abschlag

In der gesetzlichen Rentenversicherung gibt es verschiedene Arten von vorgezogenen Altersrenten (sog. Frührenten):

- **Altersrente für langjährige Versicherte mit Abschlägen** (zum Beispiel mit 63 Jahren nach Erfüllung der 35-jährigen Wartezeit)
- **Abschlagsfreie Altersrente für besonders langjährig Versicherte** (zum Beispiel 63 Jahre und 4 Monate für Jahrgang 1954, 64 Jahre für Jahrgang 1958 oder 65 Jahren für alle Jahrgänge ab 1964 nach Erfüllung der 45-jährigen Wartezeit mit Pflichtbeiträgen)
- **Altersrente für schwerbehinderte Menschen** (abschlagsfrei oder mit Abschlägen je nach Rentenbeginn).

Die Abschläge wegen vorzeitiger Inanspruchnahme betragen 0,3 Prozent pro Monat bzw. 3,6 Prozent pro Jahr der vorzeitigen Inanspruchnahme. Die für alle Jahrgänge bis 1946 geltende Altersgrenze des vollendeten 65. Lebensjahres wird laut **Altersgrenzenanpassungsgesetz** vom 02.04.2007 durch eine Regelaltersgrenze ersetzt, die von 65 Jahren und 1 Monat für den Jahrgang 1947 bis auf 67 Jahre ab Jahrgang 1964 stufenweise steigt, und zwar vom Jahr 2012 an bis zum Jahr 2031. Bei den Jahrgängen 1947 bis 1958 steigt die Regelaltersgrenze jeweils um einen Monat pro Jahrgang und dann für die Jahrgänge 1959 bis 1964 um jeweils zwei Monate. Ab Jahrgang 1964 liegt die gesetzliche Altersgrenze dann bei 67 Jahren.

Ab dem 01.01.2012 und damit ab Jahrgang 1947 gibt es eine neue Rentenart – die Altersrente für **besonders langjährig Versicherte**. Trotz der stufenweisen Anhebung der gesetzlichen Altersgrenze von 65 auf 67 Jahre ist eine Altersrente bereits ab dem 65. Lebensjahr ohne Rentenabschlag möglich, falls mindestens 45 Pflichtbeitragsjahre vorliegen.

Ab 01.07.2014 wurde diese Möglichkeit einer abschlagsfreien Altersrente für besonders langjährig Versicherte der Jahrgänge 1951 bis 1963 sogar noch verbessert. Wer in 1951 oder 1952 geboren war und 45 Pflichtbeitragsjahre (einschließlich Zeiten der Kindererziehung und der Arbeitslosigkeit mit Arbeitslosengeld I sowie Zeiten mit freiwilligen Beiträgen bei Vorliegen von mindestens 15 Pflichtbeitragsjahren) nachweisen konnte, konnte schon mit 63 Jahren abschlagsfrei in Rente gehen.

Diese Altersgrenze wird für die Jahrgänge 1953 bis 1963 um jeweils zwei Monate verlängert, so dass beispielsweise besonders langjährig Versicherte des Geburtsjahrgangs 1958 mit 64 Jahren abschlagsfrei in Rente gehen können. Wer in 1961 geboren ist und auf 45 Pflichtbeitragsjahre kommt, kann dann mit 64 Jahren und 6 Monaten abschlagsfrei in Rente gehen.

Auch nach stufenweiser Anhebung der Regelaltersgrenze von 65 auf 67 Jahre bleibt es grundsätzlich bei der Altersrente für **langjährig Versicherte**. Danach konnten die Jahrgänge bis 1948 noch bis zu zwei Jahre vor der Regelaltersgrenze von 65 Jahren unter Inkaufnahme eines Rentenabschlags von bis zu 7,2 Prozent (24 Monate x 0,3 Prozent) vorzeitig in Rente gehen, falls sie die Wartezeit von 35 Jahren erfüllt hatten.

Nach Erhöhung der Regelaltersgrenze auf 67 Jahre für alle Jahrgänge ab 1964 steigt der Rentenabschlag bei der gesetzlichen Rente bis auf 14,4

Prozent (48 Monate x 0,3 Prozent) bei einem vorzeitigen Rentenbeginn mit 63 Jahren.

Die vorgezogene Altersrente für langjährig Pflichtversicherte in der gesetzlichen Rentenversicherung mit einem Rentenabschlag von 0,3 Prozent pro Monat bzw. 3,6 Prozent pro Jahr ist an zwei Voraussetzungen gebunden:

- Vollendung des 63. Lebensjahres
- Erfüllung der Wartezeit von 35 Jahren wie in der gesetzlichen Rentenversicherung (alle rentenrechtlichen Zeiten, also Pflichtbeitragszeiten, Zeiten mit freiwilligen Beiträgen, Berücksichtigungszeiten zum Beispiel wegen Kindererziehung und Anrechnungszeiten zum Beispiel wegen schulischer und beruflicher Ausbildung).

Bei der vorgezogenen **Altersrente für Schwerbehinderte** muss ebenfalls die Wartezeit von 35 Jahren erfüllt sein. Die abschlagsfreie Schwerbehindertenrente ist ähnlich wie die abschlagsfreie Rente für besonders langjährig Versicherte schon bis zu zwei Jahren früher möglich. Wenn sie früher beginnt, vermindern sich die Rentenabschläge um bis zu 7,2 Prozentpunkte. Es muss eine Schwerbehinderung[70] mit einem Grad der Behinderung von mindestens 50 Prozent oder Berufs- bzw. Erwerbsunfähigkeit nach dem bis 31.12.2000 geltenden Recht bei Beginn der Schwerbehindertenrente vorliegen.

Die vorgezogenen Altersrenten nach Altersteilzeit oder wegen Arbeitslosigkeit sowie für Frauen waren nur für Versicherte möglich, die vor dem 01.01.1952 geboren sind. Mittlerweile sind diese Frührenten, die bereits nach vollendetem 60. Lebensjahr möglich waren, ersatzlos ausgelaufen. Alle ab 1952 geborenen Pflichtversicherten in der Zusatzversorgung sind daher davon ausgeschlossen, weil auch diese zunächst nur für die gesetzliche Rentenversicherung geltende Regelung wirkungsgleich auf die Zusatzversorgung im öffentlichen und kirchlichen Dienst übertragen wurde.

---

[70] § 2 Abs. 2 SGB IX, siehe https://www.gesetze-im-internet.de/sgb_9/__2.html

Früher in Rente bei der berufsständischen Versorgung

Abschlagsfreie Renten ab 63 für besonders langjährig Versicherte oder schwerbehinderte Personen gibt es in der berufsständischen Versorgung nicht. Bei den grundsätzlich abschlagspflichtigen Frührenten liegt der Rentenabschlag zudem deutlich höher als 0,3 Prozent für jeden vorgezogenen Monat bzw. 3,6 Prozent für jeden um ein Jahr vorgezogenen Rentenbeginn. Typisch sind Rentenabschläge zwischen 0,4 und 0,45 Prozent pro Monat bzw. zwischen 4,8 und 5,4 Prozent pro Jahr.

Anders als in der gesetzlichen Rentenversicherung kann man je nach Geburtsjahrgang bereits mit 60 bis 62 Jahren in Rente gehen, und zwar maximal sieben Jahre früher gegenüber der jeweiligen Regelaltersgrenze. Die Rentenabschläge machen dann beispielsweise 33,6 Prozent für einen um sieben Jahre vorgezogenen Rentenbeginn beim Versorgungswerk der Ärzte in Westfalen-Lippe aus.

Die alte Regelaltersgrenze von 65 Jahren für die Jahrgänge bis 1948 wird bei allen Versorgungswerken stufenweise bis auf 67 Jahre angehoben. Allerdings wird die neue Regelaltersgrenze von 67 Jahren je nach Stufenregelung bereits ab Jahrgang 1961 (Ärzte-Versorgungswerk Westfalen-Lippe) oder erst ab Jahrgang 1976 bei der Baden-Württembergischen Versorgungsanstalt für Ärzte erreicht.

Wegen des Fehlens von abschlagsfreien Frührenten und der höheren Rentenabschläge schneidet die berufsständische Rente schlechter ab im Vergleich zur gesetzlichen Rente.

Früher in Rürup-Rente oder Rente aus privater Rentenversicherung

Bei den Geburtsjahrgängen ab 1964 geht man in der Rürup-Rentenversicherung und der privaten Rentenversicherung meist von einem Rentenbeginn mit 67 Jahren aus. Wer früher in Rente gehen will, muss sich mit niedrigeren Rentenfaktoren abfinden. Bei einer Rürup- oder Privatrente mit 62 Jahren liegt der Rentenfaktor beispielsweise rund 11 Prozent unter dem Rentenfaktor bei der Rente mit 67 Jahren. Unter einem **Rentenfaktor** versteht man in der privaten Rentenversicherung die monatliche Rente pro 10.000 Euro Kapital- bzw. Ablaufleistung am Ende der Ansparphase. Liegen der Rentenfaktor beispielsweise bei 30 Euro und das Endkapital bei 50.000 Euro, errechnet sich eine monatliche Rente von 150 Euro.

Nach 333 Monaten bzw. knapp 28 Jahren würde dann das Kapital über die gezahlten Renten wieder zurückfließen. Ein Rentenfaktor von 30 Euro bei 65-jährigen Neurentnern in 2017 bedeutet also, dass noch mit einer ferneren Lebenserwartung von knapp 28 Jahren für einen heute 65-Jährigen nach der Sterbetafel der privaten Rentenversicherer DAV 2004 R gerechnet wird. Also könnte dieser Neurentner nach der Statistik noch 92 Jahre alt werden.

Liegt der Rentenfaktor bei 40 Euro, sind es nur knapp 21 Jahre. In diesem Fall könnte der heute 65-Jährige das 85. Lebensjahr noch erreichen. Beim Rentenfaktor in Höhe von 35 Euro sind es knapp 24 Jahre.

In der folgenden Tabelle sind die garantierten Ablaufleistungen, garantierten Privatrenten und Rentenfaktoren aus der Direktversicherung bei CosmosDirekt für einen in 1977 geborenen Arbeitnehmer aufgeführt, der jährlich 2.400 Euro bis zum gewünschten Rentenbeginn mit 62 bis 67 Jahren einzahlt.

Tabelle 9: Rentenfaktoren für Jahrgang 1977 für Rentenbeginn mit 62 bis 72

(jährlicher Beitrag 2.400 Euro über 22 bis 32 Jahre je nach Rentenbeginn)

Rentenbeginn mit	garantierte Ablaufleistung*	garantierte Betriebsrente**	Rentenfaktor***
62 Jahren	55.877 €	151,65 €	27,14 €
63 „	58.641 €	162,70 €	27,45 €
64 „	61.425 €	174,33 €	28,38 €
65 „	64.231 €	186,61 €	29,05 €
66 „	67.057 €	199,58 €	29,76 €
67 Jahren	69.905 €	213,29 €	30,51 €
68 „	72.775 €	227,81 €	31,30 €
69 „	75.666 €	243,19 €	32,14 €
70 „	78.580 €	259,52 €	33,03 €
71 „	81.515 €	276,87 €	33,97 €
72 „	84.473 €	295,33 €	34,96 €

Auf die Angabe der möglichen Ablaufleistungen und möglichen Privatrenten bei einem angenommenen Gesamtzins von 2,6 Prozent wird verzichtet. Die jeweiligen Rentenfaktoren für diese höheren Ablaufleistungen und Privatrenten würden sich dadurch nicht verändern. Schließlich geht es beim Rentenfaktor darum, die monatliche Rente pro 10.000 DM Endkapital in Abhängigkeit vom Geburtsjahrgang und dem gewünschten Rentenbeginn zu beziffern. Je früher bzw. später die Betriebsrente beginnt, desto niedriger bzw. höher fällt der Rentenfaktor aus.

In allen Fällen liegt die garantierte Ablaufleistung über der Beitragssumme. Die garantierte Ablaufrendite nach Kosten bei einem Garantiezins von 0,9 Prozent macht 0,5 Prozent aus. Die Höhe der garantierten Rentenrendite hängt von der tatsächlichen individuellen Lebensdauer ab und kann daher nicht berechnet werden.

Die mögliche Ablaufleistung bei Rentenbeginn mit 67 Jahren liegt bei 93.048 Euro und führt zu einer möglichen Ablaufrendite von 2,5 Prozent. Als mögliche Privatrente wird bei CosmosDirekt ein Betrag von 283,90 Euro angegeben, der volldynamisch ist und jährlich um 1,6 Prozent steigen soll. Die Beitragssumme von 64.800 Euro flösse nach 19 Jahren zurück, wenn es bei der möglichen Privatrente von 283,90 Euro bliebe und diese nicht weiter ansteigen würde. Bei einer jährlichen Steigerung dieser möglichen Privatrente um 1,6 Prozent dauert es nur gut 16 Jahre.

Für die Geburtsjahrgänge gilt eine ähnliche Beziehung wie für den gewünschten Rentenbeginn: Je jünger bzw. älter der Versicherte ist, desto niedriger bzw. höher fällt der Rentenfaktor aus. Damit wird die längere Lebenserwartung bei Jüngeren berücksichtigt.

Beim gegenüber 1977 älteren Geburtsjahrgang 1964 läge der Rentenfaktor für den Rentenbeginn 67 Jahre mit 32,51 Euro um 2 Euro höher und bei der Rente mit 65 Jahren bei 30,89 Euro statt 29,05 Euro.

Wer in 1950 geboren ist und in 2017 mit 67 Jahren in Rente geht, kommt auf einen Rentenfaktor von 35,13 Euro. Dann wären 10.000 Euro nach knapp 24 Jahren und nach vollendetem 63. Lebensjahr wieder eingespielt. In 1952 Geborene mit der 65-er Rente in 2017 kämen auf einen Rentenfaktor von 32,90 Euro.

Dass es so lange dauert, bis die Summe der Renten das angesammelte Kapital wieder erreicht, hängt mit der sehr hohen ferneren Lebenserwartung nach der Sterbetafel DAV 2004 R der privaten Rentenversicherer zusammen. Diese dort zugrunde gelegte Lebenserwartung liegt deutlich höher im Vergleich zur ferneren Lebenserwartung nach der Sterbetafel des Statistischen Bundesamtes.

Die Rürup-Rente oder Privatrente aus der privaten Rentenversicherung ist wie die gesetzliche Rente und Freiberufler-Rente aus der berufsständischen Versorgung eine Wette auf ein langes Leben. Sie ist eine versicherungsförmige Altersvorsorge und keine Geldanlage. Je länger der Versicherte lebt und die fernere Lebenserwartung laut Statistik übertrifft, desto eher lohnt sie sich unter rein finanziellen Gesichtspunkten.

8.2. Später in Rente mit Aufschlag

Rentenzuschläge in Höhe von 0,5 Prozent pro Monat bzw. 6 Prozent bei einem Rentenaufschub über die gesetzliche Regelaltersgrenze hinaus gibt es nicht nur in der gesetzlichen Rentenversicherung.

Auch in der berufsständischen Versorgung gibt es Rentenzuschläge je nach Versorgungswerk in einer Spanne von 5,4 bis 7 Prozent für jedes um ein Jahr hinausgeschobene Jahr. Die Regelaltersgrenze von 65 Jahren für alle bis 1948 geborenen Versicherten darf um maximal fünf Jahre hinausgeschoben werden und zwar je nach Geburtsjahrgang bis auf das 70. bis 72. Lebensjahr.

Beim Versorgungswerk für Rechtsanwälte in NRW liegt der Rentenzuschlag maximal bei 35,4 Prozent, sofern die Regelaltersgrenze um fünf Jahre hinaus geschoben wird. Bei der Ärzteversorgung Westfalen-Lippe sind es noch 35 Prozent. Dort liegt der Rentenzuschlag für jedes über die Regelaltersgrenze hinaus geschobene Jahr einheitlich bei 6,6 Prozent.

9. MEHR RENTE BEI INVALIDITÄT UND TOD

Es gibt nicht nur Altersrenten, sondern auch Renten im Invaliditätsfall (Berufsunfähigkeits- und Erwerbsminderungsrente) und im Todesfall (Hinterbliebenenrente als Witwen- bzw. Witwerrente oder Halb- bzw. Vollwaisenrente).

9.1. Berufsunfähigkeits- und Erwerbsminderungsrente

Berufsunfähigkeitsrenten gibt es für Freiberufler mit berufsständischer Versorgung und in der privaten Berufsunfähigkeitsversicherung für alle beruflich Tätigen.

Berufsunfähigkeitsrenten in der berufsständischen Versorgung

Versorgungswerke zahlen eine Berufsunfähigkeitsrente erst, wenn eine hundertprozentige Berufsunfähigkeit vorliegt und der Freiberufler seine jeweilige Tätigkeit als Arzt, Apotheker, Architekt, Rechtsanwalt oder Steuerberater völlig einstellt. Dies ist erst der Fall, wenn der Freiberufler seine Zulassung zurückgibt.

Der Versicherungsagent Thomas Stephan weist in seinem im Versicherungs Journal Verlag erschienenen Buch[71] „Zielgruppenanalyse Rechtsanwälte" durch einen Blick in die Satzungen aller Versorgungswerke für Rechtsanwälte zu Recht darauf hin, dass dies von den Versorgungswerken und auch in der Rechtsprechung zur Berufsunfähigkeit von Rechtsanwälten restriktiv gehandhabt wird.

Was für die Rechtsanwälte gilt, trifft selbstverständlich auch für die anderen Freiberufler mit berufsständischer Versorgung zu. Eine Berufsunfähigkeit bei der privaten Berufsunfähigkeitsversicherung liegt laut Stephan hingegen in der Regel bereits vor, „falls der versicherte Beruf zu weniger als 50 Prozent noch ausgeübt werden kann".

Wegen des Nachweises der hundertprozentigen Berufsunfähigkeit bei Versorgungswerken wundert es nicht, dass die Anzahl der Berufsunfähig-

---

[71] www.versicherungsjournal.de/buch/-378.php

keitsrenten relativ gering ist. Von den rund 229.000 Rentenempfängern in der berufsständischen Versorgung erhielten in 2015 nur 7.817 ehemalige Freiberufler eine Berufsunfähigkeitsrente, also nur 3 Prozent.

Darunter waren 4.868 Ärzte, Zahnärzte und Tierärzte, aber nur 1.094 Architekten sowie 1.183 Rechtsanwälte, Notare, Steuerberater und Wirtschaftsprüfer. Die restlichen 672 ehemaligen Freiberufler mit einer Berufsunfähigkeitsrente waren Apotheker, Psychotherapeuten und Ingenieure. Diese Zahlen nennt die Bundesregierung am 15.5.2017 in ihrer Antwort auf eine Kleine Anfrage[72] von Bündnis 90/Die Grünen über aktuelle Daten in den berufsständischen Versorgungswerken.

Auch dem aktuellen Geschäftsbericht für 2016 für die Ärzteversorgung Westfalen-Lippe (ÄVWL) ist zu entnehmen, dass unter insgesamt 15.396 Rentenempfängern nur 481 Berufsunfähigkeitsrentner waren, also wiederum nur 3,1 Prozent. Bei der Baden-Württembergischen Versorgungsanstalt für Ärzte, Zahnärzte und Tierärzte gab es in 2016 nur 554 Berufsunfähigkeitsrentner unter insgesamt 21.556 Rentenempfängern, also mit 2,6 Prozent relativ noch weniger als bei den Ärzten in Westfalen-Lippe.

Zum Vergleich: Laut Rentenversicherungsbericht[73] 2016 der Bundesregierung lag der Anteil der Erwerbsminderungsrenten an der Gesamtzahl aller laufenden Renten in der gesetzlichen Rentenversicherung bei 7 Prozent. Bei den Rentenneuzugängen in 2015 waren es sogar 12 Prozent, und zwar rund 174.000 Erwerbsminderungsrenten im Vergleich zu rund 1.752.000 Neurenten

Die Höhe der Berufsunfähigkeitsrente in der berufsständischen Versorgung errechnet sich wie beim Altersruhegehalt. Allerdings werden nur die bis zum Eintritt der Berufsunfähigkeit geleisteten Versicherungsjahre werden dabei berücksichtigt. Eine Zurechnungszeit wie in der gesetzlichen Rentenversicherung gibt es nicht. Erst ab Erreichen der Regelalters-

---

[72] http://dip21.bundestag.de/dip21/btd/18/123/1812338.pdf
[73] https://www.bmas.de/SharedDocs/Downloads/DE/PDF-Pressemitteilungen/2016/rentenversicherungsbericht-2016.pdf?__blob=publicationFile&v=1

grenze wird die Berufsunfähigkeitsrente in eine gleich hohe Altersrente umgewandelt.

Unter Berücksichtigung der rigiden Voraussetzungen für eine Berufsunfähigkeit und der fehlenden Zurechnungszeit lautet das Fazit: Die Absicherung der Berufsunfähigkeit in der berufsständischen Versorgung reicht nicht aus. Sie bietet weniger als die Erwerbsminderungsrente in der gesetzlichen Rentenversicherung.

Bei Fehlen der für eine Erwerbsminderungsrente erforderlichen Voraussetzung (mindestens drei Pflichtbeitragsjahre innerhalb der letzten fünf Versicherungsjahre vor Eintritt der Erwerbsminderung) sollte der Freiberufler zur besseren Absicherung eine private Berufsunfähigkeitsversicherung abschließen.

Zusätzliche Berufsunfähigkeitsrenten bei privaten Rentenversicherungen

Eine reine Risikoversicherung zur Absicherung der Berufsunfähigkeit abzuschließen, ist besser als eine Kombiversicherung in Verbindung mit einer Kapital-Lebensversicherung, privaten Rentenversicherung oder Rürup-Rentenversicherung.

Um eine zusätzliche Berufsunfähigkeitsrente beim Abschluss über die Rürup-Rentenversicherung oder die klassische private Rentenversicherung überhaupt zu erhalten, ist ein Zusatzschutz erforderlich. Wer bereits eine gute private Berufsunfähigkeitsversicherung in Form der reinen Risikoversicherung hat, kann getrost auf einen solchen Zusatzschutz verzichten.

Die **Berufsunfähigkeitsversicherung** als Zusatzversicherung zahlt die Beiträge zur Rürup-Rente oder Privatrente weiter, sofern der selbstständige oder angestellte Freiberufler seinen Beruf hauptsächlich aus Krankheitsgründen oder seltener wegen eines Unfalls nicht mehr ausüben kann. Einige Versicherer zahlen dann auch eine vereinbarte monatliche Berufsunfähigkeitsrente. Beides drückt aber den Anspruch auf eine reine Altersrente. Die Berufsunfähigkeitsrente ist im Übrigen mit der früheren gesetzlichen Rente wegen Berufsunfähigkeit und der heutigen halben Erwerbsminderungsrente vergleichbar.

Wer weder seinen Beruf noch eine andere Tätigkeit von mehr als drei Stunden täglich ausüben kann, kann zumindest noch eine private **Erwerbsunfähigkeitsversicherung** abschließen. Hierbei übernimmt der Versicherer die Beiträge und zahlt in einigen Fällen auch eine vereinbarte monatliche Erwerbsunfähigkeitsrente. Die Erwerbsunfähigkeitsrente ist zumindest vom Wort her mit der vollen Erwerbsminderungsrente in der gesetzlichen Rentenversicherung vergleichbar.

Einige glauben, eine **private Unfallversicherung** könne den gleichen Zweck erfüllen wie eine Berufs- oder Erwerbsunfähigkeitsversicherung. Dem ist aber nicht so, da einer Berufs- oder Erwerbsunfähigkeit in 85 Prozent der Fälle auf eine schwere Erkrankung (mittlerweile am häufigsten psychischer Art) und nicht auf einen Unfall zurückzuführen ist.

Ob es sinnvoll ist, über eine Berufs- und Erwerbsunfähigkeitsversicherung hinaus noch eine private Unfallversicherung mit Anspruch auf Zahlung einer bestimmten Geldsumme abzuschließen, mag jeder selbst entscheiden. Handelt es sich um einen Unfall auf der Arbeitsstätte oder einen Wegeunfall auf dem Weg zur oder von der Arbeitsstätte, tritt ohnehin die gesetzliche Unfallversicherung ein. Die Berufsgenossenschaft zahlt bei Vorliegen der Voraussetzungen dann eine Unfallrente.

Erwerbsminderungsrenten in der gesetzlichen Rentenversicherung

Keine Altersgrenzen gibt es naturgemäß bei Renten wegen Erwerbsminderung. Eine **volle Erwerbsminderung** liegt vor, wenn der Versicherte weniger als 3 Stunden täglich tätig sein kann. Sofern er nur noch zwischen 3 und 6 Stunden pro Tag arbeiten kann, besteht eine **teilweise Erwerbsminderung**. Folgende Voraussetzungen müssen für den Bezug einer **Erwerbsminderungsrente** erfüllt sein:

- Nicht-Vollendung des 65. Lebensjahres
- Erfüllung der allgemeinen Wartezeit von 5 Jahren
- mindestens 3 Jahre Pflichtbeiträge in den letzten 5 Jahren vor Eintritt der Erwerbs- oder Berufsunfähigkeit („3 in 5"-Regel).

Bei einer Inanspruchnahme der Erwerbsminderungsrente vor dem 63. Lebensjahr sind Rentenabschläge bis zu höchstens 10,8 Prozent hinzunehmen. Diese Grenze von 63 Jahren wird für die Jahrgänge 1947 bis 1964 stufenweise bis auf 65 Jahre erhöht.

Fast alle Erwerbsminderungsrenten werden bereits vor Vollendung des 60. Lebensjahres in Anspruch genommen. Der Rentenabschlag beträgt dann maximal 10,8 Prozent der Rente, die sich bei Hochrechnung auf das 60. Lebensjahr ergeben würde. Den Abschlag von höchstens 10,8 Prozent bei Erwerbsminderungsrenten vor dem 60. Lebensjahr hat das Bundesverfassungsgericht laut Urteil[74] vom 11.01.2011 als verfassungsgemäß angesehen. Die Verfassungsrichter haben dies unter anderem damit begründet, dass beim Eintritt der Erwerbminderung vor dem 60. Lebensjahr der nicht mit Pflichtbeiträgen belegte Zeitraum in der gesetzlichen Rentenversicherung als sog. Zurechnungszeit voll angerechnet wird.

Diese **Zurechnungszeit** wurde in der gesetzlichen Rentenversicherung für ab 01.07.2014 neu hinzugekommene Erwerbsminderungsrentner bis auf das vollendete 62. Lebensjahr verlängert. Nach Inkrafttreten des Erwerbsminderungsverbesserungsgesetzes ab 01.01.2018 wird die Zurechnungszeit stufenweise bis auf das 65. Lebensjahr in 2024 ausgedehnt.

Die durchschnittlichen Erwerbsminderungsrenten sind in 2016 auf 697 Euro gestiegen, nachdem sie von 2000 bis 2010 sogar bis auf 600 Euro gefallen waren. Die Erhöhung von 628 Euro in 2014 auf nunmehr 697 Euro in 2016 ist vor allem auf die Erhöhung der Zurechnungszeit für ab 01.07.2014 neu hinzu gekommene Erwerbsminderungsrentner und die kräftige Rentenerhöhung in 2016 zurückzuführen.

Eine weitere Erhöhung der Zurechnungszeit ab 01.01.2018 für Neurentner wird die künftige durchschnittliche Erwerbsminderungsrente weiter anwachsen lassen, auch wenn sie dann immer noch unter dem Grundsicherungsniveau liegt.

9.2. Hinterbliebenenrente

Es ist auch möglich, zusätzlich die Hinterbliebenen für den Fall des Todes finanziell abzusichern. In der gesetzlichen Rentenversicherung und der berufsständischen Versorgung erfolgt dies automatisch, da es sich hierbei um eine Pflichtversicherung mit kombinierter Alters-, Erwerbsminderungs- und Hinterbliebenenrente handelt.

---

[74] Az. 1 BvR 3588/08 und 1 BvR 555/09

Im Todesfall des Pflichtversicherten, der die Wartezeit von 5 Jahren erfüllt hat, erhält der überlebende Ehegatte eine **Witwen- oder Witwerrente**, wenn und solange ein Anspruch auf Witwen- oder Witwerrente in der gesetzlichen Rentenversicherung oder in der berufsständischen Versorgung besteht.

Um eine Witwen- oder Witwerrente in der gesetzlichen Rentenversicherung zu erhalten, muss das anzurechnende eigene Einkommen unter bestimmten Grenzen bleiben. Selbst erworbenes Einkommen, das einen monatlichen Freibetrag von rund derzeit 819,19 Euro übersteigt, wird zu 40 Prozent auf die Witwen- oder Witwerrente angerechnet.

Bei Witwen- oder Witwerrenten in der berufsständischen Versorgung gibt es eine solche Anrechnung von eigenem Einkommen nicht. Dort fließt die Witwen- oder Witwerrente in Höhe von einheitlich 60 Prozent der Rente des Verstorbenen also ungekürzt zu. Dies ist ein echter finanzieller Vorteil.

Die große Witwen- bzw. Witwerrente in Höhe von 55 Prozent der vollen Rente des Verstorbenen wird in der gesetzlichen Rentenversicherung berechnet, wenn der überlebende Ehepartner das 45. Lebensjahr vollendet hat oder erwerbsgemindert ist oder eigene Kinder erzieht. Bestand die Ehe schon am 1.1.2002 und war ein Ehepartner zu diesem Zeitpunkt älter als 40 Jahre, steigt der Satz für die große Witwen- bzw. Witwerrente auf 60 Prozent.

Bemessungsgrundlage der Rente für Hinterbliebene ist jeweils die Rente, die der Verstorbene bezogen hat oder hätte beanspruchen können, wenn er im Zeitpunkt seines Todes wegen voller Erwerbsminderung ausgeschieden wäre.

Kinder haben bis zum vollendeten 18. Lebensjahr oder – im Ausnahmefall einer Schul-, Hochschul- oder Berufsausbildung – bis zum vollendeten 25. Lebensjahr Anspruch auf eine **Halbwaisenrente** in Höhe von 10 Prozent der auf den Todestag des Versicherten berechnete Rente, wenn nur noch der überlebende Elternteil unterhaltspflichtig ist. In der berufsständischen Versorgung liegt die Halbwaisenrente bei 15 bis 20 Prozent.

Vollwaisenrenten in Höhe von 20 Prozent der vollen Rente werden in der gesetzlichen Rentenversicherung gezahlt, wenn beide Elternteile verstorben sind. Eigenes Einkommen der Halb- oder Vollwaisen wird nicht auf die Waisenrente angerechnet. In der gesetzlichen Rentenversicherung erhöht sich der Satz auf 30 Prozent.

In der berufsständischen Versorgung liegen die Sätze für die Halb- bzw. Vollwaisenrente in der Regel über den genannten 10 bzw. 20 Prozent. Näheres dazu regeln die Satzungen der Versorgungswerke.

Hinterbliebenenabsicherung bei Rürup-Rente oder Privatrente

Wer Hinterbliebene wie Ehepartner oder Kinder für den Fall seines Todes in der Betriebsrente finanziell absichern will, kann dies über folgende Arten tun:

- Hohe Rentengarantiezeiten
- Witwen- bzw. Witwerrente in Prozent der Altersrente
- Beitragsrückgewähr bei Ableben in der Ansparphase
- Kapitalrückgewähr bei Ableben in der Rentenphase.

Bei der Vereinbarung von höheren Rentengarantiezeiten und einer Witwen- bzw. Witwerrente für den überlebenden Ehegatten bzw. Lebenspartner kommt es zu einer Kürzung der Betriebsrente. Die Beitrags- und Kapitalrückgewähr für die Hinterbliebenen führt letztlich ebenfalls zu gekürzten Betriebsrenten.

Singles benötigen keine Hinterbliebenenabsicherung und können daher auf einen Hinterbliebenenschutz verzichten. Dafür steht ihnen die reine Altersrente ungeschmälert zur Verfügung.

Die Hälfte der von Finanztest getesteten 26 Anbieter von Direktversicherungen ließ eine Abwählbarkeit der automatisch vereinbarten Todesfallleistung gar nicht zu und hatte gar kein Angebot ohne Todesfallleistung. Zwei Versicherer (Hanse Merkur und Volkswohl Bund) boten hingegen zusätzlich zur abwählbaren Todesfallleistung eine Leistung im Pflegefall an.

Der Versicherer LV 1871 kombiniert die nicht abwählbare Todesfallleistung auf Wunsch mit einer zusätzlichen Leistung im Pflegefall. Die garantierte Altersrente sinkt dann um rund 12 Prozent. Wird der Versicherte vor Rentenbeginn oder als Rentner pflegebedürftig, verdoppelt sich allerdings diese garantierte Rente.

Verheiratete Arbeitnehmer könnten sich auch für eine höchstmögliche **Rentengarantiezeit** über beispielsweise 20 bis 30 Jahre entscheiden, sofern die Tarife von Direktversicherungen dies vorsehen. Bei einigen Versicherern wie der Hannoverschen Leben endet die maximale Dauer der Garantie immer mit dem 90. Lebensjahr, bei anderen beispielsweise mit dem 85. Lebensjahr.

Da bei Direktversicherungen üblicherweise nur eine fünf- oder zehnjährige Rentengarantiezeit vorgesehen ist, sinkt die Altersrente bei einer deutlichen Verlängerung der Rentengarantiezeit. Wer beispielsweise bei einer auf das Alter von 65 Jahren abgeschlossenen Direktversicherung eine 25-jährige Rentengarantiezeit vereinbart, muss gegenüber einer Direktversicherung ohne jegliche Rentengarantiezeit mit einer um 10 Prozent geringeren Altersrente rechnen.

Einige Versicherer wie Hannoversche Leben bieten auch die Vereinbarung einer **Witwen- und Witwerrente** für den überlebenden Ehepartner an ähnlich wie in der gesetzlichen Rentenversicherung. Wie viel Prozent der Altersrente als Witwen- bzw. Witwerrente (zum Beispiel 50 oder 60 Prozent) im Todesfall an den hinterbliebenen Ehepartner fließen soll, ist Vereinbarungssache. Je höher dieser Prozentsatz sein soll, desto stärker wird die Altersrente gekürzt.

Bei der **Beitragsrückgewähr** werden im Falle des Ablebens während der Ansparphase die Summe der gezahlten Beiträge abzüglich der bereits gezahlten garantierten Renten an Hinterbliebene im Todesfall ausgezahlt. Die meisten Direktversicherungen sehen dies automatisch vor und betrachten dies nicht als Zusatzleistung.

Ähnlich funktioniert die **Kapitalrückgewähr** im Falle des Ablebens während der Rentenphase wie bei der Europa Versicherung. Die Hinterbliebenen erhalten bei Tod nach Rentenbeginn eine lebenslange Rente aus dem bei Rentenbeginn vorhandenen Kapital abzüglich bereits gezahlter garantierter Renten. Selbstverständlich reduziert eine solche Kapitalrückgewähr die garantierte Altersrente ganz erheblich.

Garantien und vereinbarte Todesfallleistungen in der privaten Rentenversicherung, wozu ja im Prinzip auch die Direktversicherung gehört, kosten bekanntlich Geld. Verheiratete Arbeitnehmer können ihre Hinterbliebenen statt über spezielle Todesfallleistungen im Rahmen der betrieblichen Altersversorgung oft besser über eine kostengünstige **Risiko-Lebensversicherung** absichern. Diese zahlt ein vereinbartes Kapital nur dann an den versicherten Ehepartner als Hinterbliebenen aus, falls der Arbeitnehmer und gleichzeitige Versicherungsnehmer verstirbt.

Das ausgezahlte Kapital kann der hinterbliebene Ehepartner dann, falls gewünscht, verrenten lassen über eine Sofortrente oder für andere Zwecke verwenden. Wenn der Versicherungsnehmer am Ende der vereinbarten Versicherungslaufzeit noch lebt, sind die gezahlten Versicherungsprämien verloren. Daher handelt es sich um eine reine Risiko- bzw. Todesfallversicherung, die nichts mit einer zusätzlich eingebauten Geldanlage wie beispielsweise bei der **Kapital-Lebensversicherung** zu tun hat.

Die beiden Ehegatten können auch zwei Risiko-Lebensversicherungen abschließen, und zwar die eine auf den Ehegatten B im Falle des Todes von A und die andere auf den Ehegatten A im Falle des Todes von B. Man spricht hierbei von Risiko-Lebensversicherungen durch „Überkreuz-Verträge". Die andere Möglichkeit, nur eine Risiko-Lebensversicherung auf beide Ehegatten („verbundene Leben") abzuschließen, ist zwar kostengünstiger. Allerdings zahlt der Versicherer die vereinbarte Versicherungssumme nur nach dem ersten Todesfall an den überlebenden Ehegatten aus.

Eine Restschuldversicherung empfiehlt sich für Selbstnutzer eines Eigenheims mit Hypothekenschulden. Im Todesfall erlöschen die Restschulden für den überlebenden Ehegatten. Da die Hypothekenschulden von Jahr zu Jahr abnehmen, ist eine Restschuldversicherung deutlich kostengünstiger als die Risiko-Lebensversicherung mit einer gleichbleibenden Versicherungssumme.

10. ABGABEN UND STEUERN AUF ALTERSEINKÜNFTE

Leider fließen Renten nicht brutto für netto zu. In aller Regel wird der volle Beitrag zur gesetzlichen Kranken- und Pflegeversicherung in Höhe von bis zu 18,5 Prozent von der Bruttorente abgezogen. Außerdem werden die Renten voll oder teilweise versteuert. Doch es gibt einige wenige Möglichkeiten, um die Abgaben und Steuern zumindest zu begrenzen.

10.1. Kranken- und Pflegeversicherung im Ruhestand

Eine Kranken- und Pflegeversicherung wird in der Rentenphase noch wichtiger als vorher, da die gesundheitlichen Beschwerden und Erkrankungen im Alter erfahrungsgemäß zunehmen. Andererseits werden Rentner bestrebt sein, die Sozialabgaben im Alter so niedrig wie möglich zu halten.

Gesetzlich krankenversicherte Rentner, die in der Krankenversicherung der Rentner (KVdR) pflichtversichert sind, unterschätzen häufig die Sozialabgaben im Alter. Sie gehen oft davon aus, dass sie nur den halben Beitrag zur gesetzlichen Krankenversicherung in Höhe von zurzeit 8,4 Prozent (einschließlich durchschnittlichem Zusatzbeitrag von 1,1 Prozent) ihrer Renten zu zahlen haben.

Dies ist aber nicht so. Schon bei der gesetzlichen Rente kommt der volle Beitrag zur gesetzlichen Pflegeversicherung hinzu, der bei Kinderlosen 2,8 Prozent und bei Rentnern mit Kindern 2,55 Prozent ausmacht. Somit werden insgesamt 11,2 bzw. 10,95 Prozent von der gesetzlichen Rente abgezogen. Nur der verbleibende Rentenzahlbetrag wird auf ihr Konto überwiesen.

Bei **Freiberufler-Renten aus berufsständischer Versorgung** ist grundsätzlich der volle Beitrag zur gesetzlichen Krankenversicherung in Höhe von 15,7 Prozent fällig, da es nicht wie bei der gesetzlichen Rente einen Zuschuss in Höhe von 7,3 Prozent von der Versorgungseinrichtung gibt. Unter Einschluss des vollen Beitrags zur gesetzlichen Pflegeversicherung in Höhe von derzeit 2,55 oder 2,8 Prozent errechnet sich dann eine Beitragsbelastung in Höhe von 18,25 oder 18,5 Prozent der jeweiligen

Bruttorente. Dieser jetzt schon recht hohe Beitrag wird künftig weiter steigen. Nach einer Studie des Forschungsinstituts Prognos wird sich der Beitrag zur gesetzlichen Krankenversicherung bis auf 18,9 Prozent in 2040 erhöhen und der Beitrag zur gesetzlichen Pflegeversicherung auf 4 bis 4,25 Prozent, so dass der Kranken- und Pflegekassenbeitrag für den künftigen Betriebs- und Zusatzrentner in gut 20 Jahren insgesamt rund 23 Prozent ausmachen könnte. Das sind schlechte Aussichten für Rentner, die in der gesetzlichen Krankenversicherung pflichtversichert sind.

Privat krankenversicherte Rentner müssen weder Sozialabgaben auf die berufsständische Rente noch auf die gesetzliche Rente zahlen. Sie erhalten in der gesetzlichen Rentenversicherung auf Antrag noch einen Zuschuss zu ihrer privaten Krankenversicherung in Höhe von 7,3 Prozent der gesetzlichen Rente.

Für **freiwillig gesetzlich Krankenversicherte** liegt der Kranken- und Pflegekassenbeitrag zur berufsständischen Rente ebenfalls bei 18,25 oder 18,5 Prozent. Wer als Rentner statt in der KVdR freiwillig in der gesetzlichen Krankenkasse versichert ist, erhält wie der privat krankenversicherte Rentner auf Antrag einen Zuschuss zur gesetzlichen Krankenkasse in Höhe von 7,3 Prozent der gesetzlichen Rente. Dadurch steht er sich zumindest bei der gesetzlichen Rente nicht schlechter als ein in der KVdR pflichtversicherter Rentner.

Jedoch lauern für rund 500.000 Rentner, die in der gesetzlichen Krankenkasse freiwillig versichert sind, an anderer Stelle viel größere Gefahren. Laut dem für die gesetzliche Krankenversicherung geltenden Fünften Sozialgesetzbuch werden bei freiwillig krankenversicherten Rentnern alle für den Lebensunterhalt zur Verfügung stehenden Einnahmen herangezogen.[75] Dazu zählen also außer der gesetzlichen Rente, der berufsständischen Rente und eventuellen Arbeitseinkommen auch private Renten wie die Riester-Rente oder Rürup-Rente sowie auch alle zusätzlichen Einkünfte aus Kapitalvermögen und Vermietung (also beispielsweise Zins- und Mieteinkünfte).

---

[75] § 240 SGB V, siehe https://www.gesetze-im-internet.de/sgb_5/__240.html

Bei freiwilligen Mitgliedern der gesetzlichen Krankenversicherung kommt es nach der geltenden Gesetzeslage auf die gesamte wirtschaftliche Leistungsfähigkeit an. Dabei können sogar die Einnahmen des Ehegatten oder Lebenspartners, sofern diese nicht gesetzlich krankenversichert sind (zum Beispiel Beamte oder Pensionäre), höchstens bis zur halben Beitragsbemessungsgrenze in der gesetzlichen Krankenversicherung und damit aktuell bis zu 2.175 Euro beitragspflichtig werden.[76]

Die Obergrenze und damit der Höchstbeitrag zur gesetzlichen Kranken- und Pflegeversicherung für freiwillige Mitglieder der gesetzlichen Krankenversicherung liegen zurzeit bei 804,75 Euro. Dies sind 18,5 Prozent der derzeitigen Beitragsbemessungsgrenze in der gesetzlichen Kranken- und Pflegeversicherung. von 4.350 Euro in 2017.

Alterseinkünfte von versicherungspflichtigen und freiwillig versicherten Mitgliedern der gesetzlichen Krankenversicherung werden in folgender **Reihenfolge zur Beitragsbemessung** herangezogen:

1. gesetzliche Rente
2. Versorgungsbezüge (Betriebsrenten, Zusatzrenten im öffentlichen Dienst, Renten aus der berufsständischen Versorgung, Ruhegehälter von Beamten)
3. Arbeitseinkommen (Löhne und Gehälter aus nichtselbstständiger Tätigkeit oder Gewinne aus unternehmerischer Tätigkeit)

= beitragspflichtige Einnahmen von versicherungspflichtigen Rentnern
+ 4. sonstige Einnahmen gem. gesamter wirtschaftlicher Leistungsfähigkeit
= beitragspflichtige Einnahmen von freiwillig versicherten Rentnern

Zu den sonstigen Einnahmen zählen alle Einnahmen, die die wirtschaftliche Leistungsfähigkeit des freiwilligen Mitglieds bestimmen.[77] Laut Rundschreiben des GKV-Verbandes sind dies alle Einnahmen und Geldmittel, die für den Lebensunterhalt verbraucht werden oder verbraucht werden können, ohne Rücksicht auf ihre steuerliche Behandlung.

---

[76] § 240 Abs. 5 SGB V, siehe https://www.gesetze-im-internet.de/sgb_5/__240.html

[77] § 238a, siehe https://www.gesetze-im-internet.de/sgb_5/_238html, i.V.m. § 240 Abs. 1 SGB V

Daher müssen freiwillig in der gesetzlichen Krankenkasse versicherte Rentner Beiträge auf folgende zusätzlichen Alterseinkünfte zahlen:

- sonstige Renten aus privater Altersvorsorge (Riester-Rente, Rürup-Rente oder
- Privatrente aus privater Rentenversicherung)
- Einkünfte aus Vermietung und Verpachtung (Überschuss der Mieteinnahmen über die Werbungskosten)
- Einkünfte aus Kapitalvermögen (zum Beispiel Zins- und Dividendeneinkünfte)
- Einkommen des Ehegatten oder Lebenspartners bis zur Hälfte und höchstens bis zu 2.175 Euro, sofern diese nicht der gesetzlichen Krankenkasse angehören.

Wenn die Beitragsbemessungsgrenze in der gesetzlichen Krankenversicherung von zurzeit 4.350 Euro bei freiwillig versicherten Mitgliedern beispielsweise durch die Summe von gesetzlicher Rente, Betriebsrente sowie Miet- und Zinseinkünfte erreicht ist, werden auf zusätzliche Renten aus der privaten Altersvorsorge (zum Beispiel Riester-Rente) keine Kranken- und Pflegekassenbeiträge fällig.

Sofern die Rürup-Rente und/oder Privatrente aus der privaten Rentenversicherung zusammen mit anderen Alterseinkünften (zum Beispiel gesetzliche Rente, Betriebs- bzw. Zusatzrente und Mieteinkünfte) unter dieser Beitragsbemessungsgrenze von 4.350 Euro bleibt, muss der freiwillig gesetzlich krankenversicherte Rentner auch auf diese Renten bis zu 17,9 Prozent an Beiträgen zur gesetzlichen Kranken- und Pflegeversicherung zahlen.

Der wegen des Wegfalls von Krankengeld um 0,6 Prozentpunkte ermäßigte Beitragssatz gegenüber dem vollen Satz von 18,5 Prozent kann freiwillig gesetzlich krankenversicherte Rentner in diesem Fall wohl kaum trösten.

Es lohnt sich also, die freiwillige Mitgliedschaft in der gesetzlichen Krankenversicherung zu vermeiden. Voraussetzung dafür ist, dass in der zweiten Hälfte des Berufslebens mindestens 90 Prozent der Zeit auf die Mitgliedschaft in der gesetzlichen Krankenversicherung entfallen (sog. **Vorversicherungszeit**). Darauf, ob man pflichtversichert, freiwillig versichert oder familienversichert war, kommt es nicht an. Im Umkehrschluss heißt dies: Wer in mehr als 10 Prozent der Vorversicherungszeit privat krankenversichert oder wegen eines längeren Auslandsaufenthalts gar nicht krankenversichert war, wird als Rentner freiwillig in der gesetzlichen Krankenversicherung versichert.

Seit dem 01.08.2017 gibt es aber wieder Hoffnung für Rentner, die in der gesetzlichen Krankenkasse freiwillig versichert sind. Sofern sie Kinder haben, können sie auch noch nachträglich in die Pflichtversicherung der Rentner (KVdR) wechseln, wenn sie die 9/10-Regelung unter Einbeziehung der Mitgliedszeiten für ihre Kinder doch noch erreichen. Diese Neuregelung über Mitgliedszeiten in der gesetzlichen Krankenversicherung ist die Folge des am 04.04.2017 geänderten Heil- und Hilfsmittelversorgungsgesetzes.

Rentenberater Markus Vogts[78] aus Karlsruhe hat bereits Ende Mai 2017 in Pressemitteilungen auf die neue Wechselmöglichkeit für Rentner mit Kindern hingewiesen. Ende Juni 2017 hieß es in der FAZ „Als Privatpatient zurück in die Gesetzliche Krankenversicherung".

Ab 01.08.2017 werden nämlich drei Jahre für jedes Kind, Stiefkind oder Adoptivkind auf die Mitgliedszeit angerechnet, also wie jede andere Mitgliedszeit berücksichtigt.[79] Wann Kinder geboren oder adoptiert wurden, spielt keine Rolle. Wurden die geforderten 90 Prozent also bisher knapp verfehlt, können sie unter Einbeziehung von drei Jahren für jedes Kind doch noch erreicht werden.

Die Neuregelung kann von beiden leiblichen Elternteilen sowie den Adoptiveltern genutzt werden. Unter Umständen könnten es dann sogar vier Elternteile sein. Da es eine Pauschalregelung, schließt laut GKV-Spitzenverband weder das Gesetz noch die Gesetzesbegründung eine derartige Mehrfach-Berücksichtigung aus. Ob die Betroffenen tatsächlich selbst Erziehungsleistungen erbracht haben, spielt keine Rolle.

Die Prüfung, ob die 9/10-Regelung unter Berücksichtigung der zusätzlichen drei Jahre je Kind erfüllt ist, erfolgt nicht automatisch durch die ge-

---

[78] www.vogts-rentenberater.de
[79] § 5 Abs. 2 SGB V, siehe http://www.sozialgesetzbuch-sgb.de/sgbv/5.html

setzliche Krankenkasse. Die Betroffenen müssen also selbst neu rechnen und dann bei Erreichen der geforderten 90 Prozent einen Antrag auf Wechsel in die Krankenversicherung der Rentner (KVdR) stellen.

Dies gilt eigentlich aber nur für Altfälle bzw. Schon-Rentner. Das Bundesgesundheitsministerium gibt dazu folgenden Rat: „Zur Klärung ihrer individuellen Zugangsmöglichkeiten nach der Neuregelung sollten sich freiwillig versicherte Rentner mit ihrer Krankenkasse in Verbindung setzen und prüfen lassen, ob zum 1.8.2017 ein Wechsel in die KVdR möglich wird".

Bei neuen Rentenanträgen wird dies akribisch von der Deutschen Rentenversicherung bei der Meldung zur KVdR direkt abgefragt und berücksichtigt.

Dazu ein einfaches Beispiel: Herr N., der zurzeit freiwillig in der gesetzlichen Krankenkasse versichert ist, stellt seinen Rentenantrag in 2017 nach 40 Berufsjahren. Während der letzten 20 Jahre war er 7 Jahre lang privat krankenversichert. Da er somit in der zweiten Hälfte seines Berufslebens nur auf 13 Jahre in der gesetzlichen Krankenkasse versichert war, erreicht er die nach der 9/10-Regelung geforderten 18 Jahre nicht.

Da N. aber Vater von zwei Kindern ist, werden zusätzliche 6 Jahre mit berücksichtigt. Somit entfallen 19 Jahre (= bisher 13 Jahre plus 6 Jahre) auf die Vorversicherungszeit. Er erfüllt nun die 9/10-Regelung, die Voraussetzung für die Aufnahme in die Pflichtversicherung der Rentner (KVdR) ist. Auf diese Weise spart er die Kranken- und Pflegekassenbeiträge auf seine evtl. privaten Renten (Riester-Rente, Rürup-Rente oder Rente aus privater Rentenversicherung), seine evtl. Zins-, Dividenden- und Mieteinkünfte sowie auf das Einkommen seiner möglicherweise privat krankenversicherten Ehefrau.

Auch einige bisher privat krankenversicherte Rentner - also ohne die privat krankenversicherten Beamtenpensionäre mit Anspruch auf eine staatliche Beihilfe von 70 Prozent der Krankheitskosten - könnten noch nachträglich in die KVdR wechseln, wenn sie zusammen mit den zusätzlichen Mitgliedszeiten für ihre Kinder die 9/10-Regelung für die Vorversicherungszeit in der zweiten Hälfte ihres Erwerbslebens erfüllen.

Für privat krankenversicherte Rentner, die als mitversicherte Ehegatten von Beamten ebenfalls eine staatliche Beihilfe in Höhe von 70 Prozent erhalten, ist dies jedoch keine vernünftige Option, da sie nur die restlichen 30 Prozent über die private Krankenkasse absichern müssen.

Bei privat krankenversicherten Rentnern, die keine Beihilfe erhalten und daher den Beitrag zur privaten Krankenkasse vollständig aus eigenen Mitteln aufbringen, kann dies ganz anders sein. Zu diesen privat krankenversicherten Rentnern zählen vor allem frühere Angestellte mit ehemals hohen Gehältern, die nach Überschreiten der Versicherungspflichtgrenze bei der gesetzlichen Krankenversicherung in die private Krankenkasse gewechselt sind. Auch sie könnten zurück in die KVdR, sofern sie unter Einrechnung der zusätzlichen Versicherungszeiten von 3 Jahren pro Kind nunmehr die 9/10-Regelung erfüllen.

Freiberufler mit berufsständischer Versorgung wie Ärzte und Rechtsanwälte sind in aller Regel über eine sehr lange Zeit privat krankenversichert. Sie erhalten möglicherweise wegen einer früheren Tätigkeit als sozialversicherungspflichtiger Arbeitnehmer auch eine gesetzliche Rente oder könnten über freiwillige Beiträge zur gesetzlichen Rentenversicherung mit einer Mindestbeitragsdauer von 5 Jahren einen Anspruch auf eine gesetzliche Rente erhalten. Sofern sie ausnahmsweise in der zweiten Hälfte ihres Berufslebens unter Einrechnung von drei Jahren pro Kind mindestens zu 90 Prozent in der gesetzlichen Krankenkasse versichert wären, könnten auch sie über die KVdR pflichtversichert werden in der gesetzlichen Krankenkasse.

Allerdings ist auf die Freiberufler-Rente aus berufsständischer Versorgung bereits der volle Kranken- und Pflegekassenbeitrag zu zahlen, sofern die ehemaligen Freiberufler in der gesetzlichen Krankenkasse versichert sind. Versorgungsbezüge aus „Renten der Versicherungs- und Versorgungseinrichtungen, die für Angehörige bestimmter Berufe errichtet sind" sind beitragspflichtige Einnahmen, für die ein Beitrag bis zu 18,5 Prozent der Bruttorente an die gesetzliche Kranken- und Pflegeversicherung fällig ist.

Sozialabgaben auch auf Arbeitseinkommen von Selbstständigen

Auch auf Arbeitseinkommen müssen gesetzlich krankenversicherte Rentner Sozialabgaben leisten. Der volle Beitragssatz für die gesetzliche Krankenversicherung sinkt lediglich von 15,5 auf derzeit 14,9 Prozent bei Arbeitseinkommen aus selbstständiger Tätigkeit. Hinzu kommt der übliche volle Beitragssatz zur gesetzlichen Pflegeversicherung von 2,55 oder 2,8 Prozent. Insgesamt wird also derzeit ein Gesamtbeitrag bis zu 17,9 Prozent der Brutto-Arbeitseinkommen aus selbstständiger Tätigkeit fällig und muss an die gesetzliche Krankenkasse abgeführt werden.

Übernimmt der Rentner einen Minijob bis zu einem Verdienst von monatlich 450 Euro und beantragt die Versicherungsfreiheit, bleibt dieser Minijob-Lohn sozialabgabenfrei und im Übrigen auch steuerfrei. Der Rentner mit Minijob erhält maximal 450 Euro demnach brutto für netto ausgezahlt und muss dies nicht in seiner Einkommensteuererklärung angeben.

10.2. Steuern auf Alterseinkünfte

Nicht nur Sozialabgaben oder Beiträge zur privaten Krankenversicherung mindern die Renten, sondern auch die Steuern. Daher sollten Ruheständler auch die Rentenbesteuerung ins Kalkül mit einbeziehen.

Steuern auf gesetzliche Rente, berufsständische Rente und Rürup-Rente

Die gesetzliche Rente wird ebenso wie die Freiberufler-Rente aus berufsständischer Versorgung und die Rürup-Rente im Grundsatz nachgelagert besteuert. Allerdings gibt es eine Stufenregelung für den steuerpflichtigen Anteil der gesetzlichen Rente (Besteuerungsanteil genannt) und die steuerlich abzugsfähigen Beiträge zur gesetzlichen Rente. Erst ab Rentenbeginn in 2040 wird die gesetzliche Rente voll besteuert. Beginnt die gesetzliche Rente beispielsweise in 2018, liegt der Besteuerungsanteil nur bei 76 Prozent der Bruttorente.

Tabelle 10: Besteuerungsanteil der gesetzlichen Rente

Jahr des Rentenbeginns	Besteuerungsanteil der Rente	Jahr des Rentenbeginns	Besteuerungsanteil der Rente
bis 2005	50 %	2023	83 %
2006	52 %	2024	84 %
2007	54 %	2025	85 %
2008	56 %	2026	86 %
2009	58 %	2027	87 %
2010	60 %	2028	88 %
2011	62 %	2029	89 %
2012	64 %	2030	90 %
2013	66 %	2031	91 %
2014	68 %	2032	92 %
2015	70 %	2033	93 %
2016	72 %	2034	94 %
2017	74 %	2035	95 %
2018	76 %	2036	96 %
2019	78 %	2037	97 %
2020	80 %	2038	98 %
2021	81 %	2039	99 %
2022	82 %	ab 2040	100 %

Tabelle 11: Steuerlich abzugsfähiger Gesamtbeitragsanteil und Arbeitnehmeranteil zur gesetzlichen Rentenversicherung

Jahr	steuerlich abzugsfähiger Gesamtbeitragsanteil *	steuerlich abzugsfähiger Arbeitnehmeranteil **
2005	60%	20 %
2006	62%	24 %
2007	64%	28 %
2008	66%	32 %
2009	68%	36 %
2010	70%	40 %
2011	72%	44 %
2012	74%	48 %
2013	76%	52 %
2014	78%	56 %
2015	80%	60 %
2016	82%	64 %
2017	84%	68 %
2018	86%	72 %

2019	88%	76 %
2020	90%	80 %
2021	92%	84 %
2022	94%	88 %
2023	96%	92 %
2024	98%	96 %
ab 2025	100%	100 %

*) Gesamtbeitrag (z.B. 18,7 % in 2017)
**) Arbeitnehmeranteil zur gesetzlichen Rentenversicherung (z.B. 9,35 % in 2017)

Rentenbeiträge sind erst ab 2025 steuerlich voll abzugsfähig, wie die Tabelle zeigt. Ein in 2018 gezahlter Beitrag zur gesetzlichen Rente kann beispielsweise zu 86 Prozent abgezogen werden. Beim Arbeitnehmeranteil zur gesetzlichen Rente sind es nur 72 Prozent.

Steuern auf Privatrenten

Auf Privatrenten aus privaten Rentenversicherungen fallen nur geringe Steuern an, da die vorher entrichteten Beiträge ab 2005 nicht mehr steuerlich abzugsfähig sind. Besteuert wird daher nur ein **Ertragsanteil** der Privatrente, der den pauschal geschätzten Zinsanteil der Privatrente erfasst. Der in der Privatrente enthaltene Kapitalanteil bleibt steuerfrei.

Tabelle 12: Steuerpflichtige Ertragsanteile bei Privatrenten

Vollendetes Lebensjahr bei Rentenbeginn	Ertragsanteil in Prozent der Rente bei lebenslangen Privatrenten	vollendetes Lebensjahr bei Rentenbeginn	Ertragsanteil in Prozent der Rente bei lebenslangen Privatrenten
50.	30 %	65.-66.	18 %
51.-52.	29 %	67.	17 %
53.	28 %	68.	16 %
54.	27 %	69.-70.	15 %
55.-56.	26 %	71.	14 %
57.	25 %	72.-73.	13 %
58.	24 %	74.	12 %
59.	23 %	75.	11 %
60.-61.	22 %	76.-77.	10 %
62.	21 %	78.-79.	9 %
63.	20 %	80.	8 %
64.	19 %	81.-82.	7 %

Wer mit 65 oder 66 Jahren zum ersten Mal eine Privatrente bezieht, muss nur 18 Prozent davon versteuern. Beispiel: monatliche Privatrente 400 Euro, steuerpflichtig 72 Euro, anteilige Steuer nur 18 Euro monatlich bei einem persönlichen Steuersatz von beispielsweise 25 Prozent.

Je später der Rentenbeginn liegt, desto geringer fällt wegen der statistisch geringeren Lebensdauer auch der Ertragsanteil aus. Bei 67-Jährigen sind es beispielsweise 17 Prozent und bei 70-Jährigen nur 15 Prozent. Umgekehrt steigt der Ertragsanteil, je jünger der Rentenbezieher ist. 60-jährige Privatrentner müssen beispielsweise 22 Prozent ihrer Privatrente versteuern und 55-Jährige 26 Prozent (siehe Tabelle).

Steuerfreier Altersentlastungsbetrag

Der steuerfreie **Altersentlastungsbetrag** steht mindestens 65-jährigen Rentnern und Pensionären nur bei Alterseinkünften zu, die nicht zu den gesetzlichen Renten und Rürup-Renten sowie Beamten- und Betriebspensionen zählen. Daher kommen für den Abzug des Altersentlastungsbetrages nur folgende zusätzliche Alterseinkünfte in Frage:

- voll besteuerte Betriebsrenten und Riester-Renten, deren Beiträge in der Ansparphase steuerbegünstigt waren bzw. durch Zulagen gefördert wurden
- nicht abgeltungsteuerpflichtige Kapitalerträge wie Zins- und Dividendeneinkünfte, die als Einkünfte aus Kapitalvermögen besteuert werden (siehe BFH-Urteil [80] vom 25.04.2017)
- Mieteinkünfte (positive Einkünfte oder Gewinne aus Vermietung und Verpachtung)
- Arbeitseinkommen als Löhne oder Gewinne (Einkünfte aus selbstständiger oder nicht selbstständiger Tätigkeit).

Wer beispielsweise im Jahr 2017 mit 65 Jahren in den Ruhestand geht und zusätzliche Alterseinkünfte außer gesetzlichen Renten, berufsständischen Renten oder Pensionen erzielt, kann einen Altersentlastungsbetrag von 20,8 Prozent der Bruttoeinnahmen, maximal aber 988 Euro jährlich abziehen. Das Finanzamt berücksichtigt den Altersentlastungsbetrag automatisch, sofern die Voraussetzungen dafür vorliegen.

---

[80] Az. III B 1/56

Tabelle 13: Steuerfreier Altersentlastungsbetrag für zusätzliche Alterseinkünfte

65 Jahre oder älter im Kalenderjahr	Altersentlastungs-betrag in %	max. in Euro	65 Jahre oder älter im Kalenderjahr	Altersentlastungsbetrag in %	max. in Euro
2005	40 %	1.900 Euro	2023	13,6 %	646 Euro
2006	38,4 %	1.824 Euro	2024	12,8 %	608 Euro
2007	36,8 %	1.748 Euro	2025	12,0 %	570 Euro
2008	35,2 %	1.672 Euro	2026	11,2 %	532 Euro
2009	33,6 %	1.596 Euro	2027	10,4 %	494 Euro
2010	32 %	1.520 Euro	2028	9,6 %	456 Euro
2011	30,4 %	1.444 Euro	2029	8,8 %	418 Euro
2012	28,8 %	1.368 Euro	2030	8,0 %	380 Euro
2013	27,2 %	1.292 Euro	2031	7,2 %	342 Euro
2014	25,6 %	1.216 Euro	2032	6,4 %	304 Euro
2015	24 %	1.140 Euro	2033	5,6 %	266 Euro
2016	22,4 %	1.064 Euro	2034	4,8 %	228 Euro
2017	20,8 %	988 Euro	2035	4,0 %	190 Euro
2018	19,2 %	912 Euro	2036	3,2 %	152 Euro
2019	17,6 %	836 Euro	2037	2,4 %	114 Euro
2020	16 %	760 Euro	2038	1,6 %	76 Euro
2021	15,2 %	722 Euro	2039	0,8 %	38 Euro
2022	14,4 %	684 Euro	2040	0,0 %	0 Euro

Bei allen Rentnern und Pensionären, die erst nach 2017 das 65. Lebensjahr vollenden, sinkt der Altersentlastungsbetrag schrittweise bis auf beispielsweise 760 Euro in 2020 oder nur noch 380 Euro in 2030 (siehe Tabelle). Für alle Geburtsjahrgänge ab 1975 entfällt der Altersentlastungsbetrag völlig, da diese jüngeren Jahrgänge erst ab 2040 ihren 65. Geburtstag feiern.

Bei Verheirateten, die beide mindestens 65 Jahre alt und Rentner oder Pensionäre sind, kann jeder Ehegatte den steuerlichen Altersentlastungsbetrag für sich beanspruchen, sofern er eigene sonstige Alterseinkünfte hat. Insofern macht es aus steuerlicher Sicht Sinn, hohe zusätzliche Alterseinkünfte des einen Ehegatten teilweise auf den anderen Ehegatten zu verlagern.

Der steuerfreie Altersentlastungsbetrag bleibt hinsichtlich des Prozentsatzes und des Höchstbetrages auf Dauer unverändert. Nur der tatsächlich abzugsfähige Betrag kann sich in Abhängigkeit von der Höhe der zusätzlichen Alterseinkünfte ändern.

Um beispielsweise den Höchstbetrag von 988 Euro in 2017 zu erhalten, müssen immerhin zusätzliche Einnahmen von 4.750 Euro vorliegen, denn 20,8 Prozent davon ergeben laut Tabelle 13 genau diese 988 Euro. Liegt die jährliche Betriebsrente brutto im Jahr zum Beispiel nur bei 3.600 Euro, sinkt der steuerlicher Altersentlastungsbetrag auf 749 Euro (= 20,8 Prozent von 3.600 Euro).

Wer in 2030 in Rente geht, kann nur noch von einem Altersentlastungsbetrag von höchstens 380 Euro gleich 8 Prozent von 4.750 Euro profitieren. Ab Rentenbeginn in 2040 gibt es überhaupt keinen Altersentlastungsbetrag mehr.

Ihr Weg zu mehr Betriebs- und Zusatzrente
ISBN 978-3947201174 (Taschenbuch)
ISBN 978-3947201181 (geb. Ausgabe)
Auf Amazon.de:
http://amzn.to/2wJgJPJ

Ihr Weg zu mehr Pension – Praxis-Ratgeber für Beamte
ISBN 978-3947201075 (Taschenbuch)
ISBN 978-3947201129 (geb. Ausgabe)
Auf Amazon.de:
http://amzn.to/2qh5YTf

Ihr Weg zu mehr gesetzlicher Rente
ISBN 978-3947201006 (Taschenbuch)
ISBN 978-3947201112 (geb. Ausgabe)
Auf Amazon.de:
http://amzn.to/2pypEkQ

www.ingramcontent.com/pod-product-compliance
Lightning Source LLC
Chambersburg PA
CBHW070759040426
42333CB00060B/1224